PAU

ILLUMINATI

LA HISTORIA SECRETA DE UNA SECTA INFERNAL

*Promessa é díveida. Essa foi
a primeira a ser cumprida. Agora
temos que nos desencontrar pelo
mundo e aplaudirmos um ao outro,
de pé! toda sorte e luz
do mundo. Você merece!*

Lucas Antunes

 Planeta

Koch, Paul H.
   Illuminatti.- 1ª ed. – Buenos Aires : Planeta, Grupo Planeta, 2004.
   272 p. ; 23x15 cm.

   Traducido por Isabel Fuentes García

   ISBN 950-49-1313-X

   1. Asociaciones Secretas-Historia. 2. Illuminatti. I. Fuentes García,
Isabel, trad. II. Título
   CDD 366.09

Este libro no podrá ser reproducido, ni total ni parcialmente,
sin el previo permiso escrito del editor. Todos los derechos
reservados

© Paul H. Koch, 2004
© por la traducción, Isabel Fuentes García, 2004
© Editorial Planeta, S. A., 2004
   Diagonal, 662-554, 08034 Barcelona (España)

Primera edición: noviembre de 2004
ISBN 84-08-05568-2

© 2004, Grupo Editorial Planeta S.A.I.C.
Independencia 1668, C 1100 ABQ, Buenos Aires, Argentina
www.editorialplaneta.com.ar

Primera edición argentina: diciembre de 2004

Impreso en Talleres Gráficos Leograf S.R.L.,
Rucci 408, Valentín Alsina,
en el mes de noviembre de 2004.

ISBN 950-49-1313-X

Hecho el depósito que prevé la ley 11.723
Impreso en la Argentina

Índice

¿Cuántos adeptos habría, viviendo disfrazados entre la normal humanidad, ocultando cuidadosamente su avanzado estado tras una mascarada de urbanidad vulgar, estupidez o conformidad? [...] Un verdadero adepto podría interpretar cualquier papel o padecer cualquier humillación para cumplir su especial obra.

ROBERT ANTON WILSON,
escritor norteamericano,
Las máscaras de los Illuminati

Como puedes ver, mi querido Coningsby, el mundo está gobernado por personajes muy distintos a los que se imaginan aquellos que no están detrás del telón.

BENJAMIN DISRAELI,
político británico, *Coningsby*

Perdónenme si los llamo caballeros, pero es que no les conozco muy bien.

GROUCHO MARX,
humorista estadounidense

Prólogo a la edición española

El historiador Richard Hofstadter, en su ensayo *El Estilo Paranoico en la Política Americana*, argumenta que muchos de sus colegas «imaginan muy a menudo la existencia de una vasta o gigantesca conspiración como la fuerza motivadora de fondo en los acontecimientos históricos. ¡La realidad es que la historia misma es una conspiración!».

Durante muchos años, la teoría de la conspiración ha sido sistemáticamente despreciada por gran parte de los historiadores norteamericanos de cierta relevancia y, desde luego, por la práctica totalidad de los europeos. Para estas mentes analíticas y eruditas, la existencia de uno o varios grupos de seres humanos empeñados en trabajar en la sombra, durante largos períodos de tiempo y siguiendo planes cuidadosamente trazados, para hacerse con el poder es poco menos que un argumento de una novela fantástica o de una serie televisiva de entretenimiento. Por supuesto, la primera labor de cualquier conspiración es convencer al resto de la sociedad de que no existe conspiración alguna.

El caso es que, con su actitud, contagiaron a la mayoría de la sociedad persuadiéndola de que los villanos de película que pretenden convertirse en una especie de reyes del planeta (sin explicar nunca para qué) eran simple fruto de la imaginación de guionistas y escritores. Además, siempre quedaría en alguna parte el agente 007 o el Indiana Jones de turno para desbaratar sus planes. *Conspiración* no es una palabra políticamente correcta, sobre todo en España, donde hasta hace poco se asociaba a la coletilla *judeomasónica*, tan utilizada durante el franquismo.

Sin embargo, los brutales atentados del 11 de septiembre de 2001 y del 11 de marzo de 2004 han conmocionado muchas conciencias, porque, pese a las investigaciones políticas, judiciales y periodísticas, quedan demasiados puntos oscuros. Los ciudadanos de todo el mundo han podido comprobar que las redes conspiratorias son mucho más sucias, complejas e inquietantes de lo que creían. Y que al frente de las mismas no hay un Señor del Mal, tirando de todos los hilos, sino que las responsabilidades se difuminan, se pierden, se deshacen en una maraña de datos y apuntes contradictorios que parece sugerir la existencia de grupos más o menos amplios de conjurados.

Internet, el único medio de comunicación del planeta donde todavía cualquier persona puede publicar lo que desee, se ha convertido en los últimos tiempos en un hervidero de opiniones, informaciones y desinformaciones que demuestra la cada vez mayor desconfianza del ciudadano común en las instituciones oficiales, así como su creciente interés por conocer qué hay de cierto detrás de las teorías conspiratorias. En un reciente artículo, el historiador británico Timothy Garton Ash narraba su experiencia en California durante la última convención demócrata, que dio el espaldarazo a la candidatura de John F. Kerry como aspirante a la presidencia en las elecciones de 2004 en Estados Unidos. Garton Ash confirmaba que la cultura de la sospecha ha echado raíces en ese país, cada día más militarizado: «El ejército es con mucho la institución en la que más confían los estadounidenses; cuatro de cada cinco ciudadanos dicen confiar en los militares frente a sólo uno de cada cinco que confía en el Congreso. En la campaña presidencial predominan las imágenes de guerra. Es como si Bush y Kerry se presentaran, sobre todo, para el cargo de comandante en jefe.» Él mismo se dejó llevar por cierta alarma «al ver lo fáciles de manipular que eran mis propias emociones, porque la convención demócrata estaba dirigida como una película de Hollywood». Lo cierto *es* que el conocido director de cine Steven Spielberg contribuyó al rodaje del documental de presentación de Kerry. Quizá, precisamente, esa sensación de verse manipulado esté en la raíz de la desconfianza de los norteamericanos hacia sus instituciones y de su propensión a la búsqueda de conspiraciones.

Y si es verdad que existe un grupo de personas confabuladas para dominar el mundo, ¿quiénes son, exactamente? Según a quién se la hagamos, obtendremos respuestas diferentes a esta pregunta. Algunas de ellas de lo más pintoresco, como las que achacan la conjura a distintos grupos, desde los judíos hasta los neonazis pasando por la CIA, el Vaticano, la Mafia, la ONU, la masonería, las multinacionales y hasta los extraterrestres. Sin embargo, muchas de las investigaciones más serias llevadas a cabo en Estados Unidos durante los últimos años han hecho tomar cuerpo a una teoría específica que acaba señalando siempre en la misma dirección: los Illuminati.

Los Illuminati o Iluminados de Baviera, dirigidos por Adam Weishaupt, nacieron como sociedad secreta a finales del siglo XVIII en Ingolstadt, al sur de Alemania y, oficialmente, no sobrevivieron a ese siglo como grupo organizado. Como veremos, un grupo cada vez mayor de estudiosos disiente y recuerda que los principales líderes de los Illuminati nunca fueron detenidos. Creen que desde entonces siguieron maquinando en la sombra y cedieron el testigo a sus sucesores, que operaron a través de organizaciones similares con nuevos nombres. El canadiense William Guy Carr, autor del clásico *La niebla roja sobre América*, resume así los planes de los Illuminati: la destrucción del mundo tal y como hoy lo entendemos, aniquilando la cultura occidental y el cristianismo, así como las naciones clásicas. A cambio, apoyarían la fundación de un gobierno planetario que instauraría un culto mundial a Lucifer y reinaría sobre una masa homogénea de seres humanos desprovistos de cualquier diferencia de raza, cultura, nacionalidad o religión, y cuya única función sería trabajar esclavizados al servicio de sus amos. Para forzar el éxito definitivo, los Illuminati se habrían infiltrado en sociedades internacionales, partidos políticos, logias masónicas, bancos y grandes empresas, religiones organizadas... impulsando desde estas instancias todo tipo de movimientos subversivos, crisis financieras y políticas, guerras y conflictos hasta crear una inestabilidad mundial insoportable. En ese momento, «cuando las masas, desesperadas por el caos que las rodea, busquen a alguien que las saque del estupor, los Illuminati presentarán a su rey, que será aclamado por todos en todas partes y se hará así con el poder».

El propio Carr reconoce que cualquiera que oiga semejante argumento por primera vez puede pensar que su fantasía no tiene límites. En una sociedad cada vez más materialista y escéptica como la occidental, donde para muchas personas palabras como *ángeles, demonios, Dios* o *Lucifer* suenan a ajadas supersticiones propias de la Edad Media, es un error habitual pensar que lo que no concebimos o que nos parece irracional será también inconcebible e irracional para otros.

Si una conspiración como la de los Illuminati fuera cierta, suele argumentarse, se sabría de alguna forma y alguien habría tomado medidas al respecto. Lo más notable del caso es que se sabe, y desde hace mucho, pero el ser humano tiene muy mala memoria. Sus planes se hicieron públicos en el siglo XVIII (por ello se les persiguió ya entonces) y la mayor parte de los datos que aparecen en este libro ya han sido publicados antes. Pero no se ha tratado de relacionarlos entre sí, de encajar las piezas unas con otras, debido, según algunos, a los múltiples entretenimientos que distribuyen los agentes Illuminati en forma de fútbol, programas de telebasura, revistas del corazón, juegos informáticos, etcétera, que absorben el tiempo y la mente de los ciudadanos. ¡Si hasta se permiten el lujo de parodiarse a sí mismos apareciendo como los villanos en películas como *Tomb Raider*, la primera adaptación al cine del personaje de videojuegos Lara Croft!

En las páginas siguientes trataré de organizar y exponer toda esa información, describiendo los últimos e intensos trescientos años de la historia de la humanidad como posiblemente nadie la contó nunca. Veremos cómo se repiten las «casualidades», cómo el mes de mayo aparece una y otra vez en distintos hechos históricos, cómo ciertos grupos de poder de distintas partes del mundo comparten los mismos e inesperados socios, cómo lo que formalmente no tiene ninguna explicación la adquiere en cuanto se cambia de lugar el foco que ilumina los hechos. Veremos entrar y salir constantemente de escena a los Illuminati y a sus asociados.

Y hablando de casualidades, recientemente la revista española *Época* publicaba su número 1 015, ilustrado en portada con una fotografía de un envejecido Henry Kissinger bajo un sorprendente titular: «El club Bilderberg. Los amos del mundo.»

En el interior se incluía un reportaje sobre la última conferencia anual de este exclusivo club, uno de los más influyentes y poderosos del planeta, del cual hablaremos también en este libro. Es uno de los escasísimos reportajes de este tipo que han aparecido en un medio de comunicación, una circunstancia curiosa teniendo en cuenta que los bilderbergers incluyen entre sus filas a los más importantes ejecutivos y directores de prensa y medios audiovisuales de todo el mundo.

Por cierto, esa conferencia se organizó el mes de junio de 2004 en Stresa, Italia. Pocas semanas después se producía una grave crisis del petróleo que afectaba a toda la economía mundial y que, según los propios expertos de la OPEP, «no tiene ningún sentido ni base racional». Se han buscado explicaciones en la guerra de Irak o en el aumento de consumo de potencias emergentes como China y la India, pero ninguna de ellas ha resultado satisfactoria. ¿Casualidad?

PAUL H. KOCH
Finales de agosto de 2004, Oberhausen, Viena

Introducción

No se nos puede buscar con apariencias nada
más. Nosotros somos la luz que alumbra las
tinieblas. *Up patriots to arms!*

Franco Battiato, músico italiano

En el principio

Dice la leyenda que grande fue la sabiduría del rey Salomón,
pero más grande la de ciertos maestros cuyos nombres ignoran los
mortales. Uno de ellos fue Hiram Abiff, el arquitecto del templo
sagrado que mandó construir el propio Salomón en Jerusalén. Gé-
rard de Nerval, el autor francés y francmasón del siglo XIX, relató su historia con singular belleza. Comoquiera que la obra re-
quería un auténtico enjambre de obreros, Hiram los organizó
como un ejército, instituyendo una jerarquía de tres grados: aprendiz, compañero y maestro. Cada uno de ellos tenía sus propias
funciones y su recompensa económica, y disponía de una serie
de palabras, signos y toques para reconocer a los de su mismo grado. La única forma de subir de categoría era mediante la demostración del mérito personal.

Tres compañeros, irritados por no haber sido todavía pro-
movidos a maestros, decidieron confabularse para conseguir la palabra exacta que permitía acceder al salario del grado superior. Se
escondieron dentro de las obras y esperaron a que terminara la
jornada y todos los obreros se retiraran. De acuerdo con su costumbre, Hiram recorría cada noche la obra para comprobar si se
cumplían sus previsiones. Cuando iba a salir por la puerta del Mediodía se encontró con uno de los conjurados, que le amenazó
con golpearlo si no le revelaba de inmediato la palabra secreta.
El arquitecto se negó y le reprochó su actitud, por lo que el frustrado compañero le dio un golpe en la cabeza. Herido, Hiram co-

rrió hacia la puerta de Septentrión, donde se encontró con el segundo conspirador, que repitió la exigencia. Obtuvo la misma respuesta y también atacó a Hiram que, casi arrastrándose, aún tuvo fuerzas para intentar huir por la puerta de Oriente. Pero allí se agazapaba el tercero de los compañeros, que, al cosechar idéntico resultado que los anteriores, propinó el golpe mortal a Hiram. Al darse cuenta de lo que habían hecho, los tres asesinos recogieron el cadáver, lo trasladaron a las montañas cercanas y allí lo enterraron. Para reconocer el lugar, cortaron una rama de acacia y la plantaron sobre la tumba improvisada.

Cuando Salomón descubrió que Hiram había desaparecido y nadie sabía de él, mandó a nueve maestros en su busca. Tras diversas peripecias, tres de ellos llegaron junto a la rama de acacia, donde se pararon a descansar. Uno se apoyó en ella pensando que era lo bastante sólida para sujetarle; sin embargo, la rama cedió bajo su peso, y se fijaron en que el terreno había sido removido recientemente. Los tres maestros escarbaron y desenterraron el cuerpo de Hiram. Tras llorar su pérdida, decidieron llevar el cadáver ante Salomón, pero al intentar levantarlo comprobaron cómo la carne se desprendía de los huesos. En el idioma que utilizaban, la expresión «la carne deja el hueso» se decía con una sola palabra, así que los tres maestros decidieron que, a partir de entonces, ésa sería la palabra de paso a su grado.

Tradición y Antitradición

La mayor parte de los expertos en literatura asegura que, a pesar de la aparente variedad de argumentos manejados por el hombre en sus relatos, en realidad éstos pueden reducirse a uno solo: la eterna lucha del Bien contra el Mal. Incluso en la más desechable de las obras actuales, donde la ambigüedad, la confusión y la extravagancia suelen poseer mayor importancia que la calidad, la belleza o el ejemplo moral, el sentido último de las narraciones es el mismo. Se entiende el Bien como todo aquello que beneficia al protagonista, por más que éste sea un ladrón, un farsante o incluso un asesino, frente al Mal, que le perjudica.

Se trata de una influencia evidente de la religión y la espiritualidad que durante miles de años dotó de sentido la vida de nuestros antepasados a través de diversas creencias. Con el triunfo de la razón en el siglo XVIII, la sociedad occidental comenzó un proceso de progresiva laicización, que poco a poco ha ido despojando a millones de personas de todo interés más allá de la ganancia económica y el incremento de las comodidades materiales. Sin embargo, en la actualidad, es en los países más desarrollados donde paradójicamente se producen mayor número de suicidios y enfermedades mentales con cuadros depresivos, en la actualidad. La inversión en solidaridad (a través de las ONG) o en superstición (presuntos brujos y astrólogos) ha intentado llenar el hueco dejado por esa carencia de religiosidad.

Estudiosos modernos como René Guenon o Julius Evola coinciden con autores de la antigüedad griega y egipcia a la hora de afirmar en sus escritos que existe una guerra secreta entre la Tradición y la Antitradición desde el principio de los tiempos, lo que en el fondo no es más que otra faceta del enfrentamiento entre el Bien y el Mal. Esa guerra es, en su opinión, el verdadero motor de los acontecimientos, y acaba dotando de sentido a cualquier época o personaje de la historia si somos capaces de superar los prejuicios, ir más allá de las explicaciones convencionales y sacar a la luz el tenue rastro que da sentido a diferentes sucesos en apariencia sin conexión.

La Tradición abarca una serie de verdades de origen no humano reveladas a los iniciados, hombres y mujeres más desarrollados espiritualmente que el resto de la humanidad, que se agrupan en pequeñas sociedades discretas. Su misión consiste en guardar y transmitir esas verdades, además de ponerlas en práctica en beneficio de todos los seres humanos. Esos iniciados disponen de capacidades desconocidas para las personas corrientes, aunque viven en el anonimato porque no buscan honores materiales ni tienen interés en mostrar su identidad en público. Su poder es espiritual y su reino, ciertamente, «no es de este mundo». Uno de sus símbolos sagrados es la espiral, una forma de la naturaleza que se encuentra por todas partes, desde lo más sublime a lo más vulgar: desde la forma de algunas galaxias hasta la cadena del ADN. Equivale al principio de la evolución.

La Antitradición utiliza las mismas verdades, pero, en lugar de respetarlas tal y como son, las prostituye para aprovecharse de ellas y aplicarlas en exclusivo beneficio de los miembros de sus propias sociedades secretas. Éstos tienen como objetivo principal la acumulación de riquezas y bienes, el reconocimiento social y la práctica del poder personal sobre los demás. Para ello no dudan en manipular, explotar, traicionar e incluso sacrificar a los demás seres humanos en su afán por alcanzar y mantenerse en la cúspide de la hegemonía mundial. Uno de sus símbolos más característicos es el círculo, considerado como el símbolo geométrico perfecto porque no tiene en apariencia ni principio ni fin. Significa que lo que ahora está arriba pasará con el tiempo a estar abajo y viceversa, aunque el círculo permanezca siempre en el mismo lugar. Equivale al principio de la revolución.

El fin de la Tradición, en suma, va más allá de la simple existencia física y presupone la certeza de un espíritu inmortal como verdadero Yo. El de la Antitradición busca la satisfacción inmediata de un yo con minúscula o, mejor, de una serie de yoes de carácter personalista y cuyos intereses se circunscriben únicamente al plano material. Por lógica, ambas fuerzas están abocadas a un pulso en el que cada una de ellas utilizará sus propias armas.

En el caso de la Antitradición, uno de sus instrumentos favoritos es la mentira. No sólo el engaño defendido con vehemencia, sino, sobre todo, la inducción al error a partir de todo tipo de especulaciones y la mezcla de medias verdades con falsedades. El hecho de que ambos bandos utilicen algunos símbolos similares (como la pirámide o el triángulo, su representación en dos dimensiones) tampoco ayuda a la hora de diferenciarlos. De hecho, en cierto momento histórico, la Antitradición descubrió que, en lugar de enfrentarse abiertamente a la Tradición, le resultaba más rentable crear sociedades secretas y escuelas de pensamiento y filosofía, que, bajo la apariencia formal de pertenecer a la segunda, fueran en realidad tributarios de la primera. De esta manera, desviaban de su camino a genuinos buscadores del conocimiento que ingresaban en sus filas y trabajaban sin saberlo para sus fines ocultos. Otra de sus tácticas consistió en infiltrarse en las sociedades defensoras de la Tradición para ir escalando puestos en ellas hasta el punto de tomar el mando y apartarlas de sus objetivos originales.

La Rosa y la Cruz

Las primeras referencias históricas de las que disponemos acerca de este combate entre Tradición y Antitradición se remontan al antiguo Egipto. Entre la pléyade de grandes reyes y guerreros protagonistas de formidables hazañas de esta impresionante cultura hay un pequeño espacio reservado para un faraón. Tan pequeño, que hasta hace pocos años ni siquiera le conocíamos. Sin embargo hoy sabemos que fue el artífice de la primera gran revolución religiosa de la Antigüedad. Su personalidad, y buena parte de su biografía, sigue siendo un auténtico enigma para los egiptólogos. Se trata del faraón Aknatón o Ajnatón, cuyo nombre significa «El que place a Atón». Éste era la representación del espíritu solar, un dios único y por encima de la miríada de divinidades que hasta entonces habían sido adoradas por la mayoría de los egipcios.

A este espíritu dedicó Ajnatón su famoso *Himno a Atón*, una de las más hermosas alabanzas sagradas jamás compuesta, que el propio faraón cantaba cada mañana cuando aparecía el disco solar. El himno comienza con las siguientes palabras: «Bello es tu amanecer en el horizonte del cielo, ¡oh, Atón vivo, principio de la vida! Cuando tú te alzas por el oriente lejano, llenas todo los países con tu belleza. Grande y brillante te ven todos en las alturas. Tus rayos abarcan toda tu creación.» Cérès Wissa Wasef, una experta de la Escuela de Altos Estudios de París, describió con acierto a este faraón como «un rey ebrio de Dios», el primer conductor de pueblos que intentó «introducir en los sucesos políticos un soplo de espiritualidad y veracidad religiosa destinada a transformar la humanidad».

Según la concepción de Ajnatón, que incluso había cambiado su nombre original de Amenofis IV (traducido como «Amón está satisfecho») en honor de la divinidad única, consideraba que todos los hombres eran iguales en deberes y derechos y que en consecuencia serían recompensados por su justicia según se hubieran comportado en la tierra. Para dejar claro el cambio de orientación religiosa que deseaba imponer, Ajnatón cambió la capital desde Tebas, donde se levantaban los principales templos a los viejos dioses, a la nueva ciudad de Aketatón, hoy Tell El Amarna, que hizo construir en medio de la nada en un tiempo récord. Los templos tebanos celebraban sus rituales en lo más profundo y oscuro de su interior, mientras que los templos a Atón estaban a cielo abierto para que el Sol pudiera bañar y bendecir con sus rayos todas y cada una de las ceremonias sagradas.

El reinado de Ajnatón y su esposa, la deslumbrante Nefertiti, se caracterizó por un pacifismo insólito en comparación con etapas precedentes, aunque su herencia pública se esfumó a su muerte. Las oligarquías religiosa y militar nunca le perdonaron su revolución religiosa y, cuando falleció, trataron de hacerlo desaparecer también de la historia, destruyendo los templos a Atón y restaurando los antiguos cultos. Incluso borraron los cartuchos jeroglíficos con su nombre en todos los edificios levantados con su aquiescencia. Precisamente por eso conocemos tan poco acerca de la vida de este curioso faraón, en comparación con otros más populares en Occidente como Ramsés II, Seti I, la reina Hatsepsut, o incluso su propio hijo, el joven Tutankamón.

Varios especialistas señalan, sin embargo, que su herencia es más profunda de lo que parece y que su trayectoria pública no es más que la lógica proyección de la privada, ya que Ajnatón fue, según ellos, uno de los más importantes dirigentes de la más arcana sociedad secreta de la Tradición. Una sociedad que según recoge Ángel Luis Encinas en sus *Cartas Rosacruces* habría sido regulada por el faraón Tutmosis III, cuyo nombre iniciático habría sido Mene, y de la que se sabe muy poco, aparte de que empezó a reunirse en una sala del templo de Karnak, puesto que nunca salió a la luz públicamente ni se explicaron sus objetivos. Sólo tenían acceso a ella y a sus enseñanzas «las personas cuyos valores humanos y espirituales atraían el interés de los miembros de la fraternidad». Según este autor, cuando Ajnatón fue nombrado maestro del grupo secreto, éste contaba ya con algo más de trescientos miembros. A su muerte, el puesto de maestro pasó a manos de su sucesor, el misterioso Hermes. Según algunas fuentes, se trata del mismo Hermes conocido como Trismegisto (Tres veces grande) por los griegos y, según otras, sería una persona diferente que habría heredado el mismo apelativo. En todo caso, los libros de Hermes, que sí recogió por escrito parte del conocimiento de la fraternidad, se difundieron más tarde por el Mediterráneo oriental e impregnaron de sabiduría y misticismo todo el pensamiento y la filosofía del mundo antiguo, por lo menos hasta el advenimiento del cristianismo. Sus leyes e ideales, conocidos con el calificativo global de hermetismo (de Hermes) u ocultismo (porque su enseñanza era lo bastante críptica para permanecer a salvo de malos usos), permitieron fundar un linaje de escuelas secretas en las que, según las fuentes, han bebido personajes tan conocidos como Solón, Pitágoras, Manetón, Sócrates, Platón, Jesús, Dante, Bacon, Newton y otros integrantes de la «aristocracia» del espíritu.

En el siglo XVII, este linaje afloró de nuevo a la luz con el nombre de Orden Rosacruz. El nombre hacía referencia a dos de los principales símbolos utilizados desde siempre por diversas organizaciones discretas. Por un lado, la rosa roja, considerada como la «reina entre las flores», de la misma forma que el iniciado era un «rey entre los hombres» al disponer de unos conocimientos y capacidades (y por tanto unas responsabilidades) por encima de lo común. Por otro lado, la cruz, signo solar repleto de simbolismos y utilizado por todas las culturas de la Antigüedad, desde el *Ankh* o cruz ansada egipcia hasta la *Tau* o cruz en forma de T griega, pasando por la esvástica indoaria o la misma cruz en la que fue clavado Jesús.

En *Los brujos hablan*, uno de los principales expertos en la materia, John Baines, mantiene que esta fraternidad existía «desde hace miles de años» con el propósito de salvaguardar «en toda su pureza original» una ciencia «cuyas verdaderas enseñanzas se mantienen secretas y de las que han trascendido al vulgo solamente interpretaciones personales de individuos que han llegado a vislumbrar una pequeña parte del secreto». La necesidad de ocultar esta enseñanza se debe a que sólo se puede confiar en «aquellos seres humanos que presenten cierto grado de evolución», de la misma forma que los derechos legales y políticos se reservan a los mayores de edad y no pueden ser aplicados por los niños. Un viejo refrán hermetista resume esta idea aseverando que «la carne es para los hombres y la leche para los niños». Baines también señala que los rosacruces aparecen y desaparecen públicamente en épocas históricas diferentes de acuerdo con ciertos ciclos prefijados y reconoce que «se hicieron especialmente conocidos entre los siglos XV y XVII, ganando fama de magos, sabios y alquimistas». Luego se desvanecieron de nuevo para seguir trabajando en secreto por el bien de la humanidad, aunque dejaron a algunos de sus representantes para explicar su ciencia «a los que su estado de conciencia los hace acreedores de ser instruidos».

Las obras más conocidas, pero no por ello más inteligibles, de la Orden Rosacruz son las que integran la trilogía que se publicó de forma anónima en Europa central entre 1614 y 1616. El primero de los libros, *Fama Fraternitatis*, estaba dirigido a la atención «de los reyes, órdenes y hombres de ciencia» de toda Europa. Se narraba en él la vida del enigmático fundador de la fraternidad, un tal C. R., que entre otras cosas defendía principios cristianos más fieles al Jesucristo original que los que por aquel entonces ponían en práctica los papas de Roma. En su discurso, abundan las referencias herméticas y simbólicas y además se acusa a los poderes establecidos poco menos que de prostituir la alquimia. Este arte, inicialmente destinado a la evolución interior que convierte el plomo de las pasiones en oro espiritual a través de un largo y esforzado trabajo personal, había sido convertido en una mera búsqueda materialista destinada a conseguir la transformación del plomo en oro.

El segundo libro, *Confessio Fraternitatis*, contiene ya el nombre real del presunto jefe de la orden, así como algunos detalles sobre sus supuestas andanzas. Según éste, Christian Rosenkreutz (Cristiano RosaCruz, traducido textualmente del alemán; un nombre a todas luces simbólico o alegórico de toda la organización) nació en 1378 a orillas del Rin y fue internado a los cuatro años de edad en un extraño monasterio donde «aprendió diversas lenguas y artes mágicas». Con 16 años, marchó a Tierra Santa en compañía de un monje que murió en Chipre, lo que le obligó a continuar en solitario un auténtico viaje iniciático que le llevó por tierras de Arabia, Líbano, Siria y finalmente Marruecos, donde recibió el más alto grado del conocimiento, así como la misión de fundar una sociedad secreta para transmitirlo. En el mismo libro se refuerza la oposición a la autoridad del Papa, a quien se califica de «engañador, víbora y anticristo», y se afirma que los poderes de la orden permiten a sus miembros conocer «la naturaleza de todas las cosas». El tercer y último libro se titula *Las bodas químicas de Christian Rosenkreutz* y es otro texto saturado de símbolos especialmente alquímicos. Siete años después, en agosto de 1623, diversos rincones de París aparecieron empapelados con unos carteles en los que la Orden Rosacruz se presentaba al mundo exponiendo sus principios, verdaderamente revolucionarios para la época y contrarios a la autoridad papal.

La mayoría de las hipótesis que se han barajado para explicar quién escribió los libros y pegó los carteles apuntan a Alemania. Se sabía que desde finales del siglo XVI existía allí una anónima fraternidad denominada precisamente Hermanos de la Rosa Cruz de Oro. También se conocen las investigaciones, en la misma época, del hermetista luterano Johann Valentin Andreae y de un grupo de estudiosos de la Universidad de Tubinga, dedicados a actividades bastante heterodoxas. Incluso se ha llegado a invocar la autoría del extraordinario Theophrastus Phillippus Aureolus Bombastus von Hohenheim, popularmente conocido como Paracelso.

No obstante, nadie fue capaz de averiguar la identidad de los enigmáticos rosacruces, salvo, naturalmente, aquellos que lograron entrar en contacto personal con ellos y que, tras ser aceptados, se colocaron desde entonces bajo su dirección. Pero éstos tampoco revelaron más detalles. Lo único que trascendió durante los siglos siguientes es que, de alguna forma, la orden seguía trabajando en silencio de acuerdo con las directrices de un denominado Colegio Invisible, también llamado en ocasiones Los Superiores Desconocidos, compuesto por seres elevados espiritualmente, cuyo único interés radicaba en el crecimiento interior de cada uno de los miembros de la fraternidad, despreciando las pompas y laureles sociales y sin aspiraciones de fama o poder, a no ser con carácter impersonal y temporal, con el único objetivo de ayudar al ser humano.

Con el paso del tiempo, diversas organizaciones modernas como la Golden Dawn Order (La Orden de la Aurora Dorada) británica o la AMORC (Antigua y Mística Orden Rosa Cruz) norteamericana han proclamado a gritos ser los «auténticos herederos» de la antigua Orden Rosacruz, pero sus méritos para reclamar semejante privilegio parecen, cuando menos, escuetos. Los verdaderos rosacruces parecen continuar detrás del telón, por el momento.

La sinarquía blanca y la sinarquía negra

En el año 510 a. J.C., cuando la tiranía se desmoronó en Atenas, los miembros de la aristocracia en la más famosa de las ciudades-estado griegas volvieron a enfrentarse entre sí por el poder. Para evitar que esta lucha condujera a males mayores, el político Clisteneo, abuelo del popular Pericles, se encargó de reformar la constitución vigente e instaurar un gobierno colegiado. Esto es, no elegido por los ciudadanos, sino formado por un grupo de sabios y místicos reconocidos. Lo llamó sinarquía y funcionó bastante bien durante decenios.

¿Quién fue el promotor real de la sinarquía? Durante la tiranía e incluso antes, los antiguos griegos habían aprendido a diferenciar a los plutócratas (originalmente, los *plutos* o dueños de la riqueza) del resto de los ciudadanos porque la filosofía que aplicaban los primeros era la pleonexia o deseo desmedido de poseer. De poseerlo todo: mercancías, esclavos, tierras, influencia social y ciudadana... Con semejante actitud, destruyeron la antigua sociedad pastoril e igualitaria, que duraba desde tiempo inmemorial (y que las crónicas posteriores recordarían como un mundo feliz, una auténtica Edad de Oro, con el nombre de Arcadia), y dieron lugar a otra época en la que la desigualdad se convirtió en la norma común, generando continuas guerras y hechos violentos.

Entonces apareció una clase de filósofos presocráticos llamada *mesoi* o conciliadores, que abogaban por recuperar el espíritu de la era antigua y para ello promocionaban su teoría del equilibrio, resumida en sentencias populares como «la virtud siempre se halla en el justo medio» o «de nada, demasiado». Para encontrar la virtud de nuevo era necesario crear instituciones que regularan las prácticas comerciales desleales, la esclavitud y el caos social, impidiendo que los más poderosos pudieran imponer sus condiciones a los demás. De esta forma aparece también la filosofía de la *arkhé* o armonía, según la cual, los ciudadanos (los habitantes de la *polis*) sólo podían disfrutar de equidad *(eumonía)* si los acuerdos tomados entre ellos libremente son respetados por todos. Según los filósofos, ésta era la situación de los hombres al principio de los tiempos, cuando su armonía en la tierra reflejaba la del universo entero.

La influencia de los *mesoi* fue inmensa en una sociedad en la que los plutócratas eran apenas un puñado pero concentraban en sus manos el poder real. Su propuesta de una sociedad *syn arkhé* (es decir, con armonía o también con orden) pasó a convertirse en un ideal al que podía aspirarse con esperanzas de materializarlo. *Arkhé* representaba la correcta evolución de todo cuanto existe, un avance paulatino hacia la divinidad, que idealmente debía extenderse en todos los ámbitos, no sólo en el de las relaciones políticas y sociales, sino en la vida personal. Para vigilar su correcta aplicación, se nombrarían los *arkhontes* o magistrados, encargados de mantener el orden y la armonía: los verdaderos guardianes del *demos* o pueblo.

Clisteneo aplicó estas ideas creando su gobierno de sabios aconsejado por los filósofos, que además tenían la misión de instruir al pueblo a través de las *academias* o centros de aprendizaje. Así se pusieron las bases de la Grecia clásica, en la que su nieto Pericles instauraría la *democracia* o gobierno del pueblo (aunque una democracia limitada, puesto que no podían participar en ella ni las mujeres, ni los esclavos, ni los extranjeros).

Algunos autores señalan que el actual momento de nuestra civilización se parece mucho al descrito unos párrafos atrás: el deseo desmedido de posesión de una minoría ha destruido la convivencia social, la armonía entre el hombre y la mujer, el equilibrio entre la naturaleza y el ser humano. ¿Estamos en puertas de que aparezcan los modernos *mesoi*, así como un nuevo Clisteneo?, se preguntan éstos.

No está claro de dónde surgieron los filósofos conciliadores, los auténticos impulsores de aquel cambio, pero resulta muy fuerte la tentación de relacionarlos directamente con las sociedades secretas instruidas en el antiguo Egipto y descendientes de cultos solares como los de Ajnatón. En cuanto a los plutócratas, el número de ciudadanos que apoyaron la sinarquía los forzó a retirarse a un segundo plano, pero su frustración no hizo más que alimentar sus ansias de poder militar, económico y religioso y los llevó a reflexionar que si un número de ciudadanos, aun siendo mayoritario, podía agruparse y organizarse para defender sus intereses comunes, ellos también podían superar sus diferencias internas y construir su propia sinarquía. Conocemos la existencia de los *mesoi*, pero también podemos sospechar la de otro grupo de filósofos rivales y consejeros de los plutócratas. Unos filósofos, digamos, influidos por los descendientes de los cultos al terrible dios Seth, enemigos por antonomasia de los primeros.

Tal vez en aquel momento nacieron la sinarquía blanca y la sinarquía negra. La primera, decidida a ayudar al ser humano a caminar hacia un reino de paz y felicidad. La segunda, dispuesta a apoderarse del reino, de la paz y de la felicidad pero sólo para sus socios, condenando a los demás hombres a la esclavitud.

Si faltase lo más mínimo a mi juramento,
que me corten el cuello, me arranquen el
corazón, los dientes y las entrañas y que
los arrojen al fondo del mar. Sea quemado
mi cuerpo y mis cenizas esparcidas por el
aire, para que no quede nada de mí, ni siquiera el recuerdo entre los hombres y entre mis hermanos masones.

Juramento masónico, 1869

La masonería

Se cuenta que, en la Edad Media, un joven quiso iniciarse en la
masonería constructora, pues había oído hablar de que los miembros de esta organización no sólo se ayudaban entre sí en cualquier circunstancia, sino que además disponían de conocimientos vedados al común de los mortales. El joven sabía que los
masones no revelaban su condición con facilidad, pero un conocido le había dicho que uno de los tres obreros que estaban trabajando en ese momento en las obras de la catedral de su ciudad
pertenecía a la fraternidad. Así que se dirigió allí de inmediato
pensando en cómo podría descubrir quién era para solicitarle el
ingreso. Debía actuar con astucia, pues sabía que si preguntaba
directamente obtendría tres negativas.

Cuando llegó a las obras vio, en efecto, a tres obreros ocu-
pados todos en la misma labor aunque cada uno instalado en
un sitio distinto. Se acercó a ellos y, uno por uno, les hizo la
misma pregunta: «¿Qué estás haciendo?» El primero respondió:
«Estoy trabajando la piedra.» El segundo dijo: «Estoy ganándo-
me el jornal.» El tercero replicó: «Estoy construyendo una catedral.»

Entonces el joven supo a ciencia cierta que el tercero era el
masón.

La Camaradería francesa

Una de las catedrales más famosas del mundo es la de Chartres, en Francia. Entre los muchos atractivos de esta maravilla de la arquitectura religiosa figura un truco de iluminación muy querido por los constructores del mundo antiguo: justo al mediodía de cada solsticio, tanto en verano como en invierno, un rayo de Sol atraviesa un pequeño agujero en el vitral de san Apolinar (un santo de resonancias obvias, puesto que Apolo era el principal dios solar de la mitología grecorromana) y señala una muesca en el suelo con forma de pluma. Un mensaje secreto que todavía hoy se desconoce qué quiere decir.

Muchas sociedades secretas nacieron alrededor de la construcción. En la misma Francia, la *Compagnonnage* o Camaradería surgió en un primer momento para hacer frente al poder de los patronos, que controlaban el aprendizaje de los oficios, los empleos y sus ascensos. La Seguridad Social es un invento muy moderno en términos históricos: hay que esperar al canciller alemán Otto von Bismarck, que fue el primero en poner en marcha durante el siglo XIX una institución similar posteriormente imitada por otras naciones occidentales. Antes de eso, el que no era rico o pertenecía al clero debía ganarse el sustento cada día y no podía permitirse el lujo de estar enfermo o perder un trabajo. De ahí el éxito de la Camaradería francesa, porque llegó a funcionar como una especie de sindicato que, además de trabajo, garantizaba la recepción de ayuda de todo tipo a sus afiliados: alojamiento, comida e incluso ropa. Ingresar en la organización se convirtió en sinónimo de una vida más segura y digna, por lo que sus miembros adoptaron una serie de gestos y signos secretos para reconocerse entre ellos y evitar que los desconocidos pudieran aprovecharse de las ventajas de su fraternidad y la desvirtuaran.

Se cree que la Camaradería funcionaba al menos ya desde el siglo XI y, aunque hoy se la considera como una organización exclusivamente orientada a atender a los constructores, desde el principio demostró atesorar otro tipo de conocimientos sorprendentes. Fueron camaradas los que levantaron, entre los siglos XII y XIII, las catedrales de Chartres, Bayeaux, Reims, Amiens y Évreux, un conjunto de templos que imitan, sobre el suelo de Francia, la disposición de la constelación de Virgo en el cielo. Para las sociedades ocultistas, Virgo equivale a la gran diosa madre de los cultos antiguos, la Isis egipcia. Otro ejemplo, los camaradas erigieron a principios del siglo XII la basílica de la Magdalena de Vézelay, punto de partida del Camino de Santiago francés y considerada como cuna del arte gótico. En el tímpano de la puerta principal una imagen de Jesucristo en majestad separa a los hombres «buenos» elegidos para ir al Cielo de los hombres «malos» condenados al Infierno. Estos últimos tienen que someterse al pesaje de su alma en una balanza sujeta por un ángel que confirma la magnitud de sus pecados y luego los encamina hacia la horrible boca de un monstruo gigantesco que los devora. Exactamente, la misma imagen que los iniciados egipcios describieron, dibujada y por escrito, en el *Libro de los Muertos*, donde el dios Anubis sustituye al ángel en el pesaje de la balanza y la diosa devoradora Ammit se encarga de tragar a los malvados.

Los obreros de la Camaradería francesa pertenecían a cuatro oficios concretos: talladores de piedra, carpinteros, ebanistas y cerrajeros. Cada uno de ellos se dividía en grados de experiencia, casi siempre tres: aprendices, compañeros (los compañeros recibidos eran los que comenzaban la obra, que a veces duraba siglos, y los compañeros fraguados eran los que la daban por terminada) y maestros o iluminados. Un adjetivo místico este último puesto que los maestros llegaban a serlo por una doble condición: la de expertos profesionales y la de inspirados por la luz de Dios. Parece evidente que la Masonería no es otra cosa que la rama de la Camaradería específicamente destinada a la construcción, ya que la palabra francesa *maçon* significa albañil. *Francmaçon* significa «albañil libre» y suele utilizarse como sinónimo, aunque en realidad es una expresión más exacta porque masones eran todos los albañiles medievales pero sólo los pertenecientes a la organización o iniciados en ella eran francmasones.

Durante la Edad Media, la Camaradería entró en crisis, probablemente porque entraron en ella muchos obreros deseosos de aplicar el viejo principio de beneficiarse de las ventajas del sistema sin asumir las equivalentes responsabilidades. Sólo los camaradas encargados de trabajar la piedra lograron compactarse sin fisuras, y a partir de entonces reforzaron su secreto y la firmeza de sus responsabilidades. Así consiguieron mantener algún tiempo más su organización, aunque tampoco pudieron eludir su declive: a medida que la época de las catedrales se iba apagando, con ella desaparecían los maestros constructores. Para evitar caer en el declive por completo, la masonería se vio forzada entonces a abrir las puertas a nuevos miembros que nada tenían que ver con la labor constructora. El hecho de que muchos profanos en el trabajo de la piedra no sólo pudieran sino que desearan ingresar en la organización hasta el punto de salvarla de su definitiva extinción sugiere con bastante claridad que lo que se aprendía en ella no se limitaba al trabajo físico de los obreros. Un indicio de ello es el nombre de sus salas de reunión, las logias. Aunque se han planteado varios orígenes para la palabra *logia*, resulta curioso que en griego signifique precisamente «ciencia».

La masonería del siglo XXI afirma que su interés no es otro que el de «conseguir la perfección del hombre y su felicidad, despojándole de vicios sociales como el fanatismo, la ignorancia y la superstición, perfeccionando sus costumbres, glorificando la justicia, la verdad y la igualdad, combatiendo la tiranía y los prejuicios», así como estableciendo «la ayuda mutua entre sus miembros». Sin embargo, presenta fuertes contradicciones, como los enfrentamientos entre diversos tipos de masonería para ver cuál de ellas es «la verdadera», o el hecho incuestionable de que la mayoría de sus logias prohíba expresamente la iniciación de las mujeres.

La masonería moderna

A principios del siglo XVI, un grupo de maestros alemanes se trasladó a Inglaterra para abrir las primeras logias de constructores del Reino Unido. Los aprendices ingleses redactaron la primera ley masónica de la que tenemos noticia, la llamada Constitución de York, a la vez que fundaban la Orden de la Fraternidad de los

Masones Libres. Igual que sucedió en el continente, la organización británica declinó poco a poco hasta que se vio obligada a aceptar a profesionales liberales e incluso a miembros de la nobleza. A los nuevos iniciados se les calificaba de «masones aceptados». En seguida surgió la Fraternidad de los Masones Libres y Aceptados, los que, definitivamente, habían abandonado la construcción y por tanto pasaron a denominarse Masonería Especulativa en lugar de Masonería Operativa como hasta entonces.

Este tipo de masonería tiene su carta de nacimiento en 1717, cuando cuatro logias londinenses de aceptados, que utilizaban como nombre el de las tabernas en cuyos salones sociales se reunían (La Corona, La Oca y la Parrilla, La Copa y las Uvas y El Manzano), se fusionaron con una autodenominada Sociedad de Alquimistas Rosacrucianos y fundaron así la Gran Logia Unida de Inglaterra. Seis años más tarde, uno de sus miembros, James Anderson, recibió el encargo de reunir toda la documentación disponible sobre la sociedad discreta y redactar con ella lo que desde entonces se conoce como las Constituciones de Anderson. En este manuscrito se incluye una historia legendaria de la orden, los deberes u obligaciones, un reglamento para las logias y los cantos para los grados iniciales. También aparece la historia de Hiram Abiff, así como la obligación de creer en una divinidad suprema descrita como el GAU o Gran Arquitecto del Universo, pues «un masón está obligado por su carácter a obedecer la ley moral y si entiende correctamente el Arte, jamás será un estúpido ateo ni un libertino irreligioso».

La nueva Masonería Libre y Aceptada sustituyó pronto a lo que quedaba de la Masonería Constructora original, por lo que la Gran Logia Unida se convirtió en la referencia masónica por excelencia, tanto en Europa como en las colonias americanas. Desde Inglaterra saltó a Bélgica en 1721, a Irlanda en 1731, Italia y el norte de América en 1733. Después a Suecia, Portugal, Suiza, Francia, Alemania, Escocia, Austria, Dinamarca y Noruega y, finalmente, a mediados del XVIII, al resto de países europeos y americanos.

Sus dos variantes más importantes fueron el Rito Escocés Antiguo y Aceptado —diseñado por Andrew Michael Ramsay, el preceptor del hijo de Jacobo II Estuardo de Escocia, donde encontraron cobijo algunos de los caballeros templarios que huían de la persecución a que fue sometida su orden tras ser desmantelada por el rey francés Felipe el Hermoso y el Papa Clemente V— y el Gran Oriente de Francia, que se declaró «obediencia atea» y se volcó en intereses sociales y políticos, más que espirituales; desde entonces se la conoce como Masonería Irregular. Uno de los miembros del Rito Escocés acabaría influyendo en la creación de la llamada Estricta Observancia Templaria, rama que controlaría la masonería alemana, en torno a la cual se forjaría la Orden de los Iluminados de Baviera.

En 1738, el Papa Clemente XII condenó a la masonería a través de una bula llamada *In emminenti*, que prohibía expresamente a los católicos iniciarse como masones bajo pena de excomunión, puesto que «si no hiciesen nada malo no odiarían tanto la luz». El motivo oficial de la condena era el carácter protestante de la Gran Logia Unida de Inglaterra, pero el decreto terminaba con una frase enigmática: «[...] y (también les condenamos) por otros motivos que sólo Nos conocemos». Varios de sus sucesores, como Benedicto XIV, León XIII y Pío XII entre otros, también publicaron severas condenas contra una sociedad que según las denuncias del Vaticano «se ha mostrado anticatólica y antimonárquica de manera reiterada». Ya en el siglo XX, el Concilio Vaticano II levantó un poco la mano al respecto, pero en 1983 el Papa Juan Pablo II todavía recordaba públicamente «la incompatibilidad de ser masón y católico».

Lo cierto es que el llamado Siglo de la Razón marcó un punto de inflexión en la masonería, que ya no volvería a ser la misma sociedad hermética orientada en exclusiva hacia sus miembros. A partir de entonces, la mayor parte de sus intereses quedó fijada en el mundo material. Especialmente, en lo referente a la posibilidad de crear un imperio mundial al que se someterían todas las administraciones nacionales. Un imperio dirigido por una minoría «iluminada» que, basándose en el progreso de la ciencia, la técnica y la producción, impulsara un mundo más lógico, racional y acorde con los designios divinos del GAU. Quizá eso explique la proliferación de la masonería en los salones del poder mundano de hoy. Todos los reyes ingleses desde el siglo XVIII, así como la mayoría de sus primeros ministros, la mayor parte de presidentes del gobierno y de la República francesa, innumerables políticos en Alemania (excepto en la época del nacionalsocialismo), Italia (excepto durante el fascismo) y en todos los demás países europeos, así como muchos de los miembros de las actuales instituciones de la Unión Europea, la gran mayoría de los presidentes de Estados Unidos y muchos de los dirigentes de otros países americanos han sido o son masones. En algunos casos, los símbolos masones incluso han ondeado en banderas oficiales como la de la extinta República Democrática Alemana, que lucía sobre las franjas negra, roja y amarilla un martillo y un compás orgullosamente laureados, y no una hoz como cabría suponer tratándose de un régimen comunista.

En España, donde la masonería estuvo prohibida y perseguida por el franquismo, casi todos los prohombres de las dos repúblicas pisaron las logias, desde Pi i Margall hasta Alcalá Zamora, pasando por Castelar, Negrín, Lerroux o Azaña. En 1979 consiguieron legalizarse de nuevo las dos obediencias más importantes de la época, enfrentadas entre sí: el Grande Oriente Español y el Grande Oriente Español Unido.

Contra el escaso poder real que en ocasiones se dice que tuvo la masonería en España, consta no sólo la larga lista de políticos republicanos que pertenecieron a sus filas, sino una extensa nómina de artistas y científicos como el investigador Santiago Ramón y Cajal, el educador Francisco Ferrer y Guardia, el músico Tomás Bretón, el ingeniero Arturo Soria o el novelista Vicente Blasco Ibáñez. Por otra parte, varios estudios de especialistas en masonería, como el de Pedro Álvarez Lázaro, *La Masonería, escuela de formación del ciudadano*, demuestra la influencia que tuvo, entre otros asuntos, en el desarrollo de una sociedad laica. Se cree que la época de mayor expansión fue la comprendida entre 1868 y 1898, cuando llegó a contar con 70.000 miembros. Curiosamente, la época en la que España perdió sus últimas colonias.

El Iluminismo científico

Los Illuminati son los reales protagonistas de este libro, sin embargo, antes de llegar a ellos, aún nos queda por conocer otra clase de «iluminados», a los que algunos autores han llegado a considerar como sus precursores, aunque no tuvieran nada que ver, los científicos. Rosacruces, masones, templarios y el resto de innumerables organizaciones secretas nacidas durante la interminable lucha entre la Tradición y la Antitradición basan el origen último de su conocimiento y su poder, el origen de su iluminación, en una revelación mística y por tanto ajena al común de los humanos, ya que viene de la divinidad. Pero durante el siglo XVII asistimos al advenimiento de una generación de hombres que, conectados o no con la religión u otro tipo de misticismo, tuvieron la osadía de buscar esa misma iluminación desde un punto de vista estrictamente científico. Para ellos, la palabra *razón* ya no significaba pensar de acuerdo con la lógica aristotélica, sino con datos matemáticos, precisos, concretos y demostrables.

Ellos redefinieron la razón como una «ley natural», que por supuesto podía llegar a expresarse de forma exacta y que permitiría al hombre comprender la vida y lo que le rodea gracias a su propio esfuerzo, sin necesidad de esperar a que Dios se tomara la molestia de señalarle con el dedo. El progreso científico empezó a ser entendido como «una progresiva iluminación de toda la humanidad gracias a las luces de la razón que despejan las tinieblas de la superstición, la ignorancia y las viejas costumbres». Semejante espíritu fue la herencia más importante que los científicos renacentistas dejarían a los «ilustrados» del siglo XVIII.

Uno de ellos fue el británico Francis Bacon, político, científico y filósofo que llegó a ser lord del Sello Privado de la reina Isabel I y cuyas extraordinarias capacidades le convirtieron en uno de los hombres más cultos e influyentes de su tiempo. E incluso del nuestro, porque una de las más polémicas teorías acerca del origen real de las obras firmadas por William Shakespeare apuntan hacia su ilustre persona como el verdadero autor de las mismas, aunque ésta es, como dice el clásico, otra historia. Bacon escribió y firmó varios libros de interés, si bien uno de ellos le conecta con la Tradición de manera directa. Se titula *La Nueva Atlántida* y en él desarrolla la utopía de una ciudad de sabios que se organiza siguiendo una ideología próxima a la Rosacruz.

De su aportación puramente científica, merece destacar su método de lógica inductiva, hoy considerada como precedente del empirismo. Bacon aboga por no limitarse a ordenar los hechos de la naturaleza, como hacían hasta entonces la mayoría de los científicos, sino más bien por aprender a dominarla. Como «para gobernar a la naturaleza es preciso obedecerla», se hacía necesario estudiarla a fondo, conocerla, para poder aprovechar sus recursos sin forzarla. Eso requiere superar los obstáculos para alcanzar el verdadero saber que, en su opinión, son *idola* o ídolos, prejuicios, de cuatro clases: los *idola tribus*, propios de la comunidad humana y basados en la fantasía y la suposición; los *idola specus*, pertenecientes a cada hombre y fijados por la educación, las costumbres y los casos fortuitos; los *idola fori*, procedentes del exterior y cuyo responsable es el carácter abstracto del lenguaje y la falta de comunicación, y los *idola theatri*, generados por las doctrinas filosóficas dogmáticas y las demostraciones erróneas. Todo el trabajo científico de Bacon se desarrolló sobre estas bases y, de hecho, murió ya retirado de la política cuando intentaba comprobar los efectos del frío en la conservación de los alimentos.

Contemporáneos de Bacon son Federico Cesi, Francesco Stelluti, Johannes van Heeck y Anastacio de Fillis. Los cuatro fueron grandes amantes de la ciencia, a la que convirtieron en la razón de su vida. En agosto de 1603, reunidos en Roma en el palacio de la familia Cesi, decidieron fundar un grupo dedicado al estudio y la investigación utilizando para ello la espléndida biblioteca del palacio, así como diversos equipos preparados al efecto. Se llamaron a sí mismos la *Accademia dei Lincei* o Academia de los Linces, simbolizando en la agudeza y agilidad de este felino las virtudes que deseaban emular en sus trabajos.

Cesi, presidente de la academia, orientó sus inquietudes preferentemente hacia la astronomía, lo que le permitiría diseñar y construir el primer astrolabio. De Fillis asumió la secretaría de la nueva institución y trabajó en diversas materias, mientras que Stelluti, aparte de asumir las tareas de administración de la recién nacida sociedad, tomó el seudónimo de Tardígrado y también realizó un trabajo multidisciplinar como geógrafo, literato, jurista y científico. Van Heeck, el único de ellos nacido en los Países Bajos, era sin duda el más preparado, pues había realizado las carreras de medicina y filosofía además de tener estudios de teología, y dominaba el latín y el griego, la astronomía y la astrología. En Praga, había conocido a Johannes Kepler y se hacía llamar a sí mismo el Iluminado.

En aquella época, ninguna academia de este tipo podía ponerse en marcha sin el visto bueno papal. Al principio, Clemente VIII recibió los esfuerzos de los linces con benevolencia y les instó a que trabajaran por el progreso de la humanidad, pero sólo siete años después Federico Cesi tuvo que marcharse a Nápoles debido a las continuas acusaciones de ejercer la magia negra, actuar contra la doctrina de la Iglesia y mantener un estilo de vida escandaloso. En 1611, Cesi contactó con el astrónomo y físico Galileo Galilei, al que invitó a incorporarse a la academia, convencido de que el nivel de sus trabajos elevaría el de sus colegas. Galileo fue muy bien recibido entre los linces y siempre recibió su apoyo, incluso durante la mitificada disputa que mantuvo con las autoridades eclesiásticas en defensa de la teoría heliocéntrica frente a la geocéntrica, formulada por Ptolomeo, que entonces era la comúnmente aceptada.

Según una reciente encuesta del Consejo de Europa elaborada entre los estudiantes de ciencias de la UE, casi el 30 % cree que Galileo fue quemado vivo en la hoguera por la Iglesia por defender sus teorías, mientras que el 97 % piensa que fue sometido a torturas. El 100 % conoce la frase «Eppur si muove!» (¡Y sin embargo se mueve!) que había susurrado con rabia después de la lectura de la sentencia condenatoria. Y, sin embargo, todo lo anterior es rotundamente falso.

Galileo fue un gran hombre de ciencia, pero no infalible. Según relata Vittorio Messori en *Leyendas negras de la Iglesia*, cuando el 22 de junio de 1633 escuchó la sentencia contra su tesis, se limitó a dar las gracias a los diez cardenales autores de la misma, de los cuales tres habían votado por su absolución, ante la moderada pena que se le impuso. El científico tenía razón en su tesis heliocéntrica pero había intentado «tomar el pelo a estos jueces, entre los cuales había hombres de ciencia de su misma envergadura», asegurando que sus teorías «publicadas en un libro impreso con una aprobación eclesiástica arrebatada con engaño, sostenían lo contrario de lo que se podía leer». Es más, en los cuatro días de discusión previos a la sentencia, «sólo fue capaz de presentar un argumento experimentable y comprobable a favor de que la Tierra giraba en torno al Sol. Y era erróneo: decía que las mareas eran causadas por la sacudida de las aguas a causa del movimiento de la Tierra». Sus jueces y colegas defendían que las mareas se debían a la atracción de la Luna, lo que, siendo correcto, sólo mereció un comentario por parte de Galileo: que esa tesis «era de imbéciles». Llovía sobre mojado porque, años antes, ya había cometido otro grave error al asegurar que unos meteoritos observados en 1618 por astrónomos jesuitas e identificados por éstos como «objetos celestes reales» no eran según él más que «ilusiones ópticas».

Respecto a la condena, Galileo no sufrió violencia física ni pasó un solo día en los «sórdidos calabozos de la Inquisición»: en Roma, se alojó en una residencia de cinco habitaciones con vistas a los jardines del Vaticano y un servidor personal, todo a cuenta de la Santa Sede. Y, tras la sentencia, fue alojado en la Villa Médici primero y luego en el palacio del arzobispo de Siena, antes de regresar a su propia villa de Arcetri, que tenía el elocuente nombre de La Joya. No perdió la estima ni la amistad de obispos y científicos amigos suyos ni se le impidió continuar con sus trabajos. Lo que por cierto le permitiría publicar poco después sus *Discursos y demostraciones matemáticas sobre dos nuevas ciencias*, considerada como su obra maestra. Las penas impuestas (prohibición de desplazarse libremente alejándose a su antojo de su hogar y rezar una vez por semana los siete salmos penitenciales) le fueron levantadas a los tres años.

Galileo tuvo suerte: si hubiera sido juzgado por las autoridades de la Iglesia protestante sí hubiera podido acabar en la hoguera como otros científicos que tuvieron la desgracia de caer en manos de los líderes religiosos defensores de la Reforma. El propio Lutero consideraba a Copérnico como «un astrónomo improvisado que intenta demostrar de cualquier modo que no gira el Cielo sino la Tierra», lo cual «es una locura»; fue Lutero también quien advirtió de que «se colocará fuera del cristianismo quien ose afirmar que la Tierra tiene más de seis mil años» y otras amenazas semejantes. Finalmente, «Eppur si mouve!» resulta en este contexto una frase valiente y rebelde pero no la pronunció Galileo. Se la inventó el periodista Giuseppe Baretti en 1757 en una descripción de la obra del astrónomo.

La Academia de los Linces como tal sobrevivió hasta 1651. Desde entonces hasta 1847, desapareció y fue refundada en varias ocasiones, hasta que en esta última fecha se renombró como Academia Pontificia de los Nuevos Linces, ya sin el carácter privado que había mostrado al principio, puesto que quedaba bajo el patronato del Papa Pío IV. Desde 1944 hasta nuestros días recibe el nombre oficial de Academia Pontificia de las Ciencias y, hoy, está formada por ochenta científicos de todo el mundo, respaldada por el Vaticano.

PRIMERA PARTE

El origen de los Illuminati

La verdad es lo que se hace creer.

FRANÇOIS-MARIE AROUET,
VOLTAIRE, filósofo francés

Adam Weishaupt

La noche del 30 de abril al 1 de mayo de 1776, la famosa y siniestra noche de Walpurgis, un grupo de hombres decididos se reunía en un bosque de Baviera, en el sur de Alemania, para juramentarse entre sí la consecución de sus objetivos finales. El momento escogido no fue casual. Hubo que esperar a que se produjeran los sucesos de los Mártires del Movimiento obrero de Chicago, en 1886, para que el mundo moderno instituyera en su recuerdo el primero de mayo como el Día Internacional del Trabajo, aunque, en realidad, esta fecha ha sido sagrada para los europeos durante milenios, ya que constituía uno de los dos ejes del antiguo calendario celta, que rigió en la mayor parte de Europa occidental, antes de la expansión del Imperio Romano. En aquella época se la conocía como Beltaine o Beltené y en ella se celebraba el final del invierno —que comenzaba con otra gran celebración céltica, la del Samhain, el 1 de noviembre, que conmemora en la actualidad el cristianismo con el nombre de Todos los Santos, y el paganismo, con la fiesta de Halloween— con distintos rituales que incluían grandes hogueras. La luz de esas hogueras alumbró la mística de los antiguos europeos. La luz de las que tuvieron que encender los congregados en la oscuridad del bosque bávaro a finales del siglo XVIII ha incendiado a partir de entonces el mundo entero, acercándole progresivamente al culto de un ser torturado aunque poderoso: Lucifer, el ángel de la luz.

Aquella fatídica noche nació la Orden de los Perfectibilistas, más conocida como la Orden de los Iluminados de Baviera o simplemente los Illuminati. Con el tiempo se convertiría en la más poderosa de las sociedades de la Antitradición.

Mi reino es de este mundo

Adam Weishaupt, catedrático de Derecho Canónico de la Universidad de Ingolstadt, es el enigmático fundador de esta orden, una de las sociedades secretas con peor reputación de los últimos siglos porque sus planes quedaron al descubierto de manera accidental. Nacido el 7 de febrero de 1748, su padre George Weishaupt era catedrático de Instituciones Imperiales y de Derecho Penal en el mismo centro universitario, y su familia era de origen judío. A los cinco años de edad se quedó huérfano y fue acogido por su abuelo y tutor, el barón Johann Adam Ickstatt. Convertido al cristianismo, Adam Weishaupt ingresó en el colegio de los jesuitas, donde pronto destacó gracias a su gran memoria y su inteligencia por encima de la media. Luego ingresó en la Facultad de Derecho, en la misma universidad donde había enseñado su padre.

En la biblioteca de su abuelo tomó contacto con las obras de los filósofos franceses y empezó a interesarse por la masonería y otras organizaciones similares. Además, desarrolló un ideario personal que se vio reforzado por su gran amistad con Maximilien Robespierre, al que conoció durante un viaje a Francia. Más tarde, tuvo ocasión de contactar con un místico danés llamado Kolmer, que había vivido varios años en Egipto en calidad de comerciante y, a su regreso a Europa, había intentado poner en marcha una sociedad secreta de orden maniqueo. Durante sus viajes, Kolmer se había entrevistado, entre otros, con el enigmático conde de Cagliostro en la isla de Malta. El joven Weishaupt, fascinado por su personalidad y sus conocimientos, le pidió que le iniciara en los llamados Misterios de los Sabios de Memfis, sin descuidar sus estudios «normales». Con 25 años se convirtió en profesor titulado y dos años después ya era catedrático en Ingolstadt.

La capacidad intelectual y personal de Weishaupt no había pasado inadvertida para sus mentores jesuitas, que, de hecho, le orientaron en su carrera hasta ordenarle sacerdote de su orden. Pero cuando descubrieron sus actividades heterodoxas lo expulsaron. No se puede decir que él lo sintiera mucho; para entonces ya estaba convencido de que el plan de Dios para el desarrollo de su creación resultaba tan endeble como impracticable en un mundo dominado por el materialismo, así que decidió cambiarse de bando y buscar otro tipo de iluminación, justo el contrario del prometido por el cristianismo. En ese sentido, necesitaba un grupo de trabajo que le permitiera profundizar en sus propios anhelos místicos a la vez que aplicaba sus ideas sobre el mundo físico. Una organización parecida a la de los jesuitas o la masonería, pero que fuera en una dirección muy diferente. Al no encontrar nada parecido, decidió fundarla él mismo en aquella noche de 1776, tras crear un reglamento a medio camino entre ambas sociedades y determinadas corrientes de falso rosacrucianismo. Entre los símbolos figuraba uno que pronto se haría célebre en el mundo entero: una pirámide con un ojo abierto en su interior, El Ojo que Todo lo Ve.

Sus primeros adeptos fueron cuatro alumnos de su propia cátedra, que inicialmente se dedicaron al proselitismo de acuerdo con una norma básica: sólo aceptaban la adhesión de personas bien situadas social y/o económicamente. Nadie podía acceder a la orden por deseo propio, sino por consentimiento de sus miembros. «Pocos, pero bien situados», solía repetir Weishaupt, que no deseaba presidir una organización numerosa sino poderosa. Por ello buscó y encontró desde el primer momento el apoyo económico de un banquero que ha pasado a la historia como uno de los hombres más ricos del planeta: Meyer Amschel Rothschild. La historia de su clan estará muy presente en los sucesivos acontecimientos de este libro.

La estrategia de crecimiento selectivo surtió efecto y pronto apareció el primer adepto de rango social elevado, un barón protestante de Hannover llamado Adolph Franz Friedrich Ludwig von Knigge, que ya había sido iniciado en la masonería regular y que introdujo a Weishaupt en la logia de Munich, Teodoro del

Buen Consejo. La ambición personal y la capacidad de movilización de Von Knigge orientaron al grupo hacia un rápido crecimiento, multiplicando por diez el número de miembros con la incorporación sucesiva de nobles del rango del príncipe Ferdinand de Brunswick, el duque de Saxe-Weimar, el de Saxe-Gotha, el conde de Stolberg, el barón de Dalberg y el príncipe Karl de Hesse, entre otros. En poco tiempo, los Illuminati abrieron diversas logias en Alemania, Austria, Suiza, Hungría, Francia e Italia. Al cabo de dos años entre sus miembros apenas había una veintena de estudiantes universitarios, todos los demás pertenecían a la nobleza y la política o ejercían profesiones liberales como la medicina, la abogacía o la justicia. Incluso el muy famoso escritor Wolfgang Goethe se dejó seducir por los postulados de esa orden.

¿Cuáles eran éstos? Según se revelaba a los nuevos miembros se trataba de la sustitución del viejo orden reinante en el mundo por otro nuevo en el que los Illuminati actuarían como mando supremo para conducir a la humanidad hacia una era nunca antes vista de paz y prosperidad racional. Eso equivalía a un gobierno mundial en el que cada hombre contara lo mismo que los demás, sin distinción de nacionalidad, oficio, credo o raza. Todos, excepto los propios Iluminados, encargados de regirlo. El propio Weishaupt escribió: «¿Cuál es en resumen nuestra finalidad? ¡La felicidad de la raza humana! Cuando vemos cómo los mezquinos, que son poderosos, luchan contra los buenos, que son débiles... cuando pensamos lo inútil que resulta combatir en solitario contra la fuerte corriente del vicio... acude a nosotros la más elemental de las ideas: debemos trabajar y luchar todos juntos, estrechamente unidos, para que de este modo la fuerza esté del lado de los buenos. Pues, una vez unidos, ya nunca volverán a ser débiles.»

Dicho así, sus intenciones resultaban incluso loables. Sin embargo, los objetivos finales sólo eran conocidos por Weishaupt y sus más inmediatos lugartenientes. Nesta Webster, autora de *Revolución Mundial. El complot contra la civilización* y profunda conocedora del tema, describe así las seis metas a largo plazo de los Illuminati:

1.º Aniquilación de la monarquía y de todo gobierno organizado según el Antiguo Régimen.

2.º Abolición de la propiedad privada para individuos y sociedades.

3.º Supresión de los derechos de herencia en todos los casos.

4.º Destrucción del concepto de patriotismo y sustitución por un gobierno mundial.

5.º Desprestigio y eliminación del concepto de familia clásica.

6.º Prohibición de cualquier tipo de religión tradicional.

Según el razonamiento de Weishaupt, no había grandes problemas para conducir a los países de Oriente hacia esa unificación mundial, debido a la posibilidad de manipular las profundas conexiones de su cultura con el misticismo, el ritualismo y el eclecticismo. Sin embargo, el pensamiento de Occidente era mucho más individualista, nacionalista y aventurero y además llevaba mucho tiempo dominado por el cristianismo. En especial, por la Iglesia católica, cuya obsesión por cortar de raíz cualquier mínima desviación del dogma convertía cualquier heterodoxia espiritual en una empresa arriesgada. Pero también por el movimiento protestante en ciernes, que, en esencia, suponía una especie de catolicismo sin Papa.

En consecuencia, su primer objetivo debía orientarse contra la cultura occidental. Y dado que tanto él como sus seguidores vivían en Occidente, el secreto era un arma imprescindible. Según él mismo: «Se trata de infiltrar a nuestros iniciados en la Administración del Estado bajo la cobertura del secreto, al objeto de que llegue el día en que, aunque las apariencias sean las mismas, las cosas sean diferentes.» Sólo de esta manera podría «establecer un régimen de dominación universal, una forma de gobierno que se extienda por todo el planeta. Para ello es preciso reunir una legión de hombres infatigables en torno a las potencias de la tierra, para que extiendan por todas partes su labor, siguiendo el plan de la orden».

La infiltración en la masonería

Weishaupt necesitaba ampliar su organización sin perder su control. Para ello, empezó a infiltrar a sus miembros en la masonería: captaba así a personas acostumbradas al secreto y el ceremonial, a las que sus ideas les resultarían familiares. Como algunas de las viejas escuelas de la Antigüedad, los masones llevaban mucho tiempo predicando que el sentido último de la existencia humana pasa por el perfeccionamiento espiritual y personal hasta el punto de que, en algún momento del futuro, el hombre habría evolucionado lo suficiente para no necesitar Estado, ni religión, ni sociedad según los parámetros conocidos, pues todos los hombres serían hermanos. Este sistema global llegaría pacíficamente, a partir de una evolución natural. La novedad que ofrecía Weishaupt era la posibilidad de acortar los plazos y no tener que esperar cientos, quizá miles de años, hasta que la utopía deviniera realidad. Él prometía materializarla en pocos años, quizá en el curso de una generación, aunque para ello hubiera que aplicar la violencia, ya que el viejo orden no se dejaría descabalgar con facilidad. A cambio, exigía obediencia ciega a su dirección, aunque sus órdenes no se comprendieran en un primer momento. Su propuesta se hizo tan popular que, según algunos autores, en 1789 controlaba por mano interpuesta la mayor parte de las logias masónicas, desde el norte de África hasta Suecia, desde España e Irlanda hasta Rusia, y también en los nuevos Estados Unidos de América.

Lo más probable es que la gran mayoría de Illuminati, sobre todo los de filiación masónica, desconocieran los métodos «mágicos» que pensaba aplicar Weishaupt para «traer el Cielo a la Tierra» en tan poco tiempo y que si hubieran imaginado los horrores que conllevaría la aplicación de sus ideas, tal vez no le hubiesen apoyado como lo hicieron. Como todas las organizaciones secretas de este tipo, aquí también se organizó el grupo de acuerdo con la técnica de círculos concéntricos o capas de cebolla, donde un iniciado adquiría más información a medida que probaba su utilidad y su fidelidad y en consecuencia ascendía en la jerarquía, pero sólo los máximos dirigentes de la orden estaban al corriente de todo el plan.

Con estos mimbres y con su propia experiencia adquirida en las ceremonias masónicas, Weishaupt elaboró en compañía de Von Knigge el llamado Rito de los Iluminados de Baviera, que constaba de trece grados de iniciación agrupados en una jerarquía de tres series sucesivas. Algunos de ellos jamás fueron practicados y sólo llegaron a existir sobre el papel. De menor a mayor, estos grados eran los siguientes: 1.º preparatorio, 2.º novicio, 3.º minerval, 4.º iluminado menor, 5.º aprendiz, 6.º compañero, 7.º maestro, 8.º iluminado mayor, 9.º iluminado dirigente, 10.º sacerdote, 11.º regente, 12.º mago y 13.º rey. El grado de iluminado menor marcaba la división entre los llamados Pequeños Misterios o Edificio Inferior, basado en el dominio de las capacidades del hombre, y los Grandes Misterios o Edificio Superior, el dominio de las capacidades del mundo, que implicaba poder político real. Según el reglamento de la orden, si un miembro alcanzaba el grado de sacerdote, no sólo estaba capacitado para asumir los poderes del Estado de manera efectiva, sino que debía actuar en consecuencia.

Además, Weishaupt dotó de un nombre simbólico a cada uno de los miembros. Von Knigge, por ejemplo, era *Philon*; Xavier von Zwack, uno de sus principales hombres de confianza, fue rebautizado como *Catón*; el escritor Wolfgang Goethe recibió el apelativo de *Abaris*; el filósofo Johann Gottfried von Herder se transformó en *Damasus*, etcétera. Él se reservó para sí mismo el apelativo de *Espartaco*, en homenaje al gladiador de origen tracio que en el 73 a. J.C. lideró la mayor revuelta de esclavos jamás organizada en la antigua Roma. Se veía a sí mismo como un nuevo héroe rebelde en contra del orden establecido tanto a nivel material como espiritual, una especie de Lucifer humanizado. «Cada hombre es su rey, cada hombre es soberano de sí mismo», decía el juramento del grado 13.º, el último, de los Illuminati. De igual forma, las logias adoptaron nombres en clave. La de Munich pasó a llamarse Atenas; la de Ingolstadt era conocida como Éfeso; la de Frankfurt, Tebas; la de Heidelberg, Útica; y la de Baviera, Achaia.

En julio de 1782, diversas obediencias masónicas se reunieron en el convento de Wilhelmsbad. Aprovechando el conocimiento y el prestigio adquiridos durante los últimos años, Adam Weishaupt intentó dar el definitivo golpe de mano que le permitiera unificar y controlar todas las ramas europeas de la organización. Sólo consiguió parte de sus objetivos: un acuerdo para refundir los tres primeros grados de todas las obediencias, dejando el resto al libre arbitrio de cada una, así como un importante trasvase de miembros: muchos francmasones de otros grupos decidieron ingresar en la logia iluminista mientras que un número importante de miembros de ésta hacían lo propio en otras logias, duplicando así su filiación. En aquella época ya defendía abiertamente una iniciación muy lejana de las influencias judeocristianas y unos planteamientos políticos que implicaban la revolución como elemento irrenunciable en el camino hacia el éxito. Ni la Gran Logia de Inglaterra, que a partir de entonces quedó enfrentada formalmente a los Illuminati, ni el Gran Oriente de Francia, ni los iluminados teósofos del místico sueco Swedenborg le apoyaron, pero sí los demás grupos.

Frustrado por los resultados del convento de Wilhelmsbad y pensando que no merecía la pena seguir luchando, Von Knigge dimitió y terminó sus días retirado en Bremen, donde falleció en 1796 tras publicar sus obras completas a las que añadió algunos sermones para varios templos protestantes. Weishaupt se encontró en una situación delicada, recibiendo los ataques de los masones ingleses a los que se unieron los de algunos martinistas (discípulos de Martínez de Pasqually, Louis Claude de Saint Martin y Jean Baptiste Willermoz, impulsores del martinismo, otra obediencia de índole masónica), aunque el peor golpe fue la traición de Joseph Utzschneider, quien, tras abandonar la orden, envió un documento de advertencia a la gran duquesa María Anna de Baviera en el que advertía de que «se da el nombre de Iluminados a estos hombres culpables que, en nuestros días, han osado concebir e incluso organizar, mediante la más criminal asociación, el horroroso proyecto de extinguir de Europa el cristianismo y la monarquía».

El principio del fin... o el fin del principio

En junio de 1784, el elector de Baviera, duque Karl Teodoro Dalberg, ante la creciente alarma social planteada por la difusión de las acusaciones contra los Illuminati, aprobó un edicto por el cual quedaba estrictamente prohibida la constitución de cualquier sociedad, fraternidad o círculo secreto no autorizado previamente por las leyes vigentes. Un comunicado posterior identificaba a los Illuminati como una rama de la masonería y por tanto ordenaba el cierre de todas las logias masónicas. Poco después, Weishaupt fue destituido de su cátedra y desterrado, aunque encontró refugio en la corte de uno de sus adeptos, el duque de Saxe, que le nombró consejero oficial y le encargó la educación de su hijo. El resto de dirigentes de la orden se puso a salvo, refugiándose en la actividad de las logias masónicas europeas y americanas, antes de que en mayo de 1785 comenzaran las persecuciones, detenciones y torturas de los miembros inferiores de la organización.

Pero aún faltaba lo peor: en la noche del 10 de julio del mismo año, un enviado de Weishaupt, el abad Lanz, fue alcanzado por un rayo cuando galopaba en medio de una tormenta. Su cadáver no fue recuperado por miembros de la orden sino por gentes del lugar que, al ver sus hábitos, lo recogieron con cuidado y lo trasladaron a la capilla de san Emmeran. Allí, entre sus ropas, encontraron importantes y comprometedores documentos que revelaban los planes secretos de la conquista mundial. Eso selló definitivamente el destino oficial de los Illuminati, que a partir de ese momento se convirtieron en una organización maldita. La policía bávara descubrió todos los detalles de la conspiración y el emperador Francisco de Austria conoció así, de primera mano, lo que se estaba tramando contra todas las monarquías y en especial contra la francesa, encabezada por su yerno Luis XVI y su hija María Antonieta. Ambos fueron informados también e incluso tuvieron oportunidad de examinar *Los Protocolos o Escritos originales de la orden y secta de los Illuminati*, que acabó por publicar el gobierno de Baviera para alertar a la nobleza y el clero de toda Europa. No obstante, la desaparición formal de los Illuminati, junto con el destierro de Weishaupt y la detención de muchos de sus adeptos, los convenció de que la trama había sido abortada por completo.

Sin embargo, la llamada Revolución francesa estaba ya en puertas y nada volvería a ser igual en el viejo continente a partir de 1789, empezando por el hecho de que los reyes de Francia no sobrevivirían a la gran sublevación del republicanismo. Adam Weishaupt murió mucho después, en noviembre de 1830, a la edad de 82 años. Durante su largo exilio tuvo tiempo de sobra para regodearse con los resultados de sus maquinaciones. Sabía que él no sería el encargado de culminar el gran proyecto de los Illuminati, pero ya no le importaba, otros lo terminarían por él y, cuando lo hicieran, no tendrían más remedio que rendir homenaje a su memoria. En realidad, ¿no había estado predestinado a eso desde el mismo instante de su nacimiento por su propio nombre? ¿Acaso *Adam* no significaba «Adán» o «El primer hombre»? ¿Acaso *weis* no era un tiempo verbal del alemán *wissen*, «saber», y *haupt* se podía traducir como «líder» o «capitán»?

¿Acaso Adam Weishaupt no se podía interpretar como «el primer hombre que lidera a aquellos que poseen la verdadera sabiduría?».

Además, los Illuminati no habían desaparecido definitivamente.

Permitidme fabricar y controlar el dinero
de una nación y ya no me importará quién
la gobierne.

MEYER AMSCHEL ROTHSCHILD,
banquero alemán

Los Rothschild

«No hay como ser rico para que todo el mundo se crea con derecho a criticarlo a uno.» Eso debieron pensar los miembros de la familia Rothschild cuando leyeron en enero de 1991 la entrevista a John Todd publicada por la revista norteamericana *Progreso para todos*. Miembro del Consejo Masónico de los Trece, John Todd afirmaba que el famoso icono de la pirámide y el ojo resplandeciente con el que se representa por lo general a Dios significa en realidad algo muy distinto: la mirada vigilante de Lucifer. Según sus palabras, la imagen fue creada por los Rothschild y llevada después a Estados Unidos por dos significados masones y padres fundadores de la nación, Benjamin Franklin y Alexander Hamilton, antes de que comenzaran la revolución y la guerra de independencia de Inglaterra. «La familia Rothschild es la cabeza de la organización en la que yo entré en Colorado, y todas las hermandades ocultas forman parte de ella», aseguraba, «porque en realidad todas pertenecen al mismo grupo dirigido por Lucifer para instaurar su gobierno a nivel mundial». Añadía aún más: «Dicen que los Rothschild tienen trato personal con el demonio. Yo estuve en su villa y lo he vivido. Sé que es cierto.»

Poderoso caballero...

La historia de los Rothschild, como la de todos los millonarios hechos a sí mismos, resulta apasionante por la ambición, el riesgo, la falta de escrúpulos y la inteligencia que a nivel personal demuestran todos los que están convencidos de que desean morir en una cama de oro, aunque hayan nacido en una de barro. Y también porque, como diría el refrán francés, enseña la forma en que uno puede «pringar en todas las salsas sin que se salpique la camisa».

Conviene aclarar un concepto erróneo en relación con el poder y el dinero: estamos acostumbrados a pensar que la mayoría de los grandes dirigentes históricos eran, sobre todo, personajes ricos. Tanto, que podían permitirse todo tipo de lujos y aventuras gracias a sus presuntas inmensas fortunas atesoradas en castillos protegidos por multitud de soldados. Su divertimento favorito, pensamos, era hacerse la guerra unos a otros de vez en cuando para ver quién se convertía en emperador.

En realidad, esos reyes, desde los antiguos mesopotámicos hasta los monarcas ilustrados, disponían de guardias armados permanentes más o menos numerosos, pero no de ejércitos formales que sólo se podían reunir para ocasiones especiales porque la guerra ha sido siempre un vicio caro —éste es uno de los motivos que obligó con el paso del tiempo a constituir los ejércitos nacionales, es decir el servicio militar obligatorio—. Con la mayor parte de la población dedicada a la producción agrícola, ganadera y pesquera, sólo unos pocos se podían permitir el lujo de dedicarse a la carrera de las armas desde temprana edad y éstos solían ser los que ya tenían la vida solucionada pues pertenecían a la clase dirigente. Aparte de ellos, el rey podía contar con tantos guardias personales en función del dinero que tuviese para pagarlos de su propio bolsillo. Si se aspiraba a conquistar un territorio vecino o simplemente destronar al monarca rival para instalar a otro más amistoso hacía falta un mayor número de combatientes. Durante mucho tiempo, el método más común para formar un ejército fue el de reclutarlo por la ley o a la fuerza entre los campesinos. Mal armados y entrenados, los integrantes de esta soldadesca carecían de grandes tácticas y su forma de hacer la guerra consistía más en invadir y devastar el territorio enemigo que en afrontar choques directos contra otra chusma, armada de la misma manera. Además, las guerras sólo se podían llevar a cabo en determinadas épocas del año: cuando las labores de producción agrícola no requerían la presencia constante de los hombres en el campo.

A medida que los reinos fueron creciendo de tamaño, y con ellos las ambiciones de sus dirigentes, se hizo necesario replantear el concepto de ejército para contar con una fuerza verdaderamente eficaz, bien equipada y mejor entrenada, que pudiera actuar en cualquier época del año. El problema seguía siendo el mismo: cómo pagarla. La solución fue el saqueo de las ciudades, que para entonces ya eran núcleos de población importante provistos de insospechados recursos. Los generales prometían a sus hombres todo el botín que pudieran tomar durante el asalto a las ciudades rivales después de ganar cada batalla: esclavos, ganado, joyas, telas o cualquier otra cosa que no quedara fijada de antemano como objetivo reservado para el mando. De esta manera, además, los mercenarios se entregaban con mayor entusiasmo a la lucha pues sabían que si no vencían, tal vez pudieran conservar la vida y el empleo, pero se quedarían sin cobrar. Durante la época de la antigua Roma, ésta consiguió desarrollar una magnífica maquinaria militar gracias a las riquezas que los legionarios robaban en los sucesivos países conquistados (y que tan rápidamente perdían en el juego o el despilfarro), pero también por otros alicientes: la promesa de la ciudadanía romana y de concesión de tierras al final de su servicio, y la propia y creciente disciplina impuesta por los veteranos.

Con todo, el número de hombres en armas nunca fue tan grande como las engañosas imágenes del cine intentan hacernos creer hoy en día. En general, no hubo ejércitos de miles, decenas o cientos de miles de guerreros provistos de brillantes armaduras y luchando entre sí en las batallas de las antiguas civilizaciones. En la Edad Media, por ejemplo, la guarnición de un castillo importante podía contar con una docena de infantes y tres o cuatro hombres a caballo, o poco más. Si eso parece poca defensa, hay que tener en cuenta que tampoco solía haber muchos más atacantes. La posesión, el mantenimiento y el entrenamiento de un solo caballo costaba mucho en aquella época. En la llamada Edad Oscura, si un monarca pretendía iniciar una guerra en serio contra otro debía consultarlo antes con sus señores feudales. La mayor parte de los reyes medievales eran poco más que *primus inter pares* sostenidos por la fuerza y el respeto de sus señores. Si perdía su liderazgo ante ellos o pretendía retirarles algún privilegio, los mismos leales vasallos podían organizar una rebelión con relativa rapidez y despojarle del trono y de la vida.

Por lo demás, el rey era tan rico como lo fuese su reino. Los señores feudales recaudaban de sus siervos una cantidad concreta —se ha calculado que en torno a un tercio de la producción total final de cada siervo—, de la cual deducían una parte para su soberano y se quedaban con el resto. A menudo, el soberano tenía más problemas económicos que ellos, por culpa de lo que hoy llamaríamos sus gastos de representación y, sobre todo, por el afán de incrementar su reino para lo cual necesitaba armar un ejército de vez en cuando y enviarlo a una campaña de conquista. Pero si ésta no terminaba con victoria o, aun siendo un triunfo, no arrojaba el botín esperado, el problema empeoraba.

La única solución era el banquero. La antigua y relativamente misteriosa institución de la banca está documentada desde tiempos inmemoriales, pues se ha encontrado una forma primitiva de ella en los templos de las antiguas civilizaciones entre el Tigris y el Éufrates. El prestamista adquirió pronto un papel primordial en el desarrollo de la economía de los pueblos, pues sus recursos permitían afrontar aventuras para las que de otra manera no se podía reunir la financiación necesaria con relativa rapidez. No obstante, su prestigio económico aumentó en paralelo a su desprestigio social, tanto por la envidia y el rencor del resto de la población como por la usura, que se convirtió casi desde el primer momento en la perversión favorita del sector. Además, el banquero siempre salía ganando en su negocio con independencia de la suerte que el particular corriera con la suma adelantada, porque reclamaba garantías iguales o superiores a la misma. Si en el momento del vencimiento de la deuda el particular podía subsanarla, él ganaba el interés. Y si aquél no podía hacer frente a la devolución económica, el banquero se quedaba con la garantía: casa, tierra, ganado, derechos mineros...

Ahora bien, el problema que afrontaron los banqueros cuando los primeros reyes acudieron a ellos en busca de dinero para pagar a sus ejércitos no era desdeñable. A un particular se le puede embargar aplicándole la ley, pero ¿a un monarca? Lo más probable era que si un prestamista pretendía presionar a un rey moroso se encontrase con que su deudor diera la orden de que le cortaran la cabeza, como de hecho debió de suceder al principio. Así que hubo que aguzar el ingenio para compensar sus riesgos, y así nació una doble estrategia.

En primer lugar, el banquero exigía cierta cuota de poder real inmediato a cambio del préstamo, método por el cual accedía a títulos nobiliarios o recibía el control de tierras o negocios públicos cuando el soberano no podía compensarle económicamente. En poco tiempo, todos los tronos europeos contemplaron así el nacimiento de una nueva e influyente categoría de cortesanos y consejeros que no provenía de la aristocracia ni del clero, sino de la banca. En segundo lugar, se diversificaron las apuestas. Es decir, se apoyaba públicamente al rey, pero también de forma más discreta a uno de sus más directos enemigos, un aspirante al mismo trono, un monarca rival o incluso al mismo enemigo al que se enfrentaba en la lucha y para la que había pedido previamente el dinero. De esta manera, en caso de que el primero no devolviera la cantidad adelantada y en el tiempo pactado, se podía cortar su financiación a la vez que se incrementaba la línea de crédito al segundo, dándole a entender que dispondría de todo lo que necesitara para destruir a su rival. De paso, se fidelizaba también al enemigo del rey. En ocasiones, era preciso financiar a terceros y hasta cuartos elementos factibles de entrar en el juego para asegurarse de que éste terminara con el deseado beneficio.

Esta doble estrategia se perfeccionó hasta constituir la marca distintiva de determinadas familias de banqueros. Durante el siglo XIX, éstas adoptaron además una pose cosmopolita, una proyección social y un interés exagerado en asumir las deudas de los distintos gobiernos, por lo que se les acabó conociendo como «banqueros internacionales».

El color de la revolución

La casa Rothschild, fundada por Meyer Amschel, apodado *Rothschild*, pionero de la saga, constituyó desde el principio el mejor ejemplo de este tipo de banca. Meyer nació en 1743 e instaló su primer negocio financiero en la ciudad germana de Frankfurt am Main, su ciudad natal. Hijo del banquero y orfebre judío Moisés Amschel Bauer, el origen de su famoso apellido hay que buscarlo en el sobrenombre por el que todo el mundo le conocía en la ciudad, debido a que en la fachada del edificio donde tenía instalado su negocio colgaba un escudo de color rojo (en alemán, *rot* es «rojo» y *schild* significa «escudo»). La tradición considera el rojo como una tonalidad solar, vivificante, fortalecedora y de carácter positivo, pero, a partir de la época del primer Rothschild y hasta la actualidad, el escudo o la bandera de este color se convirtió en el emblema de las sucesivas revoluciones de izquierdas que han sacudido el mundo.

Meyer se inició en el negocio bancario de su propio padre y más tarde viajó a Hannover para perfeccionar su oficio con la familia Oppenheimer. Gracias a su intensa actividad, su visión comercial y su don de gentes, entabló amistad con el general Von Storff, quien lo introdujo en la corte del landgrave de Hesse-Kassel, y poco después empezó a trabajar para el mismo príncipe Wilhelm IX, que se dedicaba a ganar dinero de todas las formas posibles y muy especialmente con la guerra. El príncipe reclutaba a los mercenarios que necesitaban diversas monarquías europeas para solventar sus rencillas entre sí, multiplicadas a raíz de los desequilibrios generados por la Revolución francesa: los equipaba y alojaba hasta que partían definitivamente a la batalla, y cobraba un porcentaje por cada operación. Meyer comprendió en seguida cómo funcionaba el negocio y se aplicó a él con gran eficacia. La mejor prueba es que pronto adquirió una pequeña fortuna personal, que incrementó reinvirtiendo en todos aquellos negocios en los que pudiera ganar más, desde el comercio de vinos hasta la venta de antigüedades, sin olvidarse del original oficio bancario que consolidó de regreso a su Frankfurt natal.

El dinero no es un fin en sí mismo, sino un simple medio de pago para lograr otros objetivos verdaderamente importantes en la vida. Muchas personas no comprenden lo que significa exactamente eso hasta que cumplen una edad avanzada o hasta que, en casos contados, amasan una gran fortuna como la que consiguió reunir Meyer en un tiempo récord. ¿Cuáles eran los sueños personales del primero de los Rothschild? ¿En qué deseaba utilizar sus elevados ingresos, en realidad? Muy probablemente, en ganar poder. Al fin y al cabo ésta es la gran tentación de todos los hombres que consiguen sobresalir en la jerarquía social. Es posible que Meyer fantaseara con la posibilidad de utilizar su riqueza para forzar su coronación en alguna parte del mundo, aunque, en la época de las monarquías absolutas ligadas a largas dinastías, el mero hecho de expresar algo así en voz alta podría haberle costado la vida. Un puñado de espadas y mosquetes de un rey pobre podían acabar con facilidad con los sueños de un banquero rico. Y, sin embargo, ¿por qué la monarquía tenía que ser hereditaria, aunque los sucesores de un hipotético buen rey fueran unos ineptos? O aunque no lo fueran. ¿Por qué no se podía catapultar a los verdaderos animadores de la economía y la sociedad, como él mismo se consideraba, a primera fila? ¿Es que no había ninguna posibilidad de cambiar el orden de las cosas?

En este escenario aparecieron los Illuminati de Weishaupt, y, de pronto, Meyer entendió que existía otro medio de acceder al poder. Si no de frente, actuaría entre bambalinas.

Desde el primer momento, la familia Rothschild amparó y financió la trama de los Iluminados de Baviera, hasta el punto de que Meyer los congregó en su propia casa de Frankfurt en 1786. Según diversos expertos, en aquella reunión el objetivo principal fue el estudio detallado de los preparativos de la Revolución francesa, que sucedió pocos años después. Allí se acordó, entre otras cosas, todo el proceso de agitación prerrevolucionaria, el juicio y ejecución públicos del rey francés Luis XVI y la creación de la Guardia Nacional Republicana para proteger el nuevo régimen. Algunos años más tarde, el diputado y miembro del Comité de Salud Pública de la Asamblea Nacional, Joseph Cambron, llegó a denunciar veladamente estos hechos, recordando que a partir de 1789 «la gran Revolución golpeó a todo el mundo, excepto a los financieros». Siguiendo el proyecto original de los Illuminati, también se diseñó el plan para extender el proceso revolucionario al resto del continente europeo y provocar un cataclismo social que beneficiara a los intereses de la sociedad secreta.

Dos años antes de morir en 1812, el primero de los Rothschild ya había planeado el futuro de su negocio asociando a sus cinco hijos varones (y, según su testamento, excluyendo de manera explícita a sus hijas de cualquier participación accionarial) en la empresa que a partir de entonces pasaría a denominarse Meyer Amschel Rothschild e Hijos. Así constituyó la primera red financiera europea de gran alcance, porque cada hermano se instaló en una ciudad diferente y abrió su propio establecimiento, que representaba una quinta parte de la propiedad general. Amschel hijo se quedó en Frankfurt, Karl se marchó a Nápoles, Natham a Londres y Salomón a París, donde al poco tiempo fue sustituido por James mientras él abría una nueva sucursal, esta vez en Viena. Eran las ciudades más importantes de la época, de modo que los cinco hermanos podían reunirse periódicamente para intercambiar información y obtener una visión de conjunto bastante veraz acerca del desarrollo político y económico de Europa, así como para coordinar sus estrategias. Los hermanos se habían juramentado para proseguir la labor de su padre, con la ventaja de que cada uno de ellos podía contar con el apoyo incondicional de los demás, y decidían así qué dirigentes de una u otra nación servían mejor a su causa y, en consecuencia, les prestaban o no el dinero solicitado.

Su enriquecimiento económico aumentó junto a su influencia en los distintos gobiernos europeos. Buen ejemplo es la rama francesa presidida inicialmente por Salomón, que, en poco tiempo, pasó de figurar en los archivos policiales por su actividad de contrabandista a ser una gran figura de la corte y de la alta sociedad. Fue a partir de 1823 cuando el rey Luis XVIII obtuvo de él un empréstito de 400 millones de francos, el primero de una interesante serie. Meses después, el banquero era condecorado con la Legión de Honor por «sus valiosos servicios a la causa de la Restauración». Más tarde, Salomón partió a Viena donde muy pronto se hizo con la amistad personal del canciller Metternich y con las simpatías de la corte imperial. Sus relaciones con la curia romana también fueron viento en popa, hasta el punto de negociar un importante préstamo al mismo Estado Vaticano.

El resultado de todas esas maniobras fue que a partir de entonces la casa Rothschild se convirtió en sinónimo de riqueza y poder sin fronteras.

Un ejercicio de estilo

Una de las armas principales de la familia para lograr el éxito constante en sus negocios ha sido el manejo de información privilegiada para adelantarse a sus competidores. Una cualidad muy útil en lugares como la Bolsa, donde se puede perder o ganar una enorme cantidad de dinero en unos minutos. En teoría, el mercado bursátil es un sistema útil a la hora de facilitar dinero a las empresas en desarrollo. En la práctica, funciona a menudo como una especie de casino especializado en el que los especuladores llevan todas las de ganar y, de hecho, gustan de adornarse a sí mismos con el título de «tiburones financieros».

Durante las guerras napoleónicas, los Rothschild apoyaron por igual a Bonaparte y a Wellington (siguiendo la vieja regla de apostar por el rey y por el monarca rival al mismo tiempo), pero la jugada maestra se produjo a raíz de la batalla de Waterloo.

Para entonces, el Pequeño Corso ya había perdido el placer de los poderes ocultos que le habían impulsado a lo más alto de su carrera, entre ellos algunas poderosas logias masónicas, pero todavía le quedaban fuerzas y ambición para un último intento de recuperar su vieja gloria. Así lo hizo durante el período de los Cien Días, tras escapar de su primer exilio insular en Elba. Ingleses, prusianos, austríacos y rusos organizaron en seguida un importante ejército para aplastarle definitivamente y se enfrentaron con los franceses en la planicie belga de Waterloo a mediados de junio de 1815. Uno de los Rothschild fue testigo privilegiado de la batalla y, cuando se aseguró de que Marte, dios de la guerra, sonreía a los aliados comandados por el británico duque de Wellington y el general prusiano Blücher, salió del lugar al galope.

Llegó a la costa francesa reventando a sucesivas monturas, donde pagó un dineral para cruzar con urgencia el canal de la Mancha y, una vez al otro lado, volvió a galopar hasta llegar a Londres. Una vez allí irrumpió en el English Stock Market (Bolsa de Valores Inglesa) y, con aire agitado, empezó a vender acciones a cualquier precio hasta que se deshizo de todas ellas. El resto de agentes bursátiles conocían el potencial informativo que manejaba la red bancaria de los Rotshchild, por lo que dedujeron que semejante actitud sólo podía significar una cosa: los aliados habían sido derrotados en Waterloo, Napoleón y Francia volvían a brillar en todo su esplendor, y lo más probable es que sólo fuera cuestión de tiempo que intentaran vengarse de Inglaterra, cruzando el canal de la Mancha e invadiéndola. El pánico se apoderó del mercado, que cayó a mínimos nunca vistos. En medio del caos, sólo un pequeño grupo de agentes anónimos se dedicaba a comprar acciones, que quemaban en las manos de los vendedores, a un precio miserable.

Poco después llegaron al fin noticias fidedignas de la victoria de Wellington y Blücher. La Bolsa se recuperó con rapidez. La gran diferencia era que las acciones más importantes estaban ahora en manos del banquero que las había comprado a través de los agentes anónimos y que no era otro que el mismo Rothschild. Nunca una cabalgada resultó más rentable.

Instalados en la respetabilidad que conceden las grandes fortunas, a partir de ese momento los Rothschild no hicieron más que incrementar su poder hasta que se quedaron sin rivales en Europa. Entonces se planteó un nuevo reto: la conquista financiera de América. Un grupo de Illuminati había escapado allí tras la persecución desatada en 1785 y se estaba reorganizando con rapidez, a salvo del largo brazo de las fuerzas monárquicas y católicas. En consecuencia, parte de la familia hizo las maletas y cambió los elegantes y elitistas salones de té europeos por los más rudimentarios establecimientos de los financieros del este de Estados Unidos.

> Una revuelta puede ser espontánea, una re-
> volución jamás lo es.
>
> JACQUES BORDIOT,
> periodista y escritor francés

La Revolución francesa

Entre las postales que hay a la venta en el Museo Carnavalet de
París figura una reproducción de uno de los cuadros más famosos que se pueden admirar en su interior. Se trata de una alegoría de finales del siglo XVIII que representa los derechos del hombre y el ciudadano, rubricados en 1789. Como en otras obras
del mismo estilo, el texto aparece impreso sobre una especie de
Tablas de la Ley rodeado de símbolos de la época. Un par de ángeles pintados en la parte superior certifican la bondad del contenido y, en lo más alto del cuadro, presidiéndolo todo, hay un
triángulo con un ojo abierto en su interior irradiando luz. El
emblema que desde entonces se ha utilizado en todo el mundo
para representar a Dios... y también el signo máximo de los Illuminati.

Curtis B. Dall, ex yerno del presidente norteamericano Franklin D. Roosevelt y declarado masón, es uno de los muchos especialistas que aseguran que los Iluminados de Baviera no sólo no
desaparecieron tras la persecución y desmoronamiento de su organización en Alemania, sino que se reconstituyeron en la clandestinidad y siguieron adelante con sus planes. En su opinión,
participaron, y muy activamente, en el desarrollo de la Revolución francesa.

Preparando la revolución

Cualquier libro o enciclopedia de historia califica la Revolución francesa como uno de los hechos fundamentales de la civilización moderna, que, entre otras cosas, sirvió como precedente para definir algunos de los estándares ideológicos que desde entonces ha lucido la democracia: el concepto actual de ciudadano, los derechos civiles, el sufragio universal, el humanismo y la libertad de pensamiento... El impacto de los hechos que condujeron a la caída de la monarquía de Luis XVI y su sustitución por una república, aboliendo el mito de invencibilidad del absolutismo, fue de tal calibre que aún hoy los franceses celebran su fiesta nacional el 14 de julio, festejando la toma de La Bastilla y cantando *La Marsellesa*. En general, la imagen que el ciudadano de a pie posee de la Revolución francesa suele estar bastante idealizada; piensa en ella como una época llena de peligros y aventuras, pero también hermosa y esforzada, que hubiera merecido la pena vivir.

Hay muchos libros escritos sobre los aspectos externos y visibles de los hechos de 1789 y los años posteriores, así que no nos extenderemos demasiado sobre ellos, sino sobre los que no suelen aparecer en primera página porque los Iluminati se han especializado en disimular su presencia en los documentos históricos.

Aquellos que justifican el desencadenamiento del proceso revolucionario en las pésimas condiciones generales de la población francesa, y sobre todo en las sucesivas hambrunas de las clases inferiores, desconocen la influencia de los Illuminati en los acontecimientos. Prácticamente todos los pueblos europeos han atravesado en algún momento de su historia circunstancias críticas parecidas o peores y nunca hasta finales del siglo XVIII se había producido una rebelión organizada como la que padeció Francia en aquella época, ni una convulsión politicosocial como la que llevó implícita. Tampoco el crecimiento de la burguesía, ni la cacareada «crisis del absolutismo» o razones similares que se han aducido para justificar los acontecimientos parecen suficientes. Ni siquiera la combinación de todas ellas. ¿Entonces? ¿Acaso los franceses son una raza aparte respecto al resto de los europeos?, ¿los únicos capaces de cambiar de arriba abajo en tan poco tiempo un orden social consolidado durante siglos?

La única gran diferencia entre 1789 y otros momentos parecidos de épocas anteriores radica en la preparación consciente del proceso revolucionario, que fue calculado al detalle durante varios años antes de su estallido. Nada quedó al azar. Cuando saltó la primera chispa fue porque la cadena de acontecimientos que seguiría estaba perfectamente trabajada en ese sentido, aunque, al final, la violencia y la brutalidad de su desarrollo hizo que sus creadores perdieran las riendas de éste.

Los expertos en la materia saben que para que se produzca un proceso revolucionario con éxito «es imprescindible disponer de una situación previa de grave alteración generalizada que fuerce a la población no ya a pedir, sino a exigir un cambio». Si éste no se produce, se multiplicarán los motines y las revueltas, pero es casi imposible que se llegue a la revolución en sí «a no ser que existan dos factores muy concretos» que canalicen la misma: «un clima cultural e intelectual» que alimente y reconduzca las fuerzas en efervescencia, y «un grupo constituido» que se encargue de «organizar y movilizar a las masas» dirigiéndolas hacia los diversos objetivos, aunque ellas o, mejor dicho, y sobre todo ellas «no se den cuenta de que alguien las está manipulando».

El clima cultural que se necesitaba para la Revolución francesa se larvó en los años previos de la Ilustración y el enciclopedismo, y sus principales inspiradores fueron el filósofo Charles Luis de Secondat, barón de Montesquieu, el teórico de la división de poderes, que fue iniciado en la masonería durante una estancia en Londres y por ello, según cierta tradición masónica, puede ser considerado como el primer masón real de Francia, y François de Salignac de la Mothe, más conocido como Fenelón, arzobispo de Cambrai, cuyo secretario y ejecutor testamentario fue Andrew M. Ramsay, uno de los artífices de la masonería moderna.

En cuanto al grupo constituido, es evidente que los masones llevaron desde el principio la voz cantante, aunque da la impresión de que había al menos dos clases de masonería actuando: la «normal» y la infiltrada por los Illuminati. Diversas fuentes, empezando por algunos protagonistas de la época como Marat o Rabaut Saint-Étienne denunciaron en su momento la presencia de «agitadores extranjeros», sobre todo ingleses y prusianos, que dirigieron al populacho en los principales episodios, como la toma de La Bastilla o el asalto al palacio de las Tullerías. En las confesiones obtenidas durante el posterior proceso a la fracción extremista aparecen, entre otros agentes, los de un banquero prusiano llamado Koch, los austríacos Junius y Emmanuel Frey, y un español apellidado Guzmán. Sin olvidar que una de las figuras de mayor interés al inicio de los acontecimientos, Felipe de Orleans, posteriormente rebautizado como Felipe Igualdad, que llegaría a ocupar el cargo de maestre del Gran Oriente de Francia, había sido iniciado en la Gran Logia Unida de Inglaterra y, por tanto, podría haber actuado aconsejado por estos rivales de los Illuminati.

Recordemos la reunión organizada por los Rothschild pocos años antes en Frankfurt, en la que se había estudiado el desencadenamiento del proceso revolucionario. Según el especialista Alan Stang, uno de los delegados franceses que asistieron a ese encuentro fue el introductor de los Iluminados en Francia, el político, orador y escritor francés Honoré Gabriel de Riqueti, más conocido como conde de Mirabeau, presidente de la Asamblea Nacional Francesa en fecha tan crítica como la de 1789, y cuyo nombre simbólico era el de *Leónidas*.

Mirabeu había sido captado años atrás durante su visita a la corte prusiana de Berlín como enviado del propio Luis XVI. Gracias a su influencia, los Illuminati penetraron en la logia parisina Los Amigos Reunidos, rebautizada como Philalethes (Buscadores de la Verdad). Entre los prohombres conducidos a la «iluminación» por su labor proselitista figuran Desmoulins, Saint Just, Marat, Chenier... y el obispo Charles Maurice de Talleyrand Périgord, de trayectoria tortuosa pero larga, puesto que siguiendo los planes de Weishaupt reorganizó en noviembre de 1793 las iglesias en Francia, motivo por el cual fue formalmente excomulgado por el Papa; más tarde fue el encargado de dar el visto bueno a la coronación de Napoleón como emperador y, aún después, llegó a ser ministro de Negocios Extranjeros con Luis XVIII durante la segunda Restauración. Una de las obras más célebres de Mirabeau, en la que ya se esbozan algunos de los ideales revolucionarios, es su *Ensayo sobre el despotismo*, que había redactado durante uno de los encierros a los que le sometió su padre en su juventud para intentar frenar sus costumbres libertinas. En público, siempre defendió la monarquía constitucional, aunque su propia ideología no podía estar más de acuerdo con los principios revolucionarios.

Además de los Illuminati, se ha hablado de la influencia de la orden de los Templarios o, más bien, de sus herederos. La leyenda afirma que, cuando la cabeza de Luis XVI caía guillotinada ante la turba, una voz más alta que las otras gritó: «¡Jacques de Molay, estás vengado!» Recordemos que De Molay fue el último de los maestres templarios, ejecutado por orden del rey francés Felipe el Hermoso. Cierta tradición masónica liga a las logias con el linaje templario, cuando un puñado de caballeros perseguidos logró embarcar en el norte de Francia en un buque con destino a Escocia. Allí encontraron refugio en las hermandades de constructores, con las que se fundieron y constituyeron el llamado Rito Escocés Antiguo y Aceptado. En aquel momento nació la idea de «la venganza templaria», según la cual, los templarios «masonizados» asumirían como objetivo político no sólo el derrocamiento de los herederos de Felipe el Hermoso, sino de toda la dinastía Capeta. En el ritual del grado 30 del rito escocés se puede leer: «La venganza templaria se abatió sobre Clemente V no el día en que sus huesos fueron entregados al fuego por los calvinistas de Provenza, sino el día en que Lutero levantó a media Europa contra el papado en nombre de los derechos de conciencia. Y la venganza se abatió sobre Felipe el Hermoso no el día en que sus restos fueron arrojados entre los desechos de Saint-Denis por una plebe delirante ni tampoco el día en que su último descendiente revestido del poder absoluto salió del Temple, convertido en prisión del Estado para subir al patíbulo [en referencia a Luis XVI], sino el día en que la Asamblea Constituyente francesa proclamó frente a los tronos, los derechos del hombre y del ciudadano.»

La Gloriosa

En un principio, la masonería de Francia se definía como una «sociedad de pensamiento» de influencia cristiana, pero pronto renunció a este origen bajo la influencia de ideólogos ingleses, de los que heredó el racionalismo mecanicista que desembocó en las teorías de Voltaire y su círculo, y alemanes, de los que asumió el fuerte misticismo germano y la orientación del martinismo. La primera logia masónica había sido constituida en territorio galo en 1725 con el nombre de Santo Tomás de París y fue reconocida por la masonería de Inglaterra siete años más tarde. Se extendió con rapidez entre la nobleza: el duque de Villeroy, amigo íntimo de Luis XV, fue uno de los primeros iniciados franceses y se cuenta que el mismo soberano llegó a ingresar en la logia de Versalles junto a sus dos hermanos. Sin embargo, en 1737 fue oficialmente prohibida, ya que británicos y franceses estaban en guerra y la monarquía de París temía que el secreto de sus conciliábulos sirviera para albergar algún tipo de traición.

Fieles a su tradición de clandestinidad, los masones hicieron caso omiso de la prohibición y prosiguieron sus reuniones aún con mayor discreción en un hotel ubicado precisamente en el barrio de La Bastilla. Un primo del rey, Luis de Borbón Condé, asumió la responsabilidad de gran maestre hasta 1771. De ese modo, la organización fue ganando peso e influencia mientras se extendía por toda Francia y crecía el debate en su propio seno: ¿centrarse en el trabajo interno o volcarse hacia el mundo y, en especial, hacia la política? Al acceder a la dirección el duque de Chartres se produjo la fractura definitiva entre el Gran Oriente de Francia y el Oriente de Francia. Unos apostaban por la indiferencia religiosa y la intervención activa en el ambiente politicosocial del país, mientras que otros insistían en que los rituales masónicos se habían constituido originalmente para centrarse en el desarrollo espiritual.

Poco antes del estallido revolucionario, existían al menos 629 logias en Francia, de las que sólo París contaba con 63. Se calcula que el número de francmasones franceses no bajaba de los

75 000. Y otro dato elocuente: el período revolucionario comenzó con la convocatoria de los Estados Generales, representantes del clero, la nobleza y el pueblo llano; de los 578 miembros del Tercer Estado, al menos 477 habían sido iniciados en diferentes logias masónicas, a los que hay que sumar los 90 masones de la aristocracia y un número todavía indeterminado en el clero.

No se conoce, si es que existe, un documento escrito en el que la masonería definiera alguna directiva concreta para iniciar, dirigir, sostener o canalizar directamente el proceso revolucionario, pero los números son elocuentes. Todos los ideólogos del nuevo régimen, así como la totalidad de sus dirigentes políticos sin ninguna excepción de interés, fueron masones. Desde los teóricos y propagandistas, como Montesquieu, Rousseau, D'Alambert, Voltaire y Condorcet, hasta los activistas más destacados de la Revolución, el Terror, el Directorio e incluso el bonapartismo, como los ya citados Mirabeau, Desmoulins, Marat y también Robespierre, Danton, Fouché, Siéyès... hasta el propio Napoleón. El misterio reside en averiguar cuáles de ellos militaban también en las filas de los Illuminati y cuáles eran dirigidos por sus propios compañeros sin darse cuenta, aunque podríamos encontrar alguna pista en los boletines de los clubes jacobinos que utilizaban masivamente el icono del Ojo que Todo lo Ve.

No sólo eso. Los ciudadanos ignorantes asumieron como originales y propios de la Revolución una serie de símbolos que en realidad siempre habían pertenecido a la masonería, como el gorro frigio, los colores de la bandera republicana (azul, blanco y rojo eran los distintivos de los tres tipos de logia vigentes en la época) y la escarapela tricolor (inventada por Lafayette, francmasón y carbonario), la divisa «Libertad, Igualdad, Fraternidad» e incluso *La Marsellesa* (himno compuesto por el masón Rouget de L'Isle e interpretado por vez primera en la logia de los Caballeros Francos de Estrasburgo, el actual himno nacional de Francia).

El mismo Felipe Igualdad (Felipe de Orleans), en 1793 y tras haber votado a favor de guillotinar a su primo el monarca y a su mujer María Antonieta, quiso terminar con la práctica del secreto en la masonería porque según sus palabras «la república es ya un hecho» y «en una república no debe haber ningún secreto ni misterio». Quizá porque temía que, al igual que él había conspirado contra Luis XVI, alguien podía conspirar contra él. Lo cierto es que la masonería como tal desapareció del escenario poco después. Y que Felipe Igualdad fue guillotinado ese mismo año, después de que su espada ceremonial fue rota en la asamblea del Gran Oriente de Francia.

La revista *Humanisme*, editada por la Gran Logia de Francia, sentenciaba en 1975 con gran claridad que «es conveniente recordar que la francmasonería está en el origen de la Revolución francesa», ya que «durante los años que precedieron a la caída de la monarquía, las declaraciones de los Derechos del Hombre y la Constitución fueron larga y minuciosamente elaboradas en las logias. Y, naturalmente, desde que fue proclamada la República francesa se adopta la divisa prestigiosa que los francmasones habían inscrito siempre en el oriente de su templo: "Libertad, Igualdad, Fraternidad"».

En la actualidad, los masones siguen refiriéndose a la Revolución francesa como La Gloriosa.

La toma de La Bastilla

Algunos de los episodios de la revolución resultan tragicómicos cuando se analizan en profundidad. Es el caso del famoso asalto a La Bastilla del 14 de julio que el imaginario colectivo suele retratar como la reacción popular de los ciudadanos franceses, que, enardecidos contra la represión de las autoridades monárquicas, atacaron la famosa cárcel y la destruyeron después de poner en libertad a los muchos y agradecidos reos políticos que se hacinaban en sus malsanos calabozos. La realidad es mucho menos romántica.

Muchos historiadores han demostrado hace tiempo que al populacho no se le ocurrió tomar La Bastilla hasta que no fue incitado a ello por una serie de alborotadores profesionales. El experto Christian Funck Bretano llega a asegurar en *Las leyendas y archivos de La Bastilla* que esos agentes fueron contratados por los Illuminati, que movilizaron auténticas bandas de criminales reclutados en Alemania y Suiza para aumentar los desórdenes en París en los días previos a la revolución. En todo caso, cuando la turba se presentó ante los muros de aquella auténtica fortaleza exigió sin más a su comandante gobernador, De Launay, que se rindiera y abriera las puertas. Lógicamente, el militar se negó y la muchedumbre inició entonces el ataque que el batallón de Inválidos encargado de la custodia de la prisión rechazó con facilidad. Este batallón estaba compuesto por soldados veteranos que habían sufrido heridas de importancia o mutilaciones en actos de guerra; el propio De Launay era rengo por esta causa.

Tras reflexionar someramente, los asaltantes comprendieron que no conseguirían nada por la fuerza y propusieron un trato: prometieron respetar la vida de todos los soldados y dejarlos ir si a cambio entregaban a los presos y abandonaban pacíficamente el lugar. De esta manera se evitaría un derramamiento de sangre inútil. Teniendo en cuenta la situación general en Francia, y sobre todo en París, así como la imposibilidad para De Launay de pedir ayuda, éste aceptó el trato. Abrió las puertas de la prisión y en ese momento la multitud irrumpió en su interior. Ésta aplastó a los soldados por la pura fuerza de su número, los degolló y descuartizó, y paseó después sus restos clavados en bayonetas por las calles de la capital francesa. La misma cabeza del ingenuo De Launay fue pinchada en una pica y llevada a Versalles para exhibirla antes las ventanas del palacio, donde la propia reina María Antonieta la contempló con horror.

Y todo para liberar a los «muchos y torturados presos políticos que agonizaban» en La Bastilla. Según algunos historiadores, en el momento de la destrucción de la cárcel esos reos eran exactamente siete: dos locos llamados Tabernier y Whyte, que fueron recluidos por el régimen republicano poco después en el manicomio de Charenton; el conde de Solages, un libertino juzgado y condenado por diversos crímenes, y cuatro defraudadores llamados Laroche, Béchade, Pujade y La Corrége, todos ellos encarcelados por falsificar letras de cambio en perjuicio de los banqueros parisinos. Según otros historiadores, había un octavo preso, otro libertino llamado Donatien Alphonse François, más conocido como el marqués de Sade, quien precisamente en La Bastilla escribió algunas de sus más famosas obras como *Aline y Valcour*, *Las 120 jornadas de Sodoma* o *Justine*.

Poco después, un constructor probablemente masón e Illuminati llamado Pierre François Palloy propuso desmantelar la prisión para construir con los mismos bloques una pirámide, «a imitación de las construidas por los egipcios». Nunca sabremos si este monumento habría incluido un ojo abierto en su fachada, porque el proyecto fue desechado ante sus dificultades técnicas. En los meses siguientes, el gobierno revolucionario encarceló y ejecutó a muchas más personas que en el Antiguo Régimen. Eso sí, su propaganda consagró la toma de La Bastilla como un heroico suceso popular.

El irresistible ascenso de Napoleón Bonaparte

Uno de los sectores que había apoyado todo el proceso revolucionario desde el principio había sido el financiero. Obviando a los Rothschild, el historiador Albert Matiez señala a Jacques Necker, director general de Finanzas y primer ministro con Luis XVI, Étienne Delessert, fundador y propietario de la Compañía Aseguradora Francesa, Nicolas Cindre, agente de cambio y Bolsa, y Boscary, presidente de la Caisse D'Escompte y titular de varios cargos políticos, como algunos de los más relevantes banqueros implicados. Agotado el período de la Convención, los hombres de negocios ocuparon la práctica totalidad de los puestos de importancia en la Administración republicana.

La Revolución francesa degeneró finalmente en uno de los momentos más dramáticos de la historia de ese país: la dictadura impuesta por el Terror jacobino, consagrada en el decreto del 14 Frimario o diciembre de 1793, que suspendía la Constitución, la división de poderes y los derechos individuales. Todo ello, sumado a la creación de un tribunal revolucionario sumarísimo, llevó al primer ensayo de régimen totalitario en la Europa moderna. Pese a presumir de su carácter anticlerical y antimonárquico, lo que incluía la persecución de la nobleza, una categoría contraria por naturaleza al ideal de igualdad, se calcula que el número de víctimas mortales durante este período no bajó de las 40 000 y, de ellas, un 70 % fueron trabajadores y otro 14 %, gentes de clase media. Sólo el 8 % de las víctimas fueron de origen noble y otro 6 % pertenecía al clero. Buen ejemplo del tratamiento que los líderes revolucionarios dieron a las mismas masas que los encumbraron fueron las matanzas de La Vendée donde la Convención se propuso «exterminar a los bandoleros para purgar completamente el suelo de la libertad de esa raza maldita». La palabra *bandoleros* era un eufemismo para referirse a toda la población.

En un primer momento, los habitantes de La Vendée habían apoyado el levantamiento siguiendo la inercia general y creyendo las promesas de prosperidad y felicidad que traería la caída de la monarquía. Sin embargo, la sucesión de calamidades, miseria y arbitrariedades políticas que se sucedieron a partir del triunfo del régimen republicano acabó por desencadenar una insurrección de los independientes y orgullosos pobladores de la región. La Convención no se podía permitir ningún tipo de reacción que pusiera en peligro el futuro del inestable régimen, así que envió al ejército a la zona, señalando en uno de sus pronunciamientos públicos que «se trata de despoblar La Vendée» hasta el punto de que «durante un año ninguna persona, ningún animal, encuentre subsistencia en ese suelo».

La brutal represión y las consiguientes matanzas de hombres, mujeres y niños se extendieron bastante tiempo después de que la rebelión fuera formalmente aplastada, como demuestra la masacre de Nantes, en la que centenares de personas fueron ahogadas después de ser amarradas a embarcaciones que posteriormente hundieron.

Al fin, y como suele suceder en estos casos, la Revolución francesa acabó devorando a sus propios hijos y el ideal de fraternidad estalló definitivamente en mil pedazos cuando empezaron a sucederse las traiciones entre dirigentes. Herbert, por ejemplo, fue guillotinado con el visto bueno de Danton, pero éste subió al patíbulo poco más tarde empujado por Saint-Just y Robespierre, quien, según algunas investigaciones, había sido designado en persona por Adam Weishaupt para conducir la revolución, al menos hasta entonces. Las cabezas de éstos también rodarían en la denominada Reacción de Termidor, que desembocó en el Directorio, constituido por masones como Joseph Fouché o el vizconde de Barrás. Este último también aparece, según varias fuentes, como miembro de los Illuminati. Fue el encargado de elegir a Bonaparte para dirigir el ejército francés, pese a su juventud.

Después llegó el golpe de Estado del 18 y 19 Brumario, 9 y 10 de noviembre, de 1799, en el que la figura más visible y gran protagonista fue Napoleón, en aquellos momentos un héroe popular tras sus victorias en las campañas militares contra los enemigos europeos de la Revolución francesa. Napoleón había ingresado durante su campaña de Italia en la logia Hermes de rito egipcio, aunque según otros autores ya había sido iniciado en una logia marsellesa de rito escocés cuando era un oscuro teniente del ejército. Durante su mandato, siempre se rodeó de masones, algunos de ellos en contacto directo con los Illuminati. Su propio hermano José, al que impuso como rey de España, donde recibió el apelativo popular de *Pepe Botella*, llegó a ser gran maestre. En fecha tan simbólica como la Nochebuena del mismo 1799, impulsó la nueva Constitución, que estableció el Consulado y permitió que una paz relativa se fuera instalando en el interior del país. A cambio, utilizó las energías bélicas aún latentes para su propio beneficio, construyendo el ejército más poderoso de su época y lanzándolo a la conquista de Europa.

Al principio, el emperador sumó una victoria tras otra, y no todas ellas fueron de índole militar. En 1810, por ejemplo, confiscó uno de los tesoros documentales más preciados para una organización como la de los Illuminati, los Archivos Vaticanos, que fueron trasladados a París. Se habla de varios miles de valijas con documentación de todo tipo. La mayor parte fue devuelta tiempo después, pero no toda. Finalmente y tras haber derrotado a casi todos sus enemigos, las tropas napoleónicas fracasaron en los extremos de Europa: en España, donde la guerrilla y la resistencia popular propiciaron las primeras derrotas de los hasta entonces invencibles granaderos y, sobre todo, en Rusia, cuya campaña concluyó en un desastre absoluto cuando los rusos incendiaron el Moscú recién conquistado y, con la ayuda del «General Invierno», forzaron a la expedición francesa, carente de pertre-

chos, a iniciar una agónica retirada. Se dice que algunos dirigentes Illuminati juraron odio y venganza contra el pueblo ruso y su
zar por haber dado al traste con sus planes.

Las guerras napoleónicas reportaron grandes beneficios al entonces denominado Sindicato Financiero Internacional, en el que
figuraban prohombres como Rothschild, Boyd, Hope o Betham.
Para empezar, sólo dos meses después de la llegada de Bonaparte
al poder nació el Banco de Francia. Esta institución privada cuyo
presidente y administradores no eran nombrados por la Asamblea
Nacional, sino por los accionistas mayoritarios, recibió desde el
principio un trato notable de la nueva Administración: ejerció el
privilegio de recibir en cuenta corriente los fondos de la Hacienda Pública y, tres años más tarde, también solicitó y obtuvo la facultad exclusiva de la emisión de papel moneda. Este sistema de
control financiero y por tanto económico y a la larga político de
las naciones fue exportado en años sucesivos a otros países europeos.

El historiador británico McNair Wilson asegura que la verdadera razón de la caída de Napoleón fueron las medidas que éste
tomó contra los intereses comerciales de los banqueros al organizar un bloqueo total contra Inglaterra, a la que siempre consideró la principal potencia enemiga. En esto coincide con el análisis de otros investigadores, según los cuales, Bonaparte no fue
más que un instrumento en manos de los Illuminati. Su misión
consistía en edificar una Europa unida bajo su autoridad, basada
a su vez en los principios inspiradores de la Revolución francesa,
pero fue retirado del juego cuando no sólo fracasó en la campaña de Rusia, sino que empezó a tomar sus propias decisiones en
lugar de acatar las órdenes que recibía en secreto. Es un hecho que
los hermanos Nathan y James Rothschild financiaron los ejércitos del duque de Wellington, a la postre el gran vencedor de Napoleón en el campo de batalla.

De cualquier manera, durante el imperio napoleónico comenzó un nuevo ciclo que permitió la expansión de los principios revolucionarios, y también los de los Illuminati, hasta el último rincón del viejo continente. Aunque su aventura finalizara
de forma diferente a como había sido diseñada en la sombra, lo

cierto es que, cuando el Pequeño Corso cayó definitivamente, el antiguo orden europeo había quedado destruido por completo.

Los Illuminati se dieron por contentos con la experiencia adquirida y permitieron una reordenación temporal del asolado continente europeo, en el que se redistribuyeron los territorios conquistados a fin de conseguir un mínimo equilibrio de poder entre las potencias triunfantes. El Congreso de Viena sólo fue la cara visible de las negociaciones bajo cuerda que sirvieron entre otras cosas para consolidar la restauración de la monarquía en Francia con un débil Luis XVIII al frente de la institución y para señalar a Suiza como el país neutral por excelencia a fin de servir mejor a los intereses financieros.

Entretanto, los tres monarcas más importantes del momento, el zar Alejandro I de Rusia, Francisco II de Austria y Hungría y Federico Guillermo III de Prusia, firmaron en septiembre de 1815 la Santa Alianza, un pacto por el cual se comprometían a ayudar a cualquier rey que se comprometiera a defender los principios cristianos en todos los asuntos de Estado, haciendo de ellos «una hermandad real e indisoluble». Todos recordaban muy bien lo que le había ocurrido a Luis XVI y a su esposa María Antonieta y ninguno deseaba que volviera a desatarse, ni en sus respectivas naciones ni en el resto de Europa, otro proceso revolucionario similar. Ninguno sospechaba, tampoco, que el ministro austríaco de Exteriores, el príncipe Klemens Furst von Metternich, el llamado *árbitro de la paz* en el Congreso de Viena, fuera un agente más de los Rothschild.

Los intentos posteriores de recomposición política sólo sirvieron para causar sucesivas convulsiones y nuevas revoluciones que salpicaron además al continente americano y acabaron conduciendo a la tremenda hecatombe que comenzó aquel caluroso verano de 1914.

Hay dos historias, la oficial, embustera, que se enseña ad usum delfini, y la real, secreta, en la que están las verdaderas causas de los acontecimientos: una historia vergonzosa.

HONORÉ DE BALZAC,
escritor francés

La herencia de Weishaupt

Estudiando la evolución de los acontecimientos, resulta obvio que los Illuminati no desaparecieron tras su «destrucción» oficial. En general, todos sus dirigentes resultaron ilesos y la mayoría de ellos permanecieron activos hasta el final de sus vidas, bien a través de su labor en las logias masónicas en Europa o América, influyendo en los sucesivos acontecimientos revolucionarios, bien organizando nuevas sociedades de las que apenas nos han llegado algunos rumores sordos. Lo que parece claro es que si alguno de ellos todavía no había comprendido la importancia del secreto, a partir de entonces éste se transformó en condición sine qua non para todas y cada una de sus actividades. Eso implicaba ocultar la propia pertenencia a la orden a todos los que no estuvieran iniciados en la misma o a los que se quisiera reclutar, incluso a los propios familiares. De esta forma, los Illuminati lamieron sus heridas en la oscuridad mientras reflexionaban sobre los errores cometidos en su primer asalto al poder y perfeccionaban el plan para el segundo.

La fórmula de Hegel

Si los planes de conquista mundial de Weishaupt no se habían hecho realidad con la Revolución francesa, fue tal vez por dos motivos. Primero, porque aún no contaba con el número suficiente de conjurados para abarcar todos los frentes. El mundo conocido se hacía más y más grande cada día que pasaba, a medida que la exploración y la colonización en los siglos XVIII y XIX extendían las fronteras occidentales. Es probable, por otra parte, que si el lugar de operaciones se hubiera limitado a Europa como en siglos precedentes, se habría podido alcanzar el objetivo previsto. Y segundo, porque carecía de un buen plan para movilizar a las masas ignorantes en apoyo de sus ideas.

En efecto, los Iluminados de Baviera comprendían que cuanto más grande fuese un grupo de gente, más fácil resultaba manipularlo; sobre todo cuando sus integrantes están convencidos de que viven en un régimen protector de sus libertades y por tanto abdican de su individualidad y su responsabilidad en el Estado. Pero en su época no disponían de medios para transmitir sus mensajes. No existía todavía el cine, la televisión o Internet... y la lectura de periódicos o libros se limitaba a las clases altas de la sociedad. Por tanto, la única forma de llegar a las masas para convencerlas de las bondades del plan iluminista, y sobre todo para evitar que dejaran de apoyarlo por cansancio o por miedo, era a través de agentes instigadores en los partidos políticos, los sindicatos y las organizaciones sociales. Ahora bien, resultaba harto difícil unificar la estrategia ante el elevado número de personas que debían disponer de las directrices, que, además, cambiaban con cierta frecuencia.

En 1823, un profesor y filósofo alemán llamado Georg Wilhelm Friedrich Hegel solucionó este problema. El famoso discípulo de Emmanuel Kant estudiaba en el seminario de Tubinga cuando se desató la Revolución francesa. Desde el principio, Hegel se sintió entusiasmado por los valores y el espíritu que transmitía ese acontecimiento sin precedentes en la historia de la Europa moderna. Es más, durante toda su vida celebró el día de la toma de La Bastilla como si se tratara de su propio cumpleaños. El joven Hegel había hecho de la *polis*, el concepto griego de ciudad, su ideal personal. En su opinión, el hombre no necesitaba pensar en el más allá o en otros mundos para ser feliz, porque los ideales de belleza, libertad y felicidad podían materializarse en esa misma *polis*. Las primeras noticias procedentes de París le hicieron pensar que lo que intentaban los impulsores de la revolución era construir conscientemente en Francia lo que los antiguos griegos habían disfrutado simplemente por vivir en ese momento histórico. El hombre pasaba a ser el centro definitivo del universo, sin necesidad de utilizar la muleta de ninguna divinidad.

Sin embargo, a medida que pasaba el tiempo y quedaba claro que los bellos ideales del principio se transformaban en una orgía de sangre y horror hasta desembocar en una auténtica dictadura, los ánimos de Hegel se enfriaron. Al final de su vida seguía recordando con nostalgia el espíritu de la revolución y, con horror, su materialización. Intentó explicar lo ocurrido afirmando la contradicción de intentar imponer la libertad. Los revolucionarios, en nombre del ideal universal de libertad, «han negado las particularidades de los franceses comunes y en especial su fe cristiana. Al negar lo particular, por lógica lo universal termina particularizándose también. Para mantener la totalidad no se puede negar algo, sino incluirlo. Lo universal debe incluir todas las particularidades».

Hegel acabó elaborando un nuevo tipo de lógica, la dialéctica, que reúne a los opuestos en una nueva síntesis que los abarca y los supera a ambos. En su opinión, esta lógica regía tanto al pensamiento humano como a la propia naturaleza.

¿Cómo se podía aplicar semejante razonamiento en el caso de los Illuminati? Según Hegel, la existencia de un tipo concreto de gobierno o sociedad, llamada tesis, acabaría por fuerza provocando la aparición del opuesto; es decir, una sociedad contraria llamada antítesis. Tesis y antítesis comenzarían a luchar entre sí en cuanto tuvieran el menor contacto, puesto que la existencia de una amenazaba la existencia de la otra. Si ambas luchaban durante un largo período sin que ninguna de ellas consiguiera aniquilar definitivamente a la otra, la batalla evolucionaría hacia un tercer tipo de sociedad diferente constituida por una mezcla de las dos, un sistema híbrido llamado síntesis, que acabaría por absorberlo todo, por universalizar la sociedad.

Aplicando esta lógica a la historia de Europa, los Illuminati comprendieron que, en efecto, en los conflictos entre sus pueblos y naciones siempre se había producido el triunfo de una tesis sobre otra hasta desembocar en la sociedad de su época: una síntesis que abarcaba las sucesivas herencias paganas, grecorromanas y cristianas acumuladas durante tantos siglos y que, dominada por el cristianismo, la monarquía y la libre empresa, se agrupaba genéricamente bajo el nombre de sociedad occidental.

Ahora sí, el camino a seguir estaba meridianamente claro. Era imprescindible arrebatar a la sociedad occidental su carácter de síntesis y convertirla en una nueva tesis. Eso sólo se podía hacer mediante la creación y oposición de una nueva antítesis, es decir, una nueva sociedad contraria a la occidental, lo suficientemente poderosa como para amenazar su lugar en el mundo, aunque no tanto como para destruirla. Después, bastaba con mantener la guerra entre ambas durante varias generaciones para que, al fin, las masas humanas de uno y otro bando, agotadas, reclamaran a gritos la paz y el entendimiento entre ambos mundos. Eso desembocaría en la formación de una nueva síntesis, una sociedad occidental y contraria a la occidental al mismo tiempo, que globalizaría a la humanidad, y cuyo advenimiento sólo sería posible gracias a los manejos en la sombra de los Iluminados.

El proceso sería obviamente más largo y complejo de lo que en un principio había imaginado Weishaupt, ya que a principios del siglo XIX no existía en el mundo nada parecido a la nueva antítesis que necesitaba la orden y tampoco interesaba sentarse a esperar a que surgiera por evolución natural. Así que la clave definitiva a partir de ese momento fue doble: primero, construir esa nueva sociedad que sirviera de antítesis y, segundo, enfrentarla a la sociedad occidental de acuerdo con el concepto de guerra permanente. Como decía Hegel: «El conflicto provoca el cambio y el conflicto planificado provocará el cambio planificado.»

En realidad, todo el razonamiento era muy similar a la vieja técnica bancaria de financiar a los dos bandos a la vez, con la diferencia de que ninguno de los contendientes originales triunfaría en el combate final, sino que lo haría un tercero por encima de ellos.

A esas alturas, resulta fácil imaginar cómo se sentaron a deliberar los Illuminati sobre la mejor manera de crear una buena antítesis de la sociedad occidental. Para ello bastaba con tomar las ideas sobre las cuales se asentaba ésta e invertirlos. Si la tesis estaba basada en gobiernos monárquicos, cristianos y económicamente favorables a la libre empresa y a la individualidad personal, la antítesis por fuerza debía construirse a partir de gobiernos populares (sólo en apariencia, porque si no degenerarían en anarquía), ateos y económicamente dirigidos por el Estado, en los que los ciudadanos carecerían de autonomía personal.

Quizá, sólo quizá, sea una coincidencia que Karl Marx, filósofo alemán, que estuvo viviendo en París en 1843, fundara poco después la Asociación Internacional de Trabajadores, también llamada la Primera Internacional, y algunos años más tarde publicara una de las obras políticas más importantes del mundo, en la que se recogían punto por punto los ideales de los Illuminati, *El Capital*.

La guerra permanente

Un ex agente de los servicios secretos británicos, William Guy Carr, publicó en su libro *Peones en el juego* parte de la correspondencia mantenida entre 1870 y 1871 entre Giuseppe Mazzini y Albert S. Pike, que hoy se conserva en los archivos de la biblioteca del British Museum, en Londres. En una de las cartas, fechada el 15 de agosto de 1871, Pike le comunica a Mazzini el plan a seguir por los Illuminati: «Fomentaremos tres guerras que implicarán al mundo entero.» La primera de ellas permitiría derrocar el poder de los zares en Rusia y transformar ese país en la fortaleza del «comunismo ateo» necesaria como antítesis de la sociedad occidental. Los agentes de la orden «provocarán divergencias entre los imperios británico y alemán, a la vez que la lucha entre el pangermanismo y el paneslavismo». Un mundo agotado tras el conflicto no interferiría en el proceso constituyente de la «nueva Rusia», que, una vez consolidada, sería utilizada para «destruir otros gobiernos y debilitar las religiones».

El segundo conflicto se desataría aprovechando las diferencias entre los fascistas y los sionistas políticos. En primer lugar, se apoyaría a los regímenes europeos para que derivaran hacia dictaduras férreas que se opusieran a las democracias y provocaran una nueva convulsión mundial, cuyo fruto más importante sería «el establecimiento de un Estado soberano de Israel en Palestina», que venía siendo reclamado desde tiempos inmemoriales por las comunidades judías, cuyos rezos en las sinagogas incluían siempre la famosa muletilla, «el año que viene, en Jerusalén», expresando así el anhelo de reconstituir el antiguo reino de David. Además, esta nueva guerra permitiría consolidar una Internacional Comunista «lo suficientemente robusta para equipararse al conjunto cristiano». Los Illuminati preveían que en ese momento podrían disponer así, por fin, de la ansiada antítesis.

La tercera y definitiva guerra se desataría a partir de los enfrentamientos entre sionistas políticos y dirigentes musulmanes. Este conflicto debía orientarse «de forma tal que el Islam y el sionismo político se destruyan mutuamente» y además obligara «a otras naciones a entrar en la lucha, hasta el punto de agotarse física, mental, espiritual y económicamente».

Al final de la tercera guerra mundial, pronosticaba Pike, los Illuminati desencadenarían «el mayor cataclismo social jamás conocido en el mundo», lanzando una oleada revolucionaria que, por comparación, reduciría la época del Terror en Francia a un simpático juego de niños. «Los ciudadanos serán forzados a defenderse contra una minoría de nihilistas ateos», que organizarán «las mayores bestialidades y los alborotos más sangrientos». Las masas, decepcionadas ante la nula respuesta de las autoridades políticas y religiosas, serían llevadas a tal nivel de desesperación que «destruirán al mismo tiempo el cristianismo y los ateísmos» y «vagarán sin dirección en busca de un ideal». Sólo entonces, según Pike, se revelaría «la luz verdadera con la manifestación universal de la doctrina pura de Lucifer, que finalmente saldrá a la luz». Los Illuminati presentarían al mundo a un nuevo líder capaz de devolver la paz y la normalidad al planeta (y que sería identificado como la nueva encarnación de Jesucristo para los cristianos, pero al mismo tiempo como el mesías esperado por los judíos y el mahdi que aguardan los musulmanes) y todo el proceso desembocaría finalmente en la anhelada síntesis.

La horrorosa profecía coincidía con las ideas de Hegel y,

sorprendentemente, se ajusta hasta ahora de una manera bastante fiel a la evolución histórica que conocemos. ¿Quién era este Albert S. Pike, que hablaba con fría indiferencia de los mayores desastres de la humanidad?, ¿y Mazzini, que asentía silenciosamente ante esos planes?

Como ya se ha explicado anteriormente, en Francia los Illuminati sobrevivieron a través de la infiltración de sus miembros en la masonería; en otros países europeos y americanos sucedió algo similar. La orden encontraba refugio donde podía y cada vez se extendía más en su seno la creencia de que los nuevos pasos a dar se tendrían que enmarcar en un escenario diferente, fuera de Francia y de Alemania, donde habían actuado preferentemente. Así que, según diversos autores, el italiano Giuseppe Mazzini fue designado nuevo jefe de la orden en 1834. Mazzini había alcanzado el grado 33 de la masonería italiana en la Universidad de Génova y, al igual que habían hecho los Illuminati franceses, promovió a los italianos para que mantuvieran una doble militancia integrándose en la organización de Los Carbonarios. Esta última sociedad, cuya meta declarada en 1818 era «idéntica a la de Voltaire y la Revolución francesa: la aniquilación del catolicismo en primer lugar y, en último término, de todo el cristianismo», gozó de una gran popularidad en el mundo rural francés e italiano durante los años siguientes.

El origen del Carbonarismo o Masonería Forestal se encuentra en los bosques del Jura. Al igual que la masonería clásica nació entre los gremios de constructores medievales, las sectas carbonarias fueron en un principio grupos de trabajadores y artesanos que se llamaban a sí mismos la Hermandad de los Buenos Primos y que se dedicaban en su mayoría a elaborar carbón vegetal a partir de la tala de árboles. Su precedente más conocido fue la Orden de los Cortadores, cuyos ritos esotéricos, practicados por los leñadores del Borbonesado, fueron trasladados a París como un exotismo rural por un caballero francés llamado Beauchaine. Durante el siglo XIX, la infiltración en los carbonarios de diversos refugiados políticos, entre ellos masones e Iluminados, acabó poniendo también esta organización en la órbita de las sociedades controladas por los herederos de Adam Weishaupt.

Muchas de las ceremonias de los carbonarios, cuyas logias compuestas por diez miembros se llamaron en principio Bosques Jurásicos y posteriormente pasaron a ser Ventas, se desarrollaban en el interior de los bosques, donde los asistentes se sentaban sobre troncos, y los instrumentos del trabajo del leñador sustituían a los del constructor. En lugar de escuadra y compás, los carbonarios utilizaban el hacha y la sierra, pero, por lo demás, las preguntas y respuestas rituales de sus ceremonias se asemejaban mucho a las de la masonería. Si un neófito superaba la prueba de iniciación, le sentaban en un tronco cortado sobre el que debía sostener un hacha con la mano izquierda. Con un puñal apoyado contra el pecho debía jurar guardar el secreto sobre la X, es decir, sobre la Hermandad Carbonaria, cuyo nombre no se pronunciaba jamás. Los juramentos se realizaban con el puño cerrado y alzado, una expresión de la unión fraternal de los iniciados. Si un renegado rompía su promesa de silencio era asesinado sin misericordia. La obsesión por el secreto, heredada de la experiencia de los Illuminati, desarrolló una serie de gestos para reconocerse entre sí, ya que en la jerarquía carbonaria, sólo el fundador de cada venta, conocido como diputado, tenía potestad para relacionarse con el nivel superior. Entre estos gestos figuraba una serie de golpes con el dedo (uno aislado, dos rápidos y tres lentos, sucesivamente) sobre el brazo izquierdo de otro miembro o bien un ademán con las manos, como si alguien subiera una escalera.

En principio, la organización se había fundado para ayudar y dar soporte entre sí a sus miembros, pero, tras caer en las manos de los Illuminati, éstos reorientaron sus fines y empezaron a trabajar en favor de un gran proyecto, la unificación de Italia, para la que se barajó en un principio el nombre de Ausonia. El plan pasaba por crear una república moderna y federada, que constara de 21 provincias y con una bandera triangular, como el sello de los Iluminados.

Para conseguir el mayor apoyo posible, Mazzini constituyó la Joven Italia, un grupo político que pronto fue imitado en todos los países donde los carbonarios habían conseguido presencia, como Alemania (a la Joven Alemania se afilió el poeta Heinrich Heine), Inglaterra (Benjamin Disraeli comenzó en la Joven Inglaterra la carrera que le condujo hasta el puesto de primer ministro británico) o España, entre otros. El carbonarismo, por otra parte, había desembarcado en España en 1823, junto con un grupo de exiliados napolitanos que huían de la derrotada revolución liberal en Italia. Uno de ellos, llamado Pecchio, fundó en Madrid la versión ibérica de la organización, que fue destruida con la llegada de los Cien Mil Hijos de San Luis. El resultado natural de la idea dio lugar a una Joven Europa, una federación que se constituyó en Berna sobre la base de los demás grupos y que ya no escondía su deseo de impulsar a los países europeos hacia una unificación política real. Sin embargo, las rivalidades, desconfianzas y planes particulares de las diferentes sociedades truncaron la unidad en muy poco tiempo.

Los carbonarios estuvieron detrás de diversas insurrecciones de corte liberal en varios puntos de Europa, como en la revolución de 1830 en Francia, cuya chispa fue la actuación de uno de los miembros de la dirección suprema de la organización llamado Barthe, que instigó a un grupo de patronos para que despidieran a sus obreros sin una buena justificación y así aprovechar el descontento creado para lanzar las masas a la calle. El caos social y político resultante acabó por llevar al poder a Felipe de Orleans, o Felipe Igualdad, quien en agradecimiento nombró a tres ministros carbonarios, entre ellos al propio Barthe. Otro de los carbonarios más conocidos fue Philippo Michele Buonarrotti, llamado «el primer revolucionario profesional», organizador de diversas sociedades secretas y, según diversos estudiosos, probable modelo para el personaje del conde de Montecristo en la novela homónima de Dumas. A pesar de la brutalidad de sus métodos y su carácter revolucionario, el carbonarismo dejó hondas secuelas en la historia del nacionalismo italiano, así como en los acontecimientos políticos de otros países, como Portugal, donde se le achaca ser uno de los probables responsables de la caída de la monarquía.

Pero los carbonarios no fueron los únicos revolucionarios utilizados por los Illuminati. En una época minada de sociedades conspirativas y de revoluciones de todo tipo, también es digna de contar la historia de Louis Auguste Blanqui, un hombre violento e implacable pero de gran capacidad organizativa, que fundó en Francia la organización conocida como Las Familias, en cuya constitución y desarrollo participaron líderes carbonarios. Diversos expertos afirman que Blanqui fue el primero en plantear el concepto de *lucha de clases*, que más tarde Karl Marx desarrollaría con mayor detalle, así como el de *librepensador*, que es como él mismo se autodefinía. Cada Familia la componían doce miembros que actuaban como un compartimento estanco trabajando por los mismos fines que la Revolución francesa. En 1836 su conspiración fue descubierta y desarticulada, pero menos de un año después Blanqui había inventado una nueva. En realidad era la misma pero con otro nombre, Las Estaciones, y había sido organizada con más precauciones. La unidad básica de la sociedad era la Semana, compuesta por seis miembros dirigidos por un séptimo. Cuatro Semanas, o, mejor, los séptimos de cuatro Semanas, se reunían y formaban un Mes. Tres Meses tenían una Estación como jefe y organizador. Cuatro Estaciones estaban a las órdenes de un agente revolucionario designado muy probablemente por los Illuminati. En mayo de 1839, las Estaciones se sublevaron, aunque casi todos los obreros que se levantaron en armas tras la bandera roja enarbolada por Blanqui ignoraban en realidad quiénes eran sus superiores últimos. Esta revolución también fracasó y Blanqui acabó en la cárcel. Sin embargo, aunque había sido condenado inicialmente a muerte, logró permutar el castigo y acabó saliendo de prisión. Aún tuvo fuerzas para fundar una nueva organización secreta llamada Los Cocodrilos que, como todas las anteriores, acabó en el cubo de la historia. Murió en 1881.

Volviendo a Mazzini, durante el proceso de la unificación italiana apoyó sin dudar a otros líderes revolucionarios como el mítico Giuseppe Garibaldi, cuyos partidarios fueron conocidos como «los camisas rojas», y a diversos intelectuales, entre los que destacó el famoso compositor Giuseppe Verdi, cuyo apellido fue utilizado con doble sentido en numerosas pintadas patrióticas en las que «¡Viva Verdi!» significaba en realidad «¡Viva Vittorio Emmanuelle, Rege D'Italia!».

Tras largos años de guerras con sus respectivas derrotas y

victorias, exilios y regresos, en 1861 los revolucionarios lograron construir una Italia nueva y unida, aunque no como república, como deseaba Mazzini, sino como una monarquía dirigida por Víctor Manuel II, como proponía el aristócrata y político Camillo Benso Cavour, artífice de la unificación de Italia.

El modo de comportarse de Mazzini generó críticas dentro de su propia organización. En abril de 1836, bajo el apelativo de Nubius, uno de los dirigentes de la Logia Alta Venta Romana, la principal de los carbonarios en aquel momento, escribió a otro llamado Beppo, quejándose de la pose de «conspirador de melodrama» que le gustaba adoptar a su jefe de filas, así como de su incontinencia verbal: «Le gusta hablar de muchas cosas [que no debería] y, por encima de todas, de él mismo. Nunca deja de proclamar que él está por encima de todos los tronos y los altares, que él fertiliza [la mente de] las gentes, que es el profeta del humanitarismo.» Semejante actitud, sumada a las oportunidades de expansión de la orden que entonces empezaban a presentarse en Estados Unidos, llevó probablemente a la destitución de Mazzini como cabeza más o menos visible de los Illuminati.

En 1860, todavía fundó otra organización llamada la Oblonica, cuyo agresivo significado, «Cuento con un puñal», ya indicaba el tipo de actividades que podía llevar a cabo. El círculo de poder interno de la Oblonica fue bautizado como Mafia, que, según todos los especialistas, no es más que un acrónimo como el nombre de Verdi. Hay diversas propuestas para explicarlo, aunque la más curiosa es la de «Mazzini Autorizza Furti, Incendi e Avvelegementi» o, lo que es lo mismo, Mazzini autoriza a cometer robos, incendios y asesinatos. Los encargados de llevar a la práctica la autorización fueron conocidos como los mafiosi o mafiosos. Mazzini murió en Pisa en 1872.

Socios de Lucifer

En los últimos años de su vida, como antes comentábamos, Mazzini se carteó con Albert S. Pike, abogado y general sudista durante la guerra de Secesión. Pero sabemos que además fue uno de los máximos dirigentes de la masonería del rito escocés en el nuevo continente y un activo miembro, con el cargo de jefe de justicia, del Ku Klux Klan o Clan del Círculo. El KKK había sido fundado por otro masón, Nathan Bedford Forrest, en principio con el objetivo declarado de defender a los blancos del sur de las posibles revanchas de la hasta entonces esclavizada población negra, así como de los abusos que pudieran cometer las victoriosas tropas del norte.

De la importancia de Pike entre las sociedades secretas del siglo XIX en Estados Unidos dan buena cuenta algunos de sus títulos, como el de Soberano Pontífice de la Masonería Universal o Profeta de la Francmasonería, así como el manual constitucional *Moral y Dogma*. Especialmente fascinado por la posibilidad de ver en vida un gobierno mundial, su intensa actividad y su eficacia lo llevaron a alcanzar el cargo de responsable máximo de los Illuminati en 1859.

En otra de las cartas que Mazzini y Pike se escribieron, el europeo proponía al norteamericano la creación de otro círculo dentro de los círculos, en el que se desarrollase «un rito que sea desconocido y practicado sólo por masones de altos grados», que «deben ser sometidos al más terminante de los secretos». Gracias a este nuevo grupo «cuya presidencia será desconocida» para los grados inferiores, «gobernaremos la francmasonería entera». El control absoluto de todos los masones del planeta era el mismo objetivo que Adam Weishaupt había intentado sin éxito en el convento de Wilhelmsbad, pero en este caso parece que Pike triunfó donde el bávaro había fracasado. Fundó el Nuevo y Reformado Rito del Paladín, creando tres consejos, uno en Charleston, Carolina del Sur; otro en Roma, y el tercero en Berlín.

Un documento de junio de 1889 y titulado *Asociación del Demonio y los Iluminados*, en el que Pike dirigía unas instrucciones secretas a los veintitrés consejos supremos de la masonería mundial, aporta algunos detalles de ese nuevo rito, partiendo de la advertencia primera a sus miembros: «A vosotros, Instructores Soberanos del Grado 33, os decimos: Tenéis que repetir a los hermanos de grados inferiores que veneramos a un solo Dios, al que oramos sin superstición. Sólo nosotros, los iniciados del Grado Supremo, debemos conservar la verdadera religión masónica, preservando pura la doctrina de Lucifer.»

En el mismo documento, Pike hablaba como un sacerdote: «Él, sí, Lucifer, es Dios. Desgraciadamente, Adonai [en referencia al dios judeocristiano] también es Dios, porque, según la ley eterna, no hay luz sin oscuridad, belleza sin fealdad, blanco sin negro. El Absoluto sólo puede existir en la forma de dos divinidades diferentes, ya que la oscuridad sirve a la luz como fondo, la estatua requiere una base y la locomotora necesita el freno.» Y añadía: «La religión filosófica verdadera y pura es la fe en Lucifer, que está en pie de igualdad con Adonai. Pero Lucifer es el Dios de la luz, es bueno, él lucha a favor de la humanidad contra Adonai, el oscuro y el perverso.»

Las prometeicas reflexiones de Pike serían puestas a prueba a lo largo del siglo siguiente, el XX, bautizado como el siglo de la violencia.

El gobierno de Estados Unidos no está en ningún sentido fundado sobre la religión cristiana. El gobierno no es razón ni elocuencia, es fuerza.

GEORGE WASHINGTON,
presidente estadounidense

La independencia de Estados Unidos

Sólo dos meses después de la fundación de la Orden de los Iluminados de Baviera nació un nuevo país, que, a pesar de sus modestos comienzos, estaba destinado a convertirse en la potencia mundial más importante del planeta. El 4 de julio de 1776 los delegados de los trece estados —trece, como los grados del ritual Illuminati— del territorio conocido hasta entonces como Nueva Inglaterra proclamaron y rubricaron su Declaración de Independencia y su constitución como nación con el nombre de Estados Unidos de América.

Nueve de las trece firmas pertenecían a francmasones: Franklin, Hooper, Walton, Ellery, Hancock, Whipple, Hewes, Stockton y Paine. Otros nueve firmantes de los artículos de la nueva confederación también pertenecían a las logias masónicas: Adams, Dickinson, Laurens, Harnett, Bayard Smith, Roberdau, Carroll y, de nuevo, Hancock y Ellery. En cuanto a los trece delegados encargados de firmar la Constitución de Estados Unidos, la Carta Magna más antigua en vigor en la actualidad, pese a los numerosos remiendos practicados durante los últimos poco más de dos siglos, todos sus avalistas, absolutamente todos, eran masones: Washington, Blair, Dayton, King, Broom, Gilman, Bedford, Paterson, McHenry, Brearley y otra vez Franklin, Carroll y Dickinson.

Cincuenta de los cincuenta y cinco integrantes de la Asamblea Nacional Constituyente que ratificó los acuerdos, igual que casi todos los mandos del ejército republicano que derrotó a las tropas británicas también formaban parte de la misma organización. ¿Cuántos de ellos eran, además, miembros de los Illuminati?

Construyendo el Nuevo Mundo

La chispa que desató la revolución de las colonias británicas fue el incidente de la Fiesta del Té. En diciembre de 1773, el gobierno del rey Jorge III de Inglaterra aplicó un impuesto a todo el té importado por las colonias, en una nueva vuelta de tuerca a una política fiscal que los norteamericanos consideraban completamente desproporcionada. Las protestas contra la metrópoli se generalizaron hasta el punto de que varias docenas de colonos disfrazados de indios aprovecharon la noche para abordar tres barcos que acaban de llegar al puerto de Boston, cargados con la preciosa mercancía y arrojaron todos los fardos al agua. Las autoridades locales culparon a los masones de haber provocado el incidente, y lo cierto es que unos cuantos formaban parte del grupo de abordaje. La taberna Green Dragon, próxima a los muelles de Boston, era el escenario de las reuniones habituales de la logia Saint Andrew's, pero la escasa asistencia en la noche de los sucesos aconsejó posponer la reunión. La sala fue utilizada entonces por una extraña organización llamada Hijos de la Libertad, cuyos miembros, algunos de ellos masones militantes, fueron los que se disfrazaron de indios y procedieron a la acción.

Poco después se produjo la famosa cabalgada de Paul Revere, uno de los héroes de la Revolución americana, que a las diez de la noche salió al galope para avisar a las tropas independentistas agrupadas en Lexington de que el ejército realista británico estaba a punto de atacarlos. Recibido el aviso, los milicianos de Massachusetts se adelantaron y empujaron a los británicos hacia la localidad de Concord, donde, enfrentados por una fuerza rebelde aún mayor, se vieron obligados a retirarse hacia Boston. Cerca de 300 soldados británicos murieron en esa batalla, la primera y simbólica victoria de las tropas revolucionarias. Paul Revere era uno de los masones de la logia Saint Andrew's.

A partir de ese momento, la influencia de la masonería, no sólo en la génesis y fundación, sino en toda la historia de Estados Unidos, es bastante obvia y reconocida en general. La mejor prueba de ello es que al menos quince de sus presidentes han sido francmasones, desde George Washington (que se inició en la logia Fredricksburg 4 de Virginia) hasta George Bush padre (grado 33 del Supremo Consejo), pasando por Theodore Roosevelt (maestre en la logia Matinecock 806 de Oyster Bay en Nueva York), William Howard Taft (gran maestre de la Masonería de Ohio), Franklin Delano Roosevelt (grado 32 del Rito Escocés) o Gerald Ford (inspector general honorario del Grado 33 y miembro de la logia Columbia 3).

La misma Casa Blanca, residencia oficial del presidente en Washington, fue diseñada por el masón James Hoban. También pertenecía a la orden Frederick A. Bartholdi, el autor de la tan neoyorquina como simbólica Estatua de la Libertad. Y por si faltaba algo, el monumento más grande erigido en honor a la masonería se encuentra en la localidad de Alexandria, en Virginia, junto al río Potomac, el George Washington Masonic National Memorial (Monumento nacional masónico en memoria de George Washington), que fue inaugurado en mayo de 1932 y sufragado por las aportaciones de las logias norteamericanas. En su interior se puede visitar, entre otros, una biblioteca con más de veinte mil libros sobre la masonería, un museo dedicado a Washington y la réplica de una logia.

El movimiento de masones, e Illuminati, entre ambos lados del Atlántico se concretó en casos como los del antiguo impresor norteamericano e inventor del pararrayos Benjamin Franklin, que contactó con las sociedades secretas de Londres y París, o el francés Marie Joseph Paul Yves Roch Gilbert du Motier, bastante más conocido por su título nobiliario de marqués de Lafayette, que encabezó una expedición militar de voluntarios en ayuda de los colonos. Éste es el mismo Lafayette masón que tomó parte en los sucesos de la Revolución francesa y que ordenó la demolición de La Bastilla, una vez tomada, para después enviar sus llaves como regalo a George Washington. Es de suponer que éste agradeció la ayuda militar prestada en su momento, pero, una vez conseguida la independencia, se mostró más reacio a relacionarse con los masones franceses. Temía la infiltración de los Illuminati, como refleja la carta que el propio primer presidente estadounidense escribió en 1798 a un pastor protestante llamado G. W. Snyder y en la que decía: «No tengo la menor intención de poner en duda que la doctrina de los Iluminados y los principios del jacobinismo se han extendido en Estados Unidos. Al contrario, nadie está más convencido que yo. Lo que pretendo exponeros es que no creo que las logias de nuestro país hayan buscado, en tanto que asociaciones, propagar las diabólicas doctrinas de los primeros y los perniciosos principios de los segundos, si es que es posible separarlos», pero luego reconocía que «lo que hayan hecho las individualidades [miembros de las mismas logias, al margen de ellas] es demasiado evidente para permitir la duda».

Y si faltaba algo que lo demostrara, ahí están los principales símbolos de Estados Unidos: la bandera y el gran sello. En junio de 1777, el Congreso aprobó la primera ley que establecía una enseña oficial que representara a la nueva nación. Los colores que se utilizaron fueron los mismos que los de la Revolución francesa, rojo, blanco y azul, y los signos insistían en el número trece, trece barras y trece estrellas «representando a una nueva constelación». Con el paso del tiempo, el campo de estrellas fue ampliándose a razón de una por cada nuevo estado que se fue integrando en la unión.

En cuanto al gran sello y escudo de Estados Unidos, el Congreso, reunido en Filadelfia, encargó a John Adams, Benjamin Franklin y Thomas Jefferson que elaboraran ese símbolo oficial, y cada uno de ellos sugirió su propio diseño. Según las actas del comité correspondiente, Adams presentó un tema de la mitología griega que representaba a Heracles, mientras que Jefferson y Franklin echaron mano del Antiguo Testamento: el primero sugirió una imagen de los israelitas marchando hacia la Tierra Prometida y el segundo planteó una alegoría con Moisés conduciendo al «pueblo elegido» a través de las aguas del mar Rojo. A estos proyectos iniciales se añadieron otras versiones y propuestas hasta que se aprobó oficialmente el diseño presentado por el entonces secretario del Congreso, Charles Thomson, maestre de una logia masónica de Filadelfia dirigida por el propio Franklin. En otra parte del libro ya hemos recogido la denuncia de un masón de alto grado acerca de la autoría real de ese diseño.

En el anverso del sello aparece un águila calva americana con las alas desplegadas que lleva sobre el pecho un escudo con el campo superior de color azul y el inferior repartido en trece barras blancas y rojas. En una de sus garras porta una rama de olivo y en la otra, trece flechas. Sobre ella hay un dibujo circular en cuyo interior trece estrellas componen la «nueva constelación», insinuada en la bandera, que de nueva no tiene nada, porque se puede reconocer con claridad una estrella de David. Finalmente, el ave lleva en el pico una cinta en la que se inscribe la primera leyenda oficial de Estados Unidos: «E pluribus unum» («De muchos [se formó] uno»), el mismo eslogan de Weishaupt. En cuanto al reverso de este sello es muy popular en todo el mundo, puesto que se puede ver en los billetes de un dólar. Fue el presidente Franklin D. Roosevelt quien ordenó imprimirlo en 1945.

Lo que más nos interesa, sin embargo, es que en el reverso aparece un icono familiar: un triángulo con un ojo en su interior. Y que incluye la leyenda «Novus Ordo Seclorum» o «Nuevo orden de los siglos». La inclusión de esta frase, en principio tomada de Virgilio, se interpreta como la intención de los padres de la nación norteamericana de equiparar a Estados Unidos nada menos que con la Roma clásica. En realidad, la comparación se puede establecer hoy —y de hecho aparece a menudo en prensa y en ensayos políticos, donde se habla del imperio «fáctico» que controla Washington, se compara a los norteamericanos con los romanos y a los europeos con los griegos, se caracteriza a veces al presidente George W. Bush como un césar del Imperio y se describe a los marines como analfabetos pero militarmente eficaces legionarios romanos—, pero en 1776, ¿quién podía pensar que una insignificante colonia de un rincón del mundo llegaría a convertirse en lo que es hoy? A no ser que alguien lo hubiera previsto así, naturalmente.

Martín Lozano asegura en *El nuevo orden mundial* que el verdadero sentido de la leyenda está relacionado con un concepto astrológico propio de la simbología iluminista: la nueva era de Acuario, que debe suceder a la era de Piscis o era cristiana, abocada a desaparecer en el siglo XXI. En su opinión, 1776 marcaba el inicio de un período de 250 años durante el que debía consumarse la transición entre una y otra era, y Estados Unidos sería la nación encargada de desempeñar «un papel determinante» en ello.

Los temores expresados por George Washington en la carta antes mencionada arrancan probablemente de 1785, cuando los Illuminati abrieron su primera logia formal e independiente en territorio estadounidense, la Columbia de Nueva York. Muchos prohombres de la época se afiliaron entonces, como el gobernador De Witt, Clinton Roosevelt, antepasado de Franklin Delano; Horace Greeley, e incluso el propio Thomas Jefferson, según algunas fuentes. En el siglo XX, el nombre de la organización cambió por el de Gran Logia Rockefeller.

Más ricos que Rockefeller

Si Europa tuvo a los Rothschild como genuinos representantes de los llamados banqueros internacionales, América necesitaba su propia dinastía de millonarios, y la encontró en el clan Rockefeller. John Davidson Rockefeller, el fundador de la saga, nació en 1839 en Richford, descendiente de una familia de inmigrantes judeoalemanes que había llegado a Estados Unidos en 1733. Sus comienzos fueron bastante humildes, aunque desde el principio se decantó por el negocio del dinero, trabajando como contable de la firma Hewitt & Tuttle. Sus biógrafos lo describen como una persona tan inteligente y ambiciosa como fría y austera en sus necesidades personales, con una gran visión de futuro, una ansia desmedida por la riqueza y una capacidad de trabajo fuera de lo normal. Dicen que su personalidad sirvió de modelo al propio Walt Disney para crear uno de sus personajes, el tío Gilito (Scrooge, en el original, como el nombre del avaro personaje de *Cuento de Navidad*, de Charles Dickens).

Asociado con un hombre de negocios inglés, fundó su primera compañía, la Clark & Rockefeller, que multiplicó su volumen comercial a raíz de la guerra de Secesión y le permitió disfrutar de su primer éxito económico. Sin embargo, la verdadera carrera hacia la cúspide comenzó a raíz de la fundación de su propia compañía petrolera, la mítica Standard Oil, y la South Improvement Company, en cuya sociedad atendió a los petroleros más importantes del sur de Estados Unidos.

Durante aquellos años, Rockefeller utilizó todos los medios legales y menos legales para ir eliminando uno a uno a sus competidores mientras repetía a todo el mundo una de sus alabanzas favoritas: «God bless the Standard Oil!» (¡Dios bendiga a la Standard Oil!). Su fama de depredador de los negocios (incluyendo la coacción a los clientes de otras empresas, el soborno a los propios empleados de las mismas e incluso la compra de algunos parlamentarios corruptos), unida a la complejidad legal y jurídica con la que había construido su compañía, y que hacían prácticamente inútiles las leyes antimonopolio en su caso, le convirtieron en un negociante temible, hasta el punto de que muchos de sus competidores decidieron unirse a él en lugar de competir.

La producción de la Standard Oil, que en el año de su fundación, en 1870, era de aproximadamente el 4 % del mercado petrolífero americano, se multiplicó hasta alcanzar, sólo seis años más tarde, el 95 %. Y por si necesitaba ayuda, Rockefeller empezó a trabajar codo con codo con los Rothschild a partir de 1880, cuando buscaba la manera de abaratar el transporte de cada barril de petróleo que embarcaba en los ferrocarriles de Pennsylvania, Baltimore y Ohio, controlados por la banca Kuhn, Loeb & Company. A partir de ese momento, su compañía quedó definitivamente consolidada, aunque, hacia 1882, había crecido tanto que se vio obligada a adaptarse y transformarse en la Standard Oil Trust, el primer trust de la historia de la economía: el sueño de Weishaupt, hecho realidad en el terreno industrial.

Esta posición de predominio no frenó la avalancha de demandas judiciales contra su negocio petrolero, más bien al contrario. Pero de todas las que se presentaron en su momento sólo una pareció prosperar, en 1907, cuando un juez apellidado Landis le condenó nada menos que por 1 642 casos de extorsión. La sentencia incluía el pago de indemnizaciones por valor de más de 29 millones de dólares de la época. Su reacción cuando tuvo noticia del fallo fue sorprendente, puesto que se limitó a comentar: «El juez Landis estará muerto mucho antes de que hayamos saldado esta deuda.» Los hechos le dieron la razón porque la condena fue recurrida y finalmente anulada varios años más tarde.

Aún hubo otra tentativa de desmontar su monopolio cuando el juzgado federal de Missouri emprendió un proceso contra él bajo la acusación de complot contra el libre comercio. Después de sucesivos recursos y contrarrecursos, la causa llegó al Tribunal Supremo, que en 1911 decretó la desmembración de la Standard en 39 compañías diferentes, cada una de las cuales debía operar de forma independiente y en competencia unas con otras. Legalmente así sucedió, pues el trust dejó de actuar con el mismo nombre. Sin embargo, teniendo en cuenta que las acciones de las nuevas empresas seguían estando en manos de los mismos accionistas que controlaban la vieja empresa, empezando por el propio Rockefeller, que era el accionista mayoritario, la situación tampoco cambió demasiado.

Con ánimo de eludir futuros problemas con la ley, Rockefeller se dedicó a crear varias fundaciones filantrópicas, que, aparte de mejorar su imagen social, sirvieron para poner a salvo buena parte de su patrimonio, previa transferencia. Las leyes norteamericanas eximen a las fundaciones de pagar impuestos, pero no les impide poseer, comprar o vender todo tipo de bienes o valores bursátiles; además, los fondos transferidos a una fundación se pueden deducir de la declaración de la renta, y todos los bienes que les son entregados están exentos también de derechos sucesorios. Buen ejemplo de la utilidad de las fundaciones es el artículo aparecido en la prensa norteamericana en agosto de 1967 donde se denunciaba la cantidad «irrisoria» que pagaban los Rockefeller en concepto de impuesto sobre la renta, a pesar de sus innumerables riquezas. Según este artículo, uno de los miembros del clan llegó a pagar la cifra de 685 dólares en impuestos, cuando su fortuna personal incluía propiedades, mansiones, yates, aviones privados... que oficialmente estaban a nombre de sus fundaciones familiares «sin ánimo de lucro» aunque nadie más utilizara estos bienes.

Las fundaciones de los Rockefeller permitieron a los miembros del clan entablar un contacto directo y fluido con los personajes más importantes de la economía y la política mundiales, y también de la religión. John Davidson Rockefeller junior, su hijo, siguió la estela marcada por el fundador e introdujo mejoras en el sistema de la empresa familiar, creando una nueva categoría de colaboradores, llamados asociados, cuyo principal objetivo era doble: por un lado, actuar como consultores del trust y, por otro, tejer una red de influencias cada vez más amplia (preferiblemente entre personas bien situadas), que apoyara el trabajo de las fundaciones.

Rockefeller hijo también se convirtió en el principal promotor de un cierto ecumenismo protestantista, que promovía la incorporación de los principios religiosos a las tesis del capitalismo expansivo y progresista. Para ello dedicó parte de su tiempo y de su dinero, en aportaciones considerables, a instituciones como el Movimiento Mundial Interiglesias, el Consejo Federal de Iglesias y el Instituto de Investigaciones Sociales y Religiosas. Tal vez siguiera el viejo esquema Illuminati de unificar no sólo los gobiernos y las economías sino también las almas de todos los seres humanos.

En el siglo XX, la actividad de los Rockefeller se centró en dos líneas básicas: la económica y la política, representada por los hermanos Nelson y David, y entremezcladas ambas en más de una ocasión. Otro importante paso adelante para el clan fue la introducción en el ámbito bancario. En 1930, el clan Rockefeller ya controlaba el Chase National Bank, convertido en la primera institución financiera del país. El proceso de consolidación financiera culminaría en 1955 con la fusión con el Bank of the Manhattan Company, ligado al grupo Warburg, de donde salió el Chase Manhattan Bank, que durante muchos años estuvo presidido por David Rockefeller.

En la actualidad es difícil encontrar un sector económico mundial en el que no aparezca representado algún agente del clan.

La expansión de los Illuminati

¡Filadelfos de todos los países, uníos!

Constantin Pequeur,
masón francés y presidente
de la Sociedad Filadelfa

La siembra...

El 12 de julio de 1842 un conocido poeta del Romanticismo alemán, miembro secreto de los carbonarios, publicó un extraño texto con aires de profecía en la revista *Franzosische Züstade*, de Hamburgo. En él se advertía de que «el comunismo, que aún no ha aparecido pero que aparecerá poderoso y será intrépido y desinteresado como el pensamiento [...] se identificará con la dictadura del proletariado» y «aunque de él se hable ahora muy poco [...] será el héroe tenebroso al que se reserva un magno pero pasajero papel en la moderna tragedia. Sólo espera la orden para entrar en escena». Vaticinaba además «la guerra entre Francia y Prusia, que será sólo el primer acto del gran drama, el prólogo. El segundo acto será el europeo, la Revolución universal, el gran duelo de los desposeídos contra la aristocracia de la propiedad. Entonces no se hablará de nación ni de religión. Sólo existirá una patria, la Tierra. Y una sola fe, la felicidad sobre la Tierra» porque «existirá quizá tan sólo un pastor y un rebaño, un pastor libre con un cayado de hierro, y un rebaño humano esquilado y balando de modo uniforme».

El autor de estas líneas en las que se augura el advenimiento del comunismo, la guerra francoprusiana de 1870 y la globalización, que además utiliza por vez primera la expresión *dictadura del proletariado* de la que posteriormente se apoderó Lenin, fue el poeta Heinrich Heine.

Cualquier enciclopedia relata los hechos más conocidos de

su vida, que estudió en varias universidades alemanas donde se doctoró en leyes, que viajó por diversos países europeos como Italia, Francia o el Reino Unido, que se relacionó con personajes populares de su tiempo como Humboldt, Lasalle, Victor Hugo, Wagner o Balzac y que ganó fama por el lirismo de su obra poética, reflejada en títulos como sus *Cuadernos de Viaje*.

Otras circunstancias son menos conocidas o destacadas, como que era sobrino del banquero Salomón Heine de Hamburgo, que en la Universidad de Berlín tuvo oportunidad de relacionarse con Hegel (el autor de los conceptos de tesis, antítesis y síntesis), que trató a los Rothschild de Londres y que uno de sus más íntimos amigos fue Karl Marx. De hecho, fue gracias a Heine que Marx consiguió llegar sano y salvo a Inglaterra, huyendo de la persecución de las policías prusiana y francesa. En aquel momento, un masón británico protegido también en su día por la misma casa Rothschild ocupaba el asiento de primer ministro del Reino Unido, Benjamin Disraeli.

Los precedentes del socialismo

En el siglo XIX, dos esoteristas franceses recuperaron y revitalizaron para el mundo moderno los ideales de la sinarquía desarrollados en la época de la antigua Grecia. El primero de ellos fue el erudito Fabre d'Olivet, cuya agitada vida estuvo repleta de contactos y aventuras con distintos grupos de masones, teósofos y otras sociedades secretas. Algún autor asegura que llegó a contactar con los Illuminati aunque no a militar en su organización. En su afán por llegar hasta el significado original de las ceremonias de las viejas religiones aprendió latín, hebreo y sánscrito para traducir directamente todos los textos que llegaran a sus manos. D'Olivet fundó una curiosa variante de la masonería, lejanamente emparentada con las primitivas y bucólicas asociaciones de carbonarios, y que se basaba en la jardinería y la agricultura. Los tres grados de su organización eran aspirante, labrador y cultivador, que sustituían a los clásicos aprendiz, compañero y maestro. Sus ideas y reflexiones sobre el bienestar de la humanidad influyeron mucho en algunos socialistas utópicos, como Charles Fourier o Claude Henry Rouvroy, conde de Saint-Simon, así como en literatos de la talla de Victor Hugo, André Breton y Rainer Maria Rilke.

El segundo esoterista de importancia fue un conocido de D'Olivet, su principal discípulo y amigo Saint Yves d'Alveydre, que, al trabajo de su maestro, añadió su propia aportación derivada de las influencias religiosas y mitológicas hindúes, así como de su conocimiento de la lengua árabe. Además, contó con una ventaja inusual, la solvencia económica de por vida que le dio el hecho de casarse con la rica condesa de Keller, con lo que pudo dedicarse con tranquilidad a sus investigaciones.

Fue él quien introdujo en Occidente el arquetipo oriental del Rey del Mundo: un monarca tan enigmático como poderoso, verdadero dueño de la Tierra, y que dirigiría los destinos de todos los seres humanos desde un centro de poder oculto en Agartha, una ciudad mágica ubicada en un lugar indeterminado, próximo a los Himalayas o quizá en el interior de las mismas montañas. Por otra parte, la auténtica tradición oriental nunca ha hablado de Agartha sino de Shambala, por lo que no está claro si Saint Yves utilizó el primer nombre como sinónimo del segundo, si creía en la existencia de ambos lugares o si simplemente mezcló las dos versiones de manera arbitraria. En cualquier caso, Saint Yves elaboró su propia teoría sobre la reorganización ideal de la sociedad, utilizando el concepto de Agartha de la misma forma que había hecho Platón con la Atlántida en varios de sus diálogos.

Para Saint Yves, el ideal de la felicidad social pasaba por una teocracia en la que se modificaran las relaciones del hombre con lo sagrado, de manera que éste fuera lo más importante de la civilización. Este sistema precisaba de una clase sacerdotal diferente de la establecida por el Vaticano o por otras confesiones cristianas, de las que no se fiaba. Así llegó a la conclusión de que los nuevos hierofantes debían ser «los miembros de la aristocracia económica». Debido a sus contactos diarios con los ricos prohombres europeos con los que trataba gracias a su esposa, Saint Yves dedujo que sólo esta clase social estaba dotada de los medios suficientes para modificar y mejorar la situación socioeconómica de la población una vez asumido el poder político real. Creía que elevando ese nivel económico se elevaría también el nivel cultural y, de esa forma, las masas podrían comprender mejor a la divinidad y ser más felices.

Es obvio que si hubiera dispuesto del don de la videncia para ver cómo funciona el mundo actual, habría desechado sus ideales, puesto que, si algo hemos aprendido en Occidente especialmente en los últimos cien años, es que el incremento de las comodidades materiales y del tiempo de ocio no parece generar precisamente una mayor inquietud espiritual, sino más bien todo lo contrario. Pero el caso es que sus ideas impactaron en una serie de pensadores posteriores, como John Ruskin, que pertenecían a una corriente conocida como los socialistas utópicos.

El socialismo utópico había nacido del magma de influencias relacionadas con la Industrialización, el enciclopedismo y ciertas enseñanzas de la masonería, el martinismo e incluso de los Iluminados de Baviera. Estos primitivos socialistas, considerados precursores de las teorías de Karl Marx, pretendían aplicar el espíritu de la Revolución francesa, pero librándolo en lo posible de la sangría y la destrucción que había causado a finales del siglo anterior.

Uno de sus principales ideólogos, el conde de Saint-Simon, fundó una secta a medio camino entre la política y el misticismo anticatólico. Se jactaba de ser descendiente de Carlomagno, que, según él, se le había aparecido en sueños durante la época del Terror jacobino mientras aguardaba en un calabozo su turno para ser guillotinado. El rey de los francos le habría vaticinado que viviría para dedicarse a la filosofía y la política y, en efecto, como fue indultado a última hora, achacó lo ocurrido a influencias sobrenaturales y se puso manos a la obra. En su concepción del mundo, la Iglesia debía desaparecer y el científico sustituir al sacerdote en la cúspide de la pirámide social, mientras que el resto de la población (excepto los literatos y artistas, que ocuparían el papel de la nobleza y el clero en el Antiguo Régimen) se dedicaría al trabajo puro y duro. Gran admirador de la Edad Media, recomendaba caminar hacia la unidad del continente europeo basándola en un vago ecumenismo medieval, que, paradójicamente, fue posible precisamente gracias al cristianismo que tanto le irritaba.

Sus teorías fueron ampliadas y completadas por Charles Fourier y Pierre Leroux, que explicaban el origen de las desigualdades sociales como premios o castigos a existencias anteriores, en una chocante amalgama entre política y reencarnación. Fourier, además, tuvo contactos con los Illuminati: había vivido en Lyon, una de las capitales del ocultismo de su época y allí había colaborado con ellos en la edición del sugerente *Bulletin de Lyon*. Allí también conoció a varios francmasones, y todo apunta a que se inició con ellos en el Gran Oriente de Francia y posiblemente en la orden martinista. Entre sus ideas más conocidas figura el planteamiento de «una estructura social perfecta» (¿o tal vez quiso decir *perfectibilista*?) basada en los falansterios o comunidades autónomas en cuanto a producción y consumo de los productos que necesitaran y donde se practicaría la poligamia. Una idea que no pudo llevar a la práctica en su tiempo, aunque más tarde el movimiento hippy intentara materializarlo, más o menos con éxito, durante los años sesenta y setenta del siglo XX.

Entre las aportaciones más bizarras de Fourier figura su cosmogonía, en la que Dios era el punto de partida de una cadena de seres que incluía la existencia en el universo de hasta 23 millones de sistemas solares como el nuestro. Cada uno de los planetas de estos sistemas poseería vida propia, con sus instintos, sus pasiones, sus intereses... e incluso su propio aroma, que impregnaría a todos los seres que en él habitaran. Además, y según sus cálculos, el alma estaba obligada a migrar un total de 810 veces de uno a otro mundo: sólo 45 de esas encarnaciones serían desgraciadas, mientras que las otras 756 serían felices. Este dato le hizo especialmente popular entre sus seguidores, sobre todo entre los que no estaban muy satisfechos con su vida actual.

El anticapitalismo místico y globalizador de la humanidad que desprendían los escritos de los socialistas utópicos fue transformado por Karl Marx en otro de carácter materialista y científico, pero igualmente destinado a promocionar la idea de unión de todos los seres humanos sin que importara su lugar de nacimiento ni su clase social.

Pero antes de la irrupción en escena del creador de *El Capital* aún hubo tiempo para los manejos de personajes como Graco Babeuf, fundador de la llamada Sociedad de los Iguales y agitador de diversas conspiraciones orquestadas por las sociedades secretas del primer tercio del siglo XIX en Francia, y considerado por los marxistas como el primer líder del movimiento revolucionario de la clase obrera; Esteban Cabet, uno de los doce miembros de la dirección suprema de los carbonarios y fundador de varias comunas, y el inventor español del submarino, Narciso Monturiol, que perteneció a la órbita filosófica de Cabet. Finalmente, el último de los grandes socialistas utópicos sería el profesor de Oxford, John Ruskin, que formó un círculo de pensamiento con los más notables de entre sus alumnos, como el historiador Arnold Toynbee, el economista William Morris o el masón lord Alfred Milner, e influyó decisivamente en el nacimiento de la Sociedad Fabiana en 1883.

Los fabianos son el eslabón entre el socialismo utópico y el laborismo británico, precursor a su vez de la socialdemocracia, tal y como la entendemos en la actualidad. Tomaron su nombre de Quintus Fabius Maximus, el general romano que durante las guerras púnicas rehuyó con gran habilidad un choque directo entre sus legiones y las tropas cartaginesas, ante la superioridad de éstas. En lugar de acudir a luchar en campo abierto de acuerdo con las leyes del honor militar, organizaba escaramuzas por sorpresa, atacando pequeños objetivos y retirándose en seguida o escondiéndose a medida que avanzaban los cartagineses. Mantuvo la táctica hasta que sus guerreros estuvieron preparados como él deseaba; además se conjugaron una serie de circunstancias que le daban todas las ventajas en la batalla. Entonces atacó y consiguió una importante victoria que le dio la fama. La táctica de los socialistas fabianos respecto al asalto al poder imitaba al general romano: la idea era ir introduciendo un proceso gradual de reformas sociales que evitara enfrentamientos directos entre la clase obrera y los capitalistas, a la vez que se extendía la ideología de igualdad y fraternidad entre los trabajadores de todos los sectores.

Además de Toynbee, el alumno de Ruskin, este movimiento contó con muchas caras famosas de la intelectualidad anglosajona, entre ellos los escritores Virgina Wolff, H. G. Wells, George Bernard Shaw y el filósofo Bertrand Russell, y también mantuvo intensos contactos con la Sociedad Teosófica. La Sociedad Fabiana fue la creadora de la London Economic School, donde en la actualidad continúan formándose las élites capitalistas e internacionalistas. Según diversos autores, los fabianos apoyaron durante un tiempo el marxismo, pero en la segunda mitad del siglo XX, sobre todo tras el congreso del Partido Socialdemócrata alemán de Bad Godesberg en 1959, se volcaron en apoyo de una ideología más suave basada en la *Realpolitik*, o política realista, en la que la transformación hacia el nuevo orden mundial —resucita el concepto públicamente— se llevaría a cabo mediante la aceptación del liberalismo y la economía de mercado, convenientemente manejada y reconducida. Y así con el paso de los años cualquier analista político ha podido comprobar, en efecto, que la política económica de los partidos socialdemócratas se ha ido aproximando cada vez más a la de las formaciones de carácter conservador hasta el punto de llegar a ser, en muchas ocasiones, casi idéntica.

El profeta

En 1911, el comunismo estaba todavía en pañales y en principio nada parecía augurar que fuera a llegar más lejos de lo que habían llegado hasta entonces otras teorías políticas más o menos similares, como las que habían ido surgiendo a lo largo del siglo XIX. De hecho, ni siquiera se llamaba así todavía. Sus principales promotores, Karl Marx y Friedrich Engels, hablaban de socialismo sin más.

No obstante, aquel año, el diario norteamericano *Saint Louis Post Dispatch* publicó una llamativa caricatura del dibujante Robert Minor, que militaba en el Partido Socialista de América. En ella se ve al propio Marx en medio de Wall Street, la calle neoyorquina de las finanzas por excelencia, flanqueado por los rascacielos y rodeado por una muchedumbre entusiasta. Lleva sus obras en la mano izquierda mientras con la derecha le da la mano a un sonriente George Perkins, socio del banquero J. P. Morgan, quien figura al lado de ambos junto con Andrew Carnegie y John D.

Rockefeller, todos esperando su turno para estrechar la mano del autor de *El Manifiesto Comunista*. Al fondo, entre Marx y Perkins, está el presidente de Estados Unidos Theodore Roosevelt.

¿El principal promotor de las ideas socialistas, agasajado y respaldado por lo más granado del capital, al que tan severamente atacaba en sus obras?

La teoría oficial que encontramos en todos los libros de historia de cualquier país occidental es que el capitalismo y el comunismo fueron desde el principio sistemas contradictorios que se combatieron a muerte, especialmente a raíz de la constitución de la Unión Soviética como encarnación de las ideas marxistas. Sin embargo...

Las metas planteadas por los Illuminati en su camino hacia la conquista del mundo que ya adelantamos anteriormente se parecen mucho a las fijadas por Marx, si es que no son las mismas. Donde la sociedad secreta pedía la abolición de la monarquía y de cualquier tipo de gobierno organizado según el Antiguo Régimen, el filósofo hablaba del poder para las masas, representadas en un Estado carente de reyes o líderes unipersonales y en el que no existieran las clases sociales. Donde la primera especulaba con la abolición de la propiedad privada y los derechos de herencia, el segundo exigía lo mismo. Donde se había planteado la destrucción del concepto del patriotismo de las naciones, ahora se impulsaba exactamente eso sustituyéndolo por un difuso sentimiento de internacionalismo, posteriormente mutado en la idea de globalización. Donde los Illuminati querían la eliminación del concepto de familia tradicional y la prohibición de cualquier religión, se postulaba el amor libre y el ateísmo puro y duro para terminar con «el opio del pueblo».

¿Escribió Marx *El Capital* y *El Manifiesto Comunista* bajo el influjo de los Illuminati?

Nacido en la ciudad alemana de Tréveris, en mayo de 1818, Karl Marx había sido partidario en su juventud de la llamada izquierda hegeliana y por tanto conocía perfectamente la ecuación Tesis frente a antítesis produce síntesis. Todos los investigadores que han estudiado el caso coinciden en afirmar que cuando publicó sus libros sabía perfectamente lo que se traía entre manos.

Aquélla era la anhelada antítesis por la que habían estado suspirando los sucesores de Adam Weishaupt para enfrentarla con la tesis de la sociedad tradicional y mantener el pulso durante el tiempo suficiente para transformar la mentalidad de las gentes en la dirección deseada y alcanzar así la nueva síntesis bajo el control de los Illuminati.

Persona inteligente, astuta y polemista, periodista con facilidad de palabra y de expresión, autodeclarado apátrida y revolucionario, a raíz de sus problemas con la justicia en Prusia y Francia, y provisto de un aspecto físico rotundo, Marx, que a los 17 años había culminado sus estudios graduándose con gran brillantez en todas las asignaturas excepto una, religión, era un Moisés redivivo dispuesto a predicar su buena nueva a las masas de los nuevos «israelitas»: los obreros oprimidos por los faraones del capitalismo, a los que prometía conducir a una nueva Tierra Prometida. El objetivo final de sus prédicas literarias, periodísticas u oratorias (como las que ofreció en la fundación de la Primera Internacional, que se vino abajo porque los anarquistas, que participaron en ella, querían anarquía y la querían ya, sin esperar a más) siempre fue el mismo, que el impacto de sus ideas provocara un maremoto lo suficientemente potente para desatar una revolución equivalente a la francesa, como acabó sucediendo en Rusia, aunque él no llegara a verlo.

Todas las definiciones al uso señalan que las fuentes del pensamiento marxista hay que buscarlas en tres circunstancias concretas: la filosofía de Hegel, el socialismo francés y la escuela clásica de economistas británicos. Las tres, como hemos visto antes, relacionadas de una u otra forma con los manejos de los Illuminati. El dato que no suelen recoger las enciclopedias, aunque los originales se guarden en las colecciones de documentos del British Museum, es que fue Nathan Rotschild quien firmó los cheques de la llamada Liga de los Hombres Justos, con los que Marx fue gratificado por la elaboración de sus famosas obras.

Y es que el negocio es el negocio, y los representantes del capitalismo internacional infiltrado por los Illuminati no iban a desaprovechar la oportunidad de seguir enriqueciéndose mientras maduraba la lucha entre tesis y antítesis. El próximo objetivo era la Revolución rusa, que se convertiría en breve en el más ambicioso campo de inversiones para los millonarios del mundo. Ya en *El Manifiesto Comunista,* Marx declaraba la necesidad de «centralizar el crédito en manos del Estado por medio de un banco nacional con capital estatal y monopolio exclusivo». Esto es, un banco central controlado, como los demás, por la banca privada. Rusia era uno de los pocos países europeos que todavía no contaba con uno. Algunos años más tarde, Lenin explicaría también por qué había que asumir el poder financiero igual que el militar. Según sus propias palabras, el establecimiento de una institución de este tipo suponía «el 90 por ciento de la comunicación de un país». La obsesión de los dirigentes comunistas por controlar los flujos de dinero llegó a originar un famoso y sarcástico comentario de Mijail Bakunin, el alma del anarquismo: «Los marxistas tienen un pie en el movimiento socialista y otro en el banco.»

Bakunin todavía no sabía que un movimiento radical en el interior de un país concreto sólo puede alcanzar el éxito definitivo si cuenta, entre otras cosas, con mucho dinero y un sólido apoyo del exterior. Como en el caso de la Revolución francesa, es imposible explicar la rusa desde el punto de vista de una revuelta de ciudadanos hambrientos contra el gobierno. Sobre todo en un país como Rusia, cuyos habitantes tradicionalmente habían soportado grandes penurias de todo tipo sin levantar la voz.

El escenario estaba dispuesto. Un nuevo acto de la tragedia iba a comenzar.

La humanidad se divide en buenas personas, personas a secas y malditos bolcheviques.

PELHAM GRENVILLE WOODEHOUSE,
escritor inglés

Y la cosecha

Un diario de San Petersburgo llamado *Znamia (Estandarte)* publicó por capítulos, entre agosto y septiembre del año 1903, un extravagante texto anónimo titulado «Programa judío de conquista del mundo». Dos años después apareció una edición completa en un solo folleto bajo el nombre de *El origen de nuestros males*.

Esta publicación causó un profundo malestar no sólo entre las autoridades locales, sino en la mayor parte de la población que tuvo acceso a su lectura, porque el *Testamento de Satanás*, como fue calificado a nivel popular, contenía reflexiones de este porte: «Aquellos que seducen al pueblo con ideas políticas y sociales están sujetos a nuestro yugo. Sus utopías irrealizables están socavando el prestigio de los gobiernos nacionales y los pilares de los actuales Estados de derecho. [...] Después de desprestigiar a las monarquías, haremos que salgan elegidos como presidentes aquellas personas que puedan servirnos sumisamente. Los elegidos deben tener algún punto oscuro en su pasado con el fin de tenerlos amordazados, por temor a ser descubiertos por nosotros, a la vez que, atados a la posición de poder adquirido, disfrutando de honores y privilegios, se sientan ansiosos de cooperar para no perderlos. [...] Cuando, decepcionados por sus gobernantes, los pueblos empiecen a clamar por un gobierno único que traiga paz y concordia, será el momento de entronizar a nuestro soberano.»

Sin embargo, la difusión masiva de estos escritos se produjo a raíz de su inclusión en la obra de Serge Alexandrovitch Nilus, *Lo grande en lo pequeño: el Anticristo como posibilidad política inminente. Escritos de un ortodoxo*, editada en 1905. Nilus ya había publicado una edición príncipe cuatro años antes pero en ella aún no estaban incluidos los que desde entonces se conocen como *Los Protocolos de los Sabios de Sión*, uno de los libros más vilipendiados del siglo XX.

El Testamento de Satanás

A diferencia de otros textos de la época como *El Capital*, cuyos dos volúmenes se reeditan periódicamente, hoy día resulta complicado encontrar un ejemplar de *Los Protocolos* en el mundo occidental fuera del circuito de las librerías de viejo o de Internet. Y eso que en su época fue todo un bestseller, que llegó a ser calificado por el ocultista René Guenon como la más clara demostración de «la táctica destinada a la destrucción del mundo tradicional».

Los escritos en sí son de lectura complicada porque parecen hablar de muchas cosas diferentes al mismo tiempo, sin orden aparente, aunque todas ellas especulan sobre un monopolio del poder. En esencia, parecen las notas de un secretario tomadas a toda prisa durante las deliberaciones mantenidas por un grupo de personas, cuyo tema de fondo sea precisamente la mejor manera de conquistar el mundo.

Aunque no se cita a su autor en ningún momento, ni tampoco se describe quién está deliberando, a lo largo de sus páginas se utilizan algunos términos de origen judío, como la palabra *goím* para referirse a los cristianos, y se nombra a los reunidos con el vago apelativo de los Sabios de Sión. Por ello, desde un primer momento los analistas del texto llegaron a la conclusión de que lo que tenían entre manos no era otra cosa que una filtración, o la pérdida de las notas originales que habían servido para elaborar las actas, de las reuniones secretas del Congreso Judío de Basilea que se celebró en 1898. Durante este encuentro, el más conocido del sionismo político, Theodoro Herzl, padre del sionismo político y fundador de la Organización Sionista Mundial, profetizó la constitución «de aquí a cincuenta años más» de un nuevo Estado de Israel «libre e independiente» en la antigua Palestina, como así sucedió más tarde.

Sin embargo, la transcripción de las sesiones a puerta cerrada nunca se hizo del dominio público, como por otra parte sucede en muchas reuniones similares de organizaciones políticas, sindicales, religiosas o filatélicas. Pero eso contribuyó a que se acusara al propio Herzl de ser el autor, aunque también se barajó el nombre de Asher Ginzberg, uno de los asesores de lord Balfour, al que en noviembre de 1917 el mismo Ginzberg consiguió arrancar la promesa definitiva de «un hogar nacional» para el pueblo judío en Oriente Medio.

Actualmente, está comúnmente aceptado que *Los Protocolos* no son otra cosa que una hábil falsificación de la Okrana, la policía secreta del zar, destinada a alimentar el tradicional odio del pueblo ruso hacia los judíos, e incluso se señala a Piotr Ivanovitch Ratchkovsky, quien dirigió la policía secreta, como el autor material del texto. Por otra parte, hasta el advenimiento del nacionalsocialismo en Alemania, la inmensa mayoría de los judíos no sólo estaban integrados en la sociedad alemana, igual que en la francesa o en la inglesa, sino que además ocupaban un alto porcentaje de puestos relevantes en ésta, lo que no ocurría en los países eslavos y especialmente en Rusia y Polonia, donde los *pogromos* o persecuciones de judíos siempre habían disfrutado de gran aceptación popular. Según la tesis oficial, el texto serviría además para atacar a las sociedades de corte masónico, en cuyos rituales y simbolismos existe una clara influencia de la tradición cabalística judaica.

Pero, en aquellos tiempos, nadie dudó de su aparente significado. Como en otros países europeos, Rusia era un hervidero de conspiraciones, y las autoridades del país estaban dispuestas a movilizar todos sus recursos, incluso los temores y odios tradicionales de la población, para refrenar cualquier intentona revolucionaria, viniera de donde viniera.

La redacción del texto, alambicada y llena de sugerencias

sobre «los únicos que saben y pueden» porque poseen «una enseñanza acumulada durante siglos», alimentaba todas las sospechas. El propio Nilus poseía el manuscrito original, encuadernado «en unas hojas amarillentas con un borrón de tinta en la cubierta», según el testimonio publicado por Alexandre du Chayla, un oficial cosaco de origen francés que se entrevistó con él cuando coincidió en 1909 en un retiro en el monasterio de Optina Poustyne. Du Chayla, por su parte, llegó a formar parte del Estado Mayor del Ejército de los Cosacos del Don hasta 1921.

El prior del monasterio, el archimandrita Xenophon, le había presentado personalmente a Nilus, cuya familia era de origen escandinavo y se había instalado en Rusia en tiempos de Pedro I. El erudito había estudiado la carrera de leyes en Moscú y conocía a fondo la literatura y la filosofía europeas porque hablaba correctamente varios idiomas, entre ellos el francés, el inglés y el alemán. En 1900 había ingresado como monje para entregarse a una vida de contemplación mística y, según sabemos, llegó a ser confesor del zar. Tras la revolución, se sumó a los innumerables rusos que huyeron de su país para escapar del yugo bolchevique y se instaló en Polonia, donde murió en 1929. Du Chayla siempre consideró el original como un documento real, no una falsificación.

En cualquier caso, el libro saltó a la fama en toda Europa a raíz de la elogiosa crítica que le hizo el periodista británico Wicham Steed en el periódico londinense *The Times* con motivo de su primera edición en inglés, en mayo de 1920. En su artículo, Steed afirmaba la existencia «desde hace muchos siglos de organizaciones secretas y políticas de los judíos» encargadas de proyectar «un odio tradicional y eterno a la Cristiandad», así como «una ambición tiránica de dominar el mundo». En ese marco, *Los Protocolos* encajaban perfectamente, ya que en ellos se detallaba cómo «inocular ideas disolventes de una potencia de destrucción cuidadosamente dosificada y progresiva, que va desde el liberalismo al radicalismo, del socialismo al comunismo, llegando hasta la anarquía» en el tejido social y político a través de «la prensa, el teatro, la Bolsa, la ciencia, las leyes mismas, [...] medios para producir una confusión, un caos en la opinión pública, la desmoralización de las juventudes, el estímulo del vicio en los adultos [...], la codicia del dinero, el escepticismo materialista y el cínico apetito del placer».

Es fácil entender el pánico intelectual que semejante crítica causó no sólo en el Reino Unido, sino en otros países occidentales, donde llegó primero la referencia periodística y poco después la correspondiente traducción. El mismo año de 1920 se publicó la primera edición en Estados Unidos, al año siguiente en Francia y, a continuación, en Alemania. Más tarde llegó a Italia y España. La lectura del libro multiplicó las alarmas en una Europa donde todavía no habían cicatrizado las heridas de la sucesión de conspiraciones y revoluciones que la habían azotado a lo largo del siglo XIX y elevó a la enésima potencia la suspicacia hacia todo lo que estuviera relacionado con el judaísmo. Además, contribuyó a enrarecer el ambiente en el territorio alemán, facilitando la posterior distribución de los mensajes de ideología nazi en los que se defendía la imperiosa necesidad de «expulsar al judío» (como arquetipo tanto o más que como grupo de personas de una extracción racial determinada) para permitir el «libre desarrollo de Alemania y Europa».

Tras la segunda guerra mundial, *Los Protocolos* fueron acusados de pertenecer a la nueva categoría de «literatura antisemita» y pasaron a un segundo plano, arrinconados por la censura de los países vencedores en el conflicto. Sin embargo, a raíz de las guerras entre israelíes y palestinos, el texto empezó a circular otra vez con mucho éxito, en los países musulmanes y especialmente en los árabes. Muchos jefes de gobierno e incluso de Estado, como el saudí Faisal, el egipcio Nasser o el libio Gadaffi, tenían la costumbre de ofrecer a sus visitantes ilustres un ejemplar del libro como regalo personal.

Desde nuestra óptica, poco importa si el manuscrito fue redactado por un grupo de judíos maliciosos, de pérfidos agentes de la Okrana, de bolcheviques conspiradores, de cosacos resentidos o de críticos literarios. Lo que parece bastante claro leyendo sus páginas es que, fueran quienes fuesen sus autores y aunque se tratara de una falsificación, conocían los planes de los Illuminati o pertenecían a su organización.

Entre otras cosas porque muchas de las circunstancias que se anuncian en sus páginas, algunas de las cuales eran absolutamente impensables en su época, se han ido cumpliendo paso a paso con sorprendente precisión durante los últimos cien años. Una teoría en boga en los últimos tiempos atribuye precisamente la redacción de *Los Protocolos* a la dirección de los Illuminati, que se habrían limitado a hacer públicos sus planes con total impunidad, garantizando así que éstos llegaran a todos sus agentes en el mundo occidental gracias al escándalo generado por su difusión literaria y camuflando su identidad al introducir referencias de carácter judaico. De esta forma, además, harían recaer las sospechas sobre el sionismo político e irían preparando el terreno para los próximos conflictos mundiales pronosticados en las cartas intercambiadas por Pike y Mazzini.

Resumiendo mucho el texto, *Los Protocolos* describen, entre otras, las siguientes tácticas para conseguir el éxito final de su estrategia:

Respecto a la religión se trataría de atacar sistemáticamente al cristianismo en todas sus formas, alimentando de paso «todo tipo de cismas e iglesias diferentes» y el desprecio popular hacia la doctrina y las jerarquías eclesiásticas; infiltrarse en el Vaticano para «minar desde dentro» el poder papal y, por extensión, el carácter cristiano de los estados occidentales; parodiar y ridiculizar «los hábitos del clero», así como sus costumbres y ceremonias, y apoyar y difundir masivamente cualquier idea que prime el laicismo y el materialismo.

En el orden politicoeconómico, se tendría que utilizar el dinero para «comprar y corromper a la clase política» y a la prensa para manejar y «reorientar a la opinión pública»; establecer un sistema económico mundial basado en el oro y controlado por la organización; distraer a las masas con «una oratoria insensata de apariencia liberal»; traspasar gradualmente todo el poder desde las monarquías a los gobiernos democráticos hasta que las primeras se conviertan «en meros adornos» sociales; fundar e impulsar instituciones políticas o sociales en apoyo del plan, y emplear la hipocresía y la fuerza directamente «cuando sea necesario para vencer una resistencia concreta».

En cuanto a la moral, habría que primar siempre las condiciones ventajosas para la organización sobre «cualquier consideración de índole moral»; argumentar con el engaño, la corrupción o la traición «siempre que se muestren de utilidad» para apoyar la causa; usar el asesinato en caso necesario, ya que, siendo la muerte en sí «un hecho natural», está «justificada y es preferible anticipar» la de los que se puedan oponer a los planes en curso y llevar a efecto la reflexión de Maquiavelo según la cual «el fin justifica los medios», ya que los seres humanos son considerados en general como «pequeñas bestias» cuya existencia está justificada para servir a los Sabios de Sión.

A estas consideraciones hay que añadir una larga serie de profecías que contienen *Los Protocolos* y que se han hecho realidad durante el último siglo. Entre ellas: las guerras mundiales de 1914-1918 y 1939-1945, la implantación del comunismo como experiencia política real, la creciente tendencia hacia la constitución de un gobierno mundial, que debilita al mismo tiempo a los estados tradicionales con la creación paralela de regionalismos separatistas, la carrera de armamentos, el avasallador poder de los medios de comunicación, la supresión progresiva de la pena de muerte, el auge del deporte profesional o el establecimiento del terrorismo en la vida diaria de los pueblos.

Así que la pregunta pertinente no es tanto quién redactó el libro o si se trata de una falsificación o un libelo, sino ¿por qué se parece tanto a los planes de los Illuminati? ¿Y por qué los hechos previstos hace cien años se han ido materializando en la vida real?

Catorce años después de la primera publicación de *Los Protocolos* en un diario de San Petersburgo estalló la Revolución rusa en la misma ciudad.

La advertencia de Rasputín

Grigori Yefimovich, más conocido como *Rasputín* (Libertino), fue asesinado en la noche del 29 al 30 de diciembre de 1916. La última mañana de su vida la dedicó entre otros asuntos a escribir varias cartas, una de las cuales iba dirigida al zar Nicolás II. En ella le advertía de que una de sus visiones le había revelado que «dejaré esta vida antes del próximo uno de enero», aunque ignoraba quién se encargaría de matarle. Y precisaba: «Si soy asesinado por plebeyos y especialmente por mis hermanos los campesinos, tú, zar de Rusia, nada tendrás que temer... Tu trono se asentará por cientos de años. Tu hijo será zar. Pero si soy asesinado por nobles, mi sangre permanecerá en sus manos. La nobleza tendrá que abandonar Rusia, los hermanos se enfrentarán con los hermanos, el odio dividirá a las familias, el país se quedará sin imperio... Tú, tu esposa y tus hijos moriréis a manos del pueblo.»

Rasputín fue asesinado violentamente horas después a manos de un grupo de nobles encabezado por el príncipe Yusupoff, quien paradójicamente había sido el primer miembro de la nobleza en beneficiarse de sus poderes magnéticos para curarse de una depresión y cuyo testimonio motivó el interés del resto de la corte rusa por los extraños poderes del llamado Monje Loco. Año y medio antes, Rasputín ya había sido víctima de un extraño atentado cuando, durante una visita a su pueblo natal, una mujer le asestó una cuchillada en los intestinos al grito de «¡He matado al Anticristo!». A pesar de la gravedad de la herida y de la abundante pérdida de sangre, Rasputín reaccionó dando un golpe a la mujer y, tras recibir una primera cura de urgencia, terminó sus compromisos previstos para la jornada. A los pocos días estaba completamente restablecido. Semejante recuperación le valió cierta fama de «inmortal» entre el supersticioso populacho.

Así pues, invitado al palacio de Yusupoff con la excusa de una fiesta para celebrar que el año estaba a punto de terminar, Rasputín fue conducido a un salón donde se le dijo que tuviera la amabilidad de aguardar un poco porque había sido el primero en llegar. Para entretener la espera, le ofrecieron un pastel de chocolate y una botella de vino de Madeira en la que un médico amigo de los conjurados había inyectado cianuro de potasio suficiente para matar a una docena de hombres. Sin embargo, el veneno no sólo no hizo mella en su cuerpo, sino que, cansado de hacer tiempo, a la media hora exigió más vino y pidió a Yusupoff que tocara la guitarra para pasar mejor el rato.

El príncipe se hizo con un revólver y disparó a Rasputín tres veces por la espalda y prácticamente a quemarropa. Los nobles creyeron que estaba muerto y lo celebraron brindando alegremente, pero, ante el terror de los presentes, el monje se incorporó y atacó, ensangrentado como estaba, a su verdugo. Los otros tomaron unas barras de plomo y le golpearon con fuerza para que soltara su presa. Como pudo, Rasputín salió de la habitación, cruzó el patio y se lanzó hacia la puerta de la calle. Recuperados de su asombro ante la increíble resistencia de su víctima, los conjurados fueron tras él y le derribaron, según algunas versiones, con otra andanada de balas; según otras, golpeándole otra vez con las barras. Temiendo que pudiera levantarse de nuevo, envolvieron el cuerpo con una sábana y, tras practicar un agujero en el hielo, lo lanzaron a las gélidas aguas del río Neva. Dos días después, el cadáver apareció flotando, pero, cuando se le practicó la autopsia, el forense dictaminó que la causa definitiva de su muerte no había sido el veneno, ni las balas, ni la paliza. Rasputín había fallecido... ahogado.

Enterrado en secreto en el parque del palacio Imperial, su tumba fue profanada al año siguiente por un grupo de revolucionarios, que desenterraron sus restos y los quemaron. El 16 de julio de 1918, el zar Nicolás II y su familia fueron brutalmente asesinados en Yekaterimburgo.

La extraordinaria personalidad de Rasputín, sus raros poderes y su intervención en la política durante la etapa previa a la Revolución rusa han llevado a plantear la posibilidad de que estuviera implicado de alguna forma en el proceso impulsado por los Illuminati para hacerse con el poder en Rusia. No parece haber pruebas de ello, aunque estudiando sus escritos crece la sospecha de que él sabía o intuía lo que se estaba preparando. Se puede citar un par de sus profecías en este sentido. La primera de ellas nos recuerda al plan diseñado para provocar una serie de tres guerras mundiales, ya que, según sus palabras, «cuando los dos fuegos sean apagados, un tercer fuego quemará las cenizas. Pocos hombres y pocas cosas quedarán, pero lo que quede deberá ser sometido a una nueva purificación antes de entrar en el nuevo paraíso terrestre». En cuanto a la segunda, parece sugerir también ese enfrentamiento provocado entre el sionismo político y el Islam, puesto que «Mahoma dejará su casa y recorrerá el camino de los padres. Las guerras estallarán como temporales de verano, abatiendo plantas y devastando campos, hasta el día en el que se descubrirá que la palabra de Dios es una, aunque sea pronunciada en lenguas distintas. Entonces, la mesa será única, como único será el pan».

De origen *mujik* o campesino, Rasputín había nacido en una aldea siberiana en la segunda mitad del siglo XIX y nunca llegó a recibir una mínima formación intelectual. A pesar de que su imagen ha sido caricaturizada y ensuciada hasta la saciedad (hasta el punto de convertirle en un auténtico satanista que pacta con el diablo para provocar la Revolución rusa en una reciente y absurda película de dibujos animados), lo cierto es que fue uno de los hombres más populares de su época. Desde pequeño dio muestras de poseer un acusado misticismo, así como extrañas dotes que pronto le hicieron famoso: presagiaba hechos que se materializaban poco después, curaba enfermedades y hacía milagros de todo tipo como si fuera un moderno Jesucristo, hipnotizaba sin esfuerzo a todo aquel que se atrevía a mirar fijamente sus profundos ojos y repartía entre los pobres el dinero y los regalos que le hacían sus agradecidos pacientes. Pero, al mismo tiempo, su personalidad poseía un lado salvaje que le permitía entregarse con regularidad a auténticas orgías de sexo, alcohol y violencia, en ocasiones durante días enteros, de ahí que lo calificaran de libertino.

Pese a estar casado y con cuatro hijos, no había mujer que deseara que no cayese rendida a sus pies. Y eso que su aspecto físico no era especialmente atractivo y además desprendía un fuerte olor corporal producido por la suciedad, ya que se jactaba de no bañarse nunca. Como los antiguos santos medievales, pensaba que el cuerpo debía mantener el «olor de santidad» si quería permanecer en «estado de gracia». Él mismo explicaba su extravagante comportamiento, a medio camino entre el chamanismo, el magnetismo animal y el sexo tántrico, afirmando que «el ser humano está obligado a descender hasta los más abyectos extremos de la bajeza y del pecado para purificarse nuevamente mediante la oración y llegar así a Dios». En efecto, culminado cualquier episodio licencioso, solía caer de rodillas para orar y podía permanecer así durante mucho tiempo.

Cuando llegó a San Petersburgo a finales de 1907, el palacio imperial de Tsarkoie Selo le esperaba con los brazos abiertos. La fama de Rasputín había llegado a oídos de la familia imperial, que había decidido llamarle como última solución a un problema dramático: su único hijo, el zarevich heredero Alexis, estaba a punto de morir. Como tantos nobles de la época, procedentes todos del mismo puñado de familias europeas que se habían casado entre sí durante generaciones, Alexis padecía hemofilia, la enfermedad de la sangre que impide su coagulación normal y que, en aquella época, solía implicar la muerte del afectado con la más mínima herida. El pequeño la había heredado de su madre, la zarina Alejandra, y en ese momento sufría una hemorragia que ningún médico había logrado detener. Algún especialista pronosticaba incluso el inminente fallecimiento. Entonces llegó Rasputín, se sentó al lado de Alexis y empezó a rezar. Cayó en uno de sus trances místicos y al poco tiempo la hemorragia se detuvo ante el asombro de todos los presentes. El zarevich estaba a salvo.

A partir de ese momento, la zarina Alejandra le tomó como asesor personal y espiritual, y su endeble y dubitativo marido, Nicolás II, no hizo nada para oponerse, pues también había quedado impresionado ante semejante demostración de poder.

Durante muchos años, la crédula emperatriz, natural de Hesse, había admitido en palacio a todo tipo de hipnotizadores y charlatanes, y también a algunos ocultistas notables, como el médico hispanofrancés Papus, que llegó a organizar para la familia imperial una pequeña sesión de espiritismo en la que se había invocado a Alejandro III, padre del zar. Según las crónicas, el fantasma apareció realmente y lo hizo para advertir a su hijo de que no debía oponerse a «las corrientes liberales que afluyen a la nación» porque «cuanto más dura sea la represión, más violenta será la respuesta del pueblo». Curioso mensaje para un desencarnado, aunque cobra mucho sentido si recordamos que Papus era en aquel momento gran maestre de la orden martinista, vieja enemiga de los Illuminati en sus orígenes, y que, no bien finalizó la sesión, el propio Papus se encargó de tranquilizar a la familia imperial asegurando que nada grave sucedería mientras él estuviera vivo y pudiera brindarles su protección personal. El problema es que Papus falleció poco después.

Ansiosos de un guía místico que les señalara el camino a seguir, el zar y su esposa se arrojaron en brazos de Rasputín, que a partir de entonces empezó a intervenir directamente en la administración del Estado, lo que despertó numerosas envidias y un profundo malestar entre la nobleza y los popes o sacerdotes ortodoxos, que empezaron a intrigar contra él hasta que se puso en marcha la conspiración que terminó con su vida.

Años más tarde, María (una de las hijas de Rasputín, a la que había bautizado así en recuerdo de una visión en la que se le había aparecido la Virgen) publicó un opúsculo defendiendo a su padre, en el que insistía en que la imagen pública de su persona era «irreal» y había sido «deliberadamente falseada». En estas memorias, María confirmó que el Monje Loco solía dictar sus profecías después de permanecer durante mucho tiempo sin comer ni dormir, rezando enfebrecidamente delante de sus iconos hasta que entraba en trance. En una de estas ocasiones reveló a su hija una «visión atroz» en la que se veía a sí mismo «transformado en un espíritu que contemplaba desde lejos a los zares colocados frente a un pelotón de ejecución», y no podía hacer nada para salvarles.

La guerra «que acabará con todas las guerras»

El asesinato del archiduque de Austria-Hungría Francisco Fernando y su esposa en Sarajevo, a manos de un serbio llamado Gavrilo Princip que pertenecía a una sociedad secreta conocida como La Mano Negra, desató la cadena de acontecimientos que condujo a la primera guerra mundial. En la correspondencia Illuminati se pronosticaba que ese conflicto sería atizado lanzando los intereses alemanes contra los británicos, por un lado, y contra los eslavos, por otro. Poco importaba dónde cayera el triunfo final, siempre y cuando se alcanzaran los dos propósitos más importantes: el agotamiento de Europa y el derrocamiento del régimen zarista, para construir en su lugar la nueva Rusia regida por el comunismo. Eso fue lo que sucedió.

Después de tres años de guerra total como nunca antes habían padecido los europeos, pese a su larga experiencia previa en todo tipo de conflictos armados, la Revolución rusa estalló en octubre de 1917. Una vez tomado el control, las autoridades bolcheviques solicitaron y obtuvieron de Alemania una negociación para poner fin a las hostilidades y, el 3 de marzo de 1918, Moscú firmaba el documento en el que reconocía su derrota ante Alemania y le cedía el control sobre Ucrania, Finlandia, Estonia, Letonia, Lituania, el Cáucaso, Polonia y las áreas rusas controladas por rusos «blancos» o antibolcheviques.

Pocos meses después, el 11 de noviembre del mismo año, los aliados occidentales también firmaron un armisticio con las potencias centrales. Técnicamente hablando y sin contar ya con el destino de Rusia, la guerra terminaba así con una especie de empate, un pulso nulo entre ambos bandos. No podemos olvidar que si bien es cierto que en el momento de la firma de la paz las tropas germanas habían perdido la iniciativa, siempre combatieron fuera de Alemania (lo que no ocurrió durante la segunda guerra mundial, cuando en la última fase de la guerra el territorio alemán fue invadido, ocupado y arrasado, tanto por el este como por el oeste). El mismo día del armisticio, las tropas alemanas se hallaban fuertemente atrincheradas en suelo francés y belga.

Sin embargo, los delegados de Berlín que firmaron el Tratado de Versalles, entre los que figuraban algunos de los que habían colaborado en el complejo plan que condujo a la previa abdicación del káiser Wilhelm y su marcha al exilio holandés, asumieron unas condiciones humillantes, propias de un Estado derrotado y, según reconocen hoy todos los historiadores, absolutamente imposibles de cumplir en lo económico. Lord Curzon llegó a decir que «esto no es un tratado de paz, sino una simple ruptura de hostilidades».

Tal vez podríamos empezar a sospechar por qué se firmó semejante documento si nos fijamos en quiénes lo rubricaron. Allí nos encontramos entre otros nombres con el del masón y representante directo de la casa Rothschild, lord Alfred Milner, y con dos hermanos de la familia Warburg, representantes indirectos de la misma banca. De origen alemán, los Warburg habían sido tempranos colaboradores de los Rothschild. Los hermanos Paul y Félix habían emigrado a América mientras Max se quedaba al frente del negocio en Frankfurt. Ya en Estados Unidos, Paul se casó con Nina Loeb (hija de Salomón Loeb, uno de los directores de la poderosa firma Kuhn, Loeb & Company) mientras Félix lo hacía con Frieda Schiff (hija de Jacob Schiff, el verdadero «cerebro gris» detrás de la misma firma). En Versalles y, con el mayor de los descaros, Paul firmó como representante de Francia mientras que Max lo hacía en el nombre de Alemania. Los Iluminati ya tenían lo que deseaban y, en consecuencia, habían movido sus piezas para tranquilizar las cosas.

Si leemos los testimonios de los propios alemanes al final de la Gran Guerra (como se la conoció en un principio por ser la única que había alcanzado cifras tan devastadoras de víctimas) nos daremos cuenta de que en su país todo el mundo aplaudía el final de la carnicería, pero no existía conciencia de ser los perdedores. Es más, a medida que fueron transcurriendo los años y la penuria económica y social general causada por las imposiciones del Tratado de Versalles repercutía en el país, comenzó a extenderse con cierto éxito la teoría de la puñalada por la espalda, que posteriormente utilizó Adolf Hitler para enardecer a las masas mientras recuperaba el control de antiguos territorios alemanes que habían sido arrebatados a Berlín, como la cuenca del Ruhr o los Sudetes, en una reconstrucción del país que finalizó como tal con el famoso *Anschluss* o unión con Austria.

Según esta teoría, si la guerra hubiera durado un tiempo más, Alemania habría acabado ganando a los aliados igual que a Rusia, como demostraría el hecho de que el frente del oeste sólo pudiera mantenerse tras la entrada en el conflicto de Estados Unidos. La puñalada la habrían propinado un grupo de conjurados que se infiltró en el gobierno del káiser para minarlo por dentro, al mismo tiempo que impulsaba bajo cuerda todo tipo de revueltas sociales internas apoyándose en dirigentes revolucionarios como Karl Liebknecht, Clara Zetkin o Rosa Luxemburgo, todos ellos simpatizantes de la república, el socialismo y, en general, las teorías de Carlos Marx, así como impulsores de lo que sería la Segunda Internacional. Todos ellos, además, militaban en un grupo revolucionario conocido como *Spartakus* o Espartaco. Exactamente el mismo sobrenombre simbólico asumido por Adam Weishaupt, el fundador de los Iluminados de Baviera.

La teoría de la puñalada por la espalda implicaba en esos oscuros manejos a la oligarquía politicobancaria norteamericana. Hasta la primera guerra mundial, los ciudadanos de Estados Unidos habían vivido en un relativo «espléndido aislamiento» respecto a los acontecimientos europeos. Descendientes de ingleses, franceses, alemanes, holandeses, españoles, etcétera, la inmensa mayoría de los norteamericanos habían encontrado al otro lado del Atlántico una nueva patria común en apariencia más pacífica que las de sus países de origen y no sentían el más mínimo deseo de involucrarse en ninguna guerra por un pedazo de tierra en el viejo continente, cuando en el nuevo había toda la que un hombre podía desear y más.

Tras el asesinato del archiduque Francisco Fernando, se activaron las complejas alianzas europeas y casi todos los países se vieron implicados de inmediato en el enfrentamiento armado, pero Estados Unidos no podía invocar ningún tratado de ayuda mutua que le permitiera intervenir. ¿Cómo sumarse, entonces, a la matanza bélica?

Cuando Woodrow Wilson fue reelegido presidente de Estados Unidos en las elecciones de 1916, su campaña se basó entre otras cosas en la promesa de no enviar soldados norteamericanos a luchar en la Gran Guerra, lo que subrayaba su eslogan: «¡Él nos mantuvo fuera de la guerra!» Pero diversos textos de la época sugieren que su intención real desde el primer momento fue apoyar a los aliados con tropas y material, y no sólo con dinero. Los Illuminati temían que, si las potencias centrales ganaban el conflicto bélico demasiado pronto, no sólo no se conseguiría el ansiado efecto de agotamiento general, sino que el káiser podría apoyar a la familia imperial rusa cuando se desatara la revolución, pues no en vano la zarina Alejandra era de origen alemán. Además, los banqueros recordaron una de las viejas reglas de su negocio: cuanta más guerra, más beneficios.

Así que, seis meses después, en abril de 1917, Estados Unidos se sumaba al conflicto con la ayuda de otro afortunado eslogan, «Ésta será la guerra que acabe con todas las guerras», y una propaganda masiva que retrataba a las potencias centrales y especialmente a la Alemania del káiser como una especie de monstruo infernal, cuyo único propósito era dominar el mundo. La misma publicidad olvidaba mencionar que Inglaterra tenía más soldados repartidos por ese mundo, en su todavía vigente Imperio británico, que el resto de las naciones implicadas juntas. Y, por supuesto, no decía nada acerca de que los alemanes habían demostrado ser serios competidores en los mercados internacionales hasta el punto de que uno de los planes estrella del vanidoso y ambicioso káiser Wilhelm era la construcción de un ferrocarril Berlín-Bagdad. A través de esta vía se impulsaría la importación y exportación de Europa a Oriente de muchos productos, entre ellos, los que los británicos monopolizaban hasta entonces gracias a su poderosa flota.

Uno de los puntos más trabajados de la propaganda fue el hundimiento del *Lusitania*, que la indignada prensa norteamericana describía como «un inocente barco de pasajeros y mercancías hundido vilmente en el Atlántico por los traicioneros submarinos del káiser cuando viajaba hacia Inglaterra».

La realidad es que este buque estaba registrado como crucero auxiliar de la Marina británica y el diario *New York Tribune* ya había publicado en 1913 que acababa de ser equipado con «armamento de alto poder». Cuando partió de Nueva York rumbo a su último viaje llevaba a bordo, además de a «los inocentes pasajeros», una carga registrada de «seis millones de libras de municiones», lo cual era ilegal, ya que existía un acuerdo internacional para no transportar al mismo tiempo material civil y militar, precisamente para evitar un incidente de este tipo. Aún más, días antes de zarpar, el gobierno alemán había publicado varios avisos en todos los diarios neoyorquinos recordando que Berlín y Londres estaban en guerra y eso incluía la guerra en el mar. Por eso advertía «muy seriamente» a los ciudadanos de otras nacionalidades que evitaran viajar en barcos como el *Lusitania*, al que citaba específicamente, so pena de convertirse en objetivo de los torpedos de sus submarinos.

Lo cierto es que la propaganda se impuso a la realidad y el «crimen de guerra» alemán acabó justificando las intenciones bélicas de Wilson e iniciando una nueva era de intervencionismo de Estados Unidos, que a partir de entonces no han cesado.

Al finalizar la primera guerra mundial, lord Ponsomby, uno de los miembros de la Cámara de los Lores, se dirigió al pueblo alemán durante una de las sesiones para presentarle oficialmente excusas por el hecho de que su gobierno hubiera «faltado repetidamente a la verdad» con sucesivas campañas de propaganda en las que se dijeron auténticas barbaridades sobre presuntos crímenes y atrocidades que jamás cometió el ejército alemán, pero que «fueron necesarias en aras del interés nacional». Lo mismo hizo, poco después, el secretario de Estado norteamericano, Robert Lansing.

En julio de 1939, semanas antes de comenzar la segunda guerra mundial, el propio Winston Churchill confirmó que si el gobierno estadounidense no hubiera llevado a su país a la guerra «habríamos logrado una paz rápida que además hubiera evitado el colapso que condujo a Rusia hacia el comunismo; tampoco se habría producido la caída del gobierno en Italia seguida del fascismo y el nazismo no habría ganado ascendencia en Alemania».

El sueño hecho realidad

La Revolución rusa no derribó al zarismo. Nicolás II había caído tiempo atrás, víctima de su propia debilidad e incompetencia. Los desastres militares rusos frente a las tropas alemanas, los graves desórdenes en San Petersburgo y la creciente sensación general de inseguridad política y social se sumaron a las presiones de Londres y París, que acabaron por hacer que el negligente y desorientado zar abdicarse en la primavera de 1917. El príncipe Lvov fue designado para instaurar un gobierno provisional que evitara el caos total. Lvov temía nuevas intentonas desestabilizadoras, como la fracasada Revolución roja de 1905, y además miraba con admiración el afianzamiento político, económico y social de Estados Unidos, por lo que se planteó transformar el imperio ruso en una república moderna como la norteamericana.

Careció del tiempo y los apoyos necesarios y, además, cometió el grave error de incluir en su gobierno a personajes intrigantes como Alexander Kerensky, una de cuyas medidas más significadas fue dictar una amplia amnistía general para los comunistas y revolucionarios encarcelados o exiliados. Se calcula que durante las siguientes semanas regresaron a Rusia en torno a doscientos cincuenta mil, entre ellos Vladimir Ilich Ulianov, *Lenin*, y su compañero de andanzas Léon Trotski, dos de los principales líderes intelectuales de la Revolución roja.

Lenin fue enviado a través de la Europa en guerra en un tren sellado y blindado, que llevaba entre cinco y seis millones de dólares en oro, necesarios para pagar una nueva intentona revolucionaria. Ese viaje había sido planeado y organizado por el alto mando alemán en connivencia con los Warburg. Según el proyecto de Max Warburg, si Lenin conseguía volver a entrar en su país y movilizar a sus partidarios, el éxito de su movimiento aceleraría la cada vez más cercana derrota de Rusia y su retirada definitiva del conflicto internacional. Los generales alemanes se mostraron de acuerdo, pues de este modo podrían desmovilizar el ejército que mantenían en el frente del este y trasladarlo al oeste, donde la reciente incorporación de Estados Unidos a las hostilidades había incrementado la presión por pura superioridad numérica. A sugerencia de los Warburg, el káiser no fue informado del plan, pese a ser el general en jefe de los ejércitos germanos. Se creía que nunca daría su visto bueno porque hubiera temido, con razón como luego se demostró, que el éxito de la revolución en el país vecino se extendiera hasta Alemania.

Juntos de nuevo en San Petersburgo, Lenin y Trotski aplicaron toda su inteligencia, su astucia y el dinero del tren a maquinar los planes que permitieran hacer realidad cuanto antes y de una vez por todas su sueño de «traspasar todo el poder a las masas proletarias». Aunque la verdad es que éstas nunca llegaron a disfrutar de él. La revolución de octubre de 1917 que permitió a los bolcheviques adueñarse de Rusia se gestó y desarrolló en su mayor parte en la ciudad de San Petersburgo, luego Petrogrado, con un puñado de hombres bien preparados y colocados en puestos clave. Firmada la paz con Alemania, los bolcheviques pasaron los años siguientes entregados a dos batallas: la primera, física: una guerra civil con los rusos blancos o partidarios del régimen anterior, a los que terminaron aniquilando o exiliando tras un encarnizado combate. Y la segunda, política, para que la nueva Unión de Repúblicas Socialistas Soviéticas resultante de su golpe de Estado fuera reconocida internacionalmente.

Tendremos un gobierno mundial, guste o
no guste. La única duda es saber si lo crea-
remos por la fuerza o con consentimiento.

PAUL WARBURG,
banquero norteamericano

Inversiones exóticas

Entre el 4 y el 11 de febrero de 1945, tres hombres se repartie-
ron el mundo en sendas zonas de influencia, aunque prometién-
dose apoyo mutuo para el control y equilibrio de cada uno de
los espacios.

El presidente norteamericano Franklin D. Roosevelt, el primer ministro británico Winston Churchill y el dictador soviético Josef Stalin se sentaron juntos en el balneario de Yalta y, además de hacerse una fotografía histórica, decidieron qué países
tendrían derecho a qué compensaciones y cuáles a qué castigos
ante el ya próximo final de la segunda guerra mundial. Las decisiones que se tomaron allí afectaron al porvenir del mundo entero durante decenios y, en muchos aspectos, aún siguen influyén-
dolo.

En el plano puramente político, había que resolver la cuestión de la realeza en Bélgica, el gobierno provisional de la República francesa, el futuro de Polonia, la guerra con Japón, la futura ocupación y partición de Alemania o la expansión de la
democracia en general en «los pueblos libres» en sustitución de
los regímenes hasta entonces más o menos autoritarios.

También se habló de dinero.

Se busca socio capitalista

Durante el tiempo en el que se gestó la Revolución rusa, en el mismo momento de su estallido y en el posterior desarrollo de los acontecimientos, los «banqueros internacionales» infiltrados por los Illuminati apoyaron con entusiasmo el proyecto de consolidación de la URSS. No fue sencillo ni barato, pero, con lo que había costado hacerse con un país de tan colosales dimensiones para experimentar en él la creación de la deseada antítesis, no era cuestión de escatimar recursos. Sobre todo porque, igual que sucedió durante la Revolución francesa con los campesinos de La Vendée, muchos rusos que en principio apoyaron la caída del zarismo se lo pensaron dos veces cuando comprobaron la arbitrariedad, el fanatismo e incluso el salvajismo con el que llegaron a comportarse los bolcheviques una vez instalados en el poder.

A finales de febrero de 1921, la tripulación del acorazado *Petropavlosk* emitió una resolución en la que incluía las reivindicaciones de los marineros, que se hacían extensivas a otros colectivos. Los principales puntos del programa eran: reelección de los sóviets, libertad de palabra y de prensa para los obreros, libertad de reunión, derecho a fundar sindicatos y derecho de los campesinos a trabajar la tierra como lo deseasen. Las peticiones no se podían considerar más de acuerdo con el programa teórico en nombre del cual se había hecho la revolución. Por eso a nadie le extrañó la unanimidad de la guarnición de Cronstadt para aprobar la propuesta, junto con la siguiente queja: «La clase obrera esperaba obtener su libertad [durante la revolución bolchevique de octubre de 1917, hacía ya casi tres años y medio] pero el resultado ha sido un mayor avasallamiento de la persona» por lo que «hoy es una evidencia que el Partido Comunista ruso no es el defensor de los trabajadores que dice ser, que los intereses de éstos le son ajenos y que una vez llegados al poder no piensan más que en conservarlo».

La reacción de los dirigentes encabezados por Lenin fue fulminante. Tras acusar a la guarnición de participar en una «conspiración de rusos blancos» enviaron a 50 000 soldados del nuevo Ejército Rojo creado por Trotski para aplastar la revuelta. Los escasos supervivientes de Cronstadt fueron fusilados o trasladados a los campos de concentración de Arkangelsk y Kholmogory. A partir de entonces, la palabra *gulag* o *campo de concentración soviético* se convirtió en una de las más temidas de Rusia. Periódicamente se aportan nuevos datos sobre las víctimas causadas por el nazismo, pero, como denuncia la obra de Martin Amis *Koba el Terrible* (Koba era uno de los alias de Josef Stalin), la complicidad intelectual de los partidos políticos occidentales próximos a las ideas marxistas ha ocultado durante muchos años las cifras de víctimas causadas por el comunismo, bastante más elevadas, especialmente durante la época estalinista. Ya en 1925, el dato oficial de fusilados en la URSS se aproximaba a los dos millones de personas, de las cuales el 75 % eran campesinos, obreros y soldados. Cuando Stalin falleció, el balance total de víctimas, incluidas las ocasionadas por las hambrunas deliberada y artificialmente planeadas por el gobierno de Moscú, superaba los 35 millones de muertos y, según algunas fuentes, llegaba incluso a los 55 millones: un verdadero genocidio del pueblo ruso.

Con semejante política, cuyas noticias de todas formas llegaban sólo de manera parcial hasta las sociedades occidentales, no es de extrañar que los escandalizados ciudadanos de éstas se negaran a apoyar al nuevo Estado surgido de la revolución e incluso presionaran para que sus gobiernos no lo reconocieran diplomáticamente. Este ambiente ayudó a impulsar la fuerte corriente conservadora que empezó a recorrer toda Europa y que contribuyó al ascenso del fascismo y el nazismo a principios de los años treinta. Un ambiente que justificaba plenamente obras como el primer cómic de un personaje que hizo famoso a su dibujante, el belga Georges Remi, más conocido como *Hergé*. En *Tintín en la URSS* describía parte de las atrocidades cometidas por los bolcheviques en un lenguaje tan asequible como el tebeo, el denominado «cine de los pobres».

En cualquier caso, la nueva Unión Soviética necesitaba de todo, y para comprar de todo es menester el dinero, que, en efecto, empezó a fluir de las manos del nuevo gobierno. Primero, para financiar un ejército potente con el que asegurar el control de la situación y, después, para todo lo demás. Pero ¿de dónde salía ese dinero? A pesar de las inmensas riquezas naturales de un país tan grande, el caos social y económico creado en Rusia tras el esfuerzo de la primera guerra mundial y el desmoronamiento del régimen zarista era de tal calibre que nada presagiaba que el nuevo gobierno pudiera consolidarse y prosperar.

Viejos conocidos

No obstante, prosperó y general ruso blanco y general Arséne de Goulevitch describió en *El Zarismo y la revolución* el origen del dinero que sirvió para ello: «Los principales proveedores de fondos de la revolución [...] eran ciertos círculos británicos y americanos que durante mucho tiempo prestaron su apoyo a la causa revolucionaria rusa.» Entre otros nombres, señalaba de manera específica el papel del banquero Jacob Schiff que «aunque sólo ha sido parcialmente revelado, ya no se puede considerar un secreto». En febrero de 1949, el diario *New York Journal American* recogía las impresiones de John Schiff, el nieto de Jacob, que afirmaba que su abuelo había invertido un total de veinte millones de dólares para que triunfara el bolchevismo en Rusia. El propio Jacob reconoció su «aporte financiero personal», cuya cuantía no reveló pero sí cuándo se produjo, en abril de 1917. Después, las entidades bancarias controladas por el mismo John Schiff financiarían el primer plan quinquenal de Stalin.

Con el tiempo se descubrió que J. P. Morgan y el clan Rockefeller habían invertido también en aquel insólito negocio, que, ideológicamente, no podía estar más en las antípodas de sus propias actividades. De Goulevitch también apuntaba a los británicos sir George Buchanan y lord Alfred Milner como inspiradores, en parte financieros, en parte teóricos, de la Revolución Soviética. Milner, el mismo que conocimos en la firma del Tratado de Versalles y al que se le atribuye un gasto de más de 21 millones de rublos en la causa revolucionaria, fue el fundador de otra sociedad secreta que examinaremos más adelante y que bautizó como La Mesa Redonda. Según el general ruso, en 1917 San Petersburgo «estaba lleno de ingleses», y no eran precisamente turistas.

En 1920, Lenin había fijado su Nueva Política Económica (curiosamente, el mismo nombre con el que el presidente norteamericano Richard Nixon definió la suya, basada en un mayor control de los precios y los salarios), y la Reserva Federal de Estados Unidos empezó a presionar al gobierno para que reconociera internacionalmente a la nueva URSS y se abriera al comercio con ella. Pero la sociedad norteamericana estaba igual de aterrorizada que la europea ante las noticias de la brutalidad con que actuaban los bolcheviques con su propia población y por tanto se mostró en contra de ese reconocimiento. En consecuencia, Washington se abstuvo de ayudar... oficialmente.

Las ayudas llegarían gracias a los esfuerzos de personas como Herbert Hoover, miembro del recientemente creado Council of Foreign Relations o CFR, que en un primer momento organizó la recolecta de fondos para comprar alimentos, que fueron enviados a Rusia en concepto de donaciones. En cuanto a la financiación monetaria pura y dura, ésta no tardó en realizarse a través de importantes banqueros como Frank Vanderlip, agente de Rockefeller y presidente del First National City Bank, que solía comparar a Lenin con George Washington. Otro de los agentes de Rockefeller, el publicista Ivy Lee, fue encargado de desarrollar una campaña publicitaria, explicando que los bolcheviques en realidad no eran más que «un puñado de incomprendidos idealistas», que debían ser ayudados «por el bien de toda la humanidad».

La «humanitaria» ayuda del clan Rockefeller le fue compensada con contratos como los que le permitieron adquirir para la Standard Oil de Nueva Jersey el 50 % de los campos petrolíferos rusos en el Cáucaso, que habían sido teóricamente nacionalizados. O ayudar a construir una refinería en 1927, que fue publicitada como «la primera inversión de Estados Unidos desde la revolución», para a continuación llegar a un acuerdo de distribución de petróleo soviético en los mercados europeos con un préstamo de 75 millones de dólares por medio. Éste lo concedió el Chase National Bank de los Rockefeller, que más tarde se fusionaría con el Manhattan Bank de los Warburg. Fue la misma entidad que promovería el establecimiento de la Cámara Rusoamericana, cuyo presidente fue Reeve Schley, también vicepresidente del Chase.

Detrás fueron muchas otras empresas: la General Electric, la Sinclair Gulf, la Guggenheim Exploration... Un informe del Departamento de Estado estadounidense indicaba que la banca Kuhn, Loeb & Company también actuó como financiero del primer plan quinquenal y, de hecho, según un informe firmado por el banquero y embajador estadounidense en Rusia, Averell Harriman, en junio de 1944, el mismo Stalin había reconocido que «cerca de dos tercios de la gran organización industrial de la URSS habían sido construidos con la ayuda o asistencia técnica de Estados Unidos».

La ayuda fue también bélica. El *New York Times* del 15 de febrero de 1920 reseña «la espectacular despedida» que la ciudad soviética de Vladivostok rindió a un contingente norteamericano que, entre 1917 y 1921, proporcionó la ayuda militar necesaria para que el régimen soviético pudiera «expandirse por Siberia». Los magnates del petróleo estadounidense estaban especialmente interesados por esa enorme y en general inhóspita extensión de terreno, debido a las grandes cantidades de crudo detectadas en las prospecciones. Más tarde, durante la segunda guerra mundial, la propaganda de Moscú glosó la «heroica producción de los trabajadores de sus fábricas» para construir sin descanso las armas que derrotarían al ejército alemán en el frente del este. Sin embargo, todos los informes facilitados por las distintas unidades militares alemanas, y en especial los de los observadores de la Luftwaffe o fuerzas aéreas, señalaban la «avasalladora presencia» de modelos norteamericanos con insignias soviéticas en la mayor parte del equipamiento de la URSS: bombarderos, cazas, camiones de transporte...

El flujo de ayudas impulsadas por la oligarquía estadounidense infiltrada por los Illuminati nunca se detuvo. Para evitar los problemas generados por la inexistencia de relaciones diplomáticas, éstas recorrían un circuito bien tortuoso, a través de las empresas controladas por Schiff y Warburg y con cuentas abiertas por intermediarios en distintas capitales europeas, como Copenhague o Estocolmo. En 1933, Washington reconoció por fin a la URSS como un Estado más.

Pese a los miedos generalizados al enfrentamiento nuclear o

simplemente convencional, que fueron atizados sin descanso por los medios de comunicación occidentales en la segunda mitad del siglo XX y que alimentaron la leyenda de la guerra fría, lo cierto es que las señales de entendimiento entre Washington y Moscú fueron *in crescendo* tras la segunda guerra mundial. ¿Tiene sentido que si Estados Unidos aspiraban a derribar realmente el régimen comunista, se dedicaran a vender al gobierno soviético a un precio excepcionalmente bajo el grano que necesitaba para alimentar a su hambrienta población en los años en los que las cosechas de cereales fueron muy malas? ¿O que la publicitada «carrera espacial» fuera en realidad, y durante muchos decenios, una estrecha colaboración entre la astronáutica norteamericana y la rusa, con multitud de misiones conjuntas incluso a bordo de la MIR, y ello teniendo en cuenta que los astronautas de ambos países, hasta muy recientemente, eran todos militares?

Recurrimos de nuevo al *New York Times* para ilustrar un ejemplo del constante apoyo de la industria y la economía de las grandes empresas estadounidenses. En 1967, el diario publicó una noticia en la que se confirmaban las intenciones de la International Basic Economy Corporation (IBEC) y la Tower International Inc. de impulsar diversos planes para promover el comercio entre Estados Unidos y «los países del otro lado del llamado Telón de Acero, incluyendo a la URSS». Richard Aldrich, uno de los miembros del clan Rockefeller, era el hombre fuerte de la IBEC, mientras que la Tower estaba controlada por Cyrus Eaton junior, hijo del banquero del mismo nombre, que inició su carrera precisamente como secretario de John D. Rockefeller. En 1969, los londinenses N. M. Rothschild e Hijos entraron en la misma sociedad. El mismo diario neoyorquino publicó después que una de las consecuencias de esas gestiones fue la firma de un acuerdo para suministrar todo tipo de patentes norteamericanas a la industria soviética. No es de extrañar que el abogado Anthony Sutton, de la Universidad de Stanford, pudiera elaborar una obra de tres tomos, sólo con los documentos facilitados por el Departamento de Estado, en la que demostraba «la falsedad de la leyenda de los ingeniosos inventores soviéticos», ya que la casi totalidad de sus adelantos tecnológicos habían sido adquiridos por directa concesión occidental y posteriormente rebautizados como originales en la URSS.

Detalles como éstos explican cómo y por qué un magnate como David Rockefeller pudo irse pública y oficialmente «de vacaciones» a la Unión Soviética en octubre de 1964, habiendo en el mundo tantos otros paraísos realmente atractivos para un millonario capitalista.

Finalmente, una serie de informes desclasificados por el FBI y el Departamento de Estado estadounidense, apoyados por un documento del Kremlin filtrado tras la caída de la URSS confirman que uno de los magnates que financió desde el primer momento la revolución soviética fue Armand Hammer. No deja de llamar la atención que Albert Gore senior, padre del político del mismo nombre que fue vicepresidente de Estados Unidos con Bill Clinton y que perdió luego las elecciones presidenciales ante George Bush junior, tras el polémico recuento electoral en Florida, trabajó buena parte de su vida para Hammer. O que el propio Gore junior paralizara, desde su puesto de la Comisión de Relaciones Exteriores en el Senado, varias investigaciones federales que pretendían aclarar todas las relaciones entre Hammer y el gobierno soviético.

> ¿Qué es lo más difícil de todo? Lo que parece más sencillo: ver con nuestros ojos lo que hay delante de ellos.
>
> GOETHE,
> filósofo y escritor alemán

Alemania, año cero

Durante su aparente retiro en Gotha tras el desmantelamiento formal de los Iluminados de Baviera, Adam Weishaupt tuvo tiempo de sobra para saborear los resultados de sus planes revolucionarios. En especial, dos de ellos: la decidida actuación de su amigo Robespierre, que se había encargado de hacer cortar la cabeza del rey Luis XVI, y la posterior autocoronación de uno de sus protegidos, Napoleón Bonaparte, que se había permitido el lujo de desvalijar los archivos del papado, entre otras hazañas.

Cierto es que no todo había salido de acuerdo con lo previsto. La reacción de las monarquías absolutistas había permitido la restauración del Antiguo Régimen, que ahora estaba prevenido ante la existencia de un nuevo poder secreto dispuesto a aniquilarlos, y empezaba a organizarse en serio contra él, a raíz del Congreso de Viena de 1814.

Por lo tanto sería necesario actuar con mayor cautela y eficacia respecto a los planes futuros, y ampliar el campo de acción. A pesar del regreso de la monarquía, Francia estaba ya minada y no aguantaría un nuevo golpe para devolverla a la república en el momento adecuado.

Ahora se imponía apoderarse del otro lado del Rin. Había llegado el turno de los reinos alemanes.

La Unión Germana

Si existe un país europeo en constante construcción y descons-
trucción a lo largo de la historia de Europa, ése es Alemania, que
toma su nombre en español de la vieja tribu de los alamanes, aunque lo cierto es que éste sólo fue uno de los muchos grupos humanos que lo poblaron. Si repasamos un atlas histórico, veremos
que las movedizas fronteras germanas se han extendido o com-
primido como un auténtico acordeón de siglo en siglo. Sin ir
más lejos, lo que hoy llamamos la República Federal de Alemania, pese al pomposamente denominado proceso de reunificación,
impulsado tras la caída del muro de Berlín a finales del siglo XX,
está francamente reducida de tamaño respecto a la Alemania del
Tercer Reich previa a la segunda guerra mundial. Además, el actual modelo político, de corte federal, está basado en el modelo
medieval de coexistencia entre diversos reinos, como Baviera o
Hesse, y auténticas ciudades-Estado, como Hamburgo o Bremen.

Esta breve reflexión quizá nos ayude a comprender la an-
gustia existencial de los patriotas alemanes, que, sin necesidad
de pertenecer a los Illuminati, suspiraron a lo largo de los siglos
por la posibilidad de edificar una nación unida y centralizada siguiendo los modelos de países políticamente más «maduros», como
España, Francia o el justamente llamado Reino Unido. Y por qué,
una vez recibido el·conveniente impulso, así como la orientación adecuada del grupo de Weishaupt, empezó a desarrollarse
con fuerza, igual que sucedió en Italia, el concepto y la necesidad de la unificación.

En 1785, en plena debacle oficial de los Illuminati, uno de
sus miembros no descubierto por las autoridades, el profesor de
la Universidad de Leipzig Charles Frederick Bahrdt, recibió una
carta firmada con una escueta dedicatoria: «De parte de unos masones, grandes admiradores suyos.» En su interior figuraban los
planes para desarrollar un grupo que apoyara con éxito una futura unión germana, el gran sueño de los nobles y políticos que
aspiraban a la construcción de un Estado alemán moderno. Bahrdt,
que había hecho propaganda religiosa para Adam Weishaupt y

conocía perfectamente los planes de su grupo para promocionar la progresiva unión de los pueblos europeos, se dedicó al nuevo proyecto con energía, reclutando para sus filas a muchos de los supervivientes de los Iluminados de Baviera que habían conseguido escapar de la persecución oficial. De sus contactos con la masonería inglesa y de sus propios esfuerzos —según algunos autores, de los esfuerzos del propio Weishaupt, que sería en realidad el encargado de dirigir esta iniciativa, aunque Bahrdt apareciera como responsable— nació una sociedad llamada precisamente Unión Germana, que adoptó la forma externa de un club literario y de discusión.

Pronto, nacieron clubes de la Unión Germana en diversas ciudades. Uno de ellos en Landshut, en la mismísima casa de Von Zwack, uno de los antiguos lugartenientes de Weishaupt. Estos locales funcionaban como asociaciones de acceso limitado y también como librerías con suscriptores, que distribuían preferentemente un tipo de literatura próximo a los ideales de los Illuminati. Ésa era la tapadera, porque internamente los sucesivos clubes que fueron apareciendo no eran más que tentáculos del primero que, aún dirigido por Bahrdt, fue estructurado jerárquicamente por Von Knigge, otro de los hombres fuertes de Weishaupt.

Este círculo interno, bautizado como La Hermandad o La Sociedad de los 22, estaba compuesto por el mismo Bahrdt y un puñado de amigos, probablemente Illuminati y/o masones, además de al menos quince jóvenes idealistas. Todos ellos se ordenaban de acuerdo a seis grados que comenzaban en el adolescente y terminaban en el superior.

Asentado el proyecto, Bahrdt redactó un panfleto titulado *A Todos los Amigos de la Razón, la Verdad y la Virtud*, en el que anunciaba que uno de los propósitos de la Unión Germana era «iluminar» a los ciudadanos a fin de promover una religión «sin prejuicios populares» y en la que «la superstición sea arrancada de la raíz, restaurando así la libertad de la humanidad». Con más lentitud de la deseada, la iniciativa fue creciendo hasta tal punto que en 1788, el rey de Prusia Frederick Wilhelm, preocupado por las consecuencias que pudiera traer semejante semillero ideológico y quizá intuyendo los sucesos revolucionarios que se estaban preparando en Francia, ordenó a su ministro Johann Christian von Wollner que escribiera un panfleto opuesto a sus fines, llamado *Edicto de Religión*. En cuanto éste llegó a sus manos, Bahrdt redactó una nueva publicación satírica con el mismo título.

Sin embargo, la Unión Germana ya no engañaba al que tuviera ojos para ver. Al año siguiente, un librero llamado Goschen también publicó su propio panfleto, revelando que «la Unión Germana de los 22» no era otra cosa que «una nueva sociedad secreta para el bienestar de la humanidad» y una mera «continuación de los Illuminati». Poco después estallaba la Revolución francesa y, tras conocerse su impacto en Francia, los dirigentes políticos del resto de Europa desataron una nueva ola de represión contra las organizaciones secretas.

Bahrdt dejó el grupo y abrió una taberna (lugar habitual de reunión de las logias masónicas) con el nombre de El reposo de Bahrdt. Murió en 1793, y poco después se extinguió formalmente la Unión Germana, aunque no sin conseguir uno de sus propósitos: el de sembrar una profunda inquietud entre determinados estratos de la sociedad pre-nacional alemana, que durante mucho tiempo actuó como caldo de cultivo del que finalmente surgió un proceso de unificación política muy influido por el misticismo y cierto sentido de predestinación divina.

La OTO de Theodor Reuss y Aleister Crowley

Pertenecer a una sociedad secreta era casi un imperativo social en la mayor parte de Europa entre los siglos XIX y XX. Sectas, organizaciones y grupúsculos de todo tipo proliferaban por doquier y calaban en todas las clases sociales e incluso en el interior de la Iglesia católica. Muchos de estos grupos estaban animados por ideas políticas y revolucionarias y se organizaban de acuerdo con los modelos masónicos heredados de los siglos anteriores. Otros iban a la búsqueda de un misticismo libertario, a menudo de carácter orientalista o teosófico, o bien se dejaban influir por las doctrinas espiritistas. Incluso los más racionalistas se interesaban por este tipo de actividades, cautivados por la novedad y también por la posibilidad de explorar «de una manera científica» los misterios del más allá.

En aquella época resultaba muy difícil encontrar a una persona desinteresada en esas materias. Se puede decir que los Illuminati nunca habían estado más a sus anchas, protegidos por el entorno social. Tal vez por ello decidieron volver a presentarse en sociedad, aunque esta vez con un nuevo nombre. Esto es lo que afirman todos los especialistas al señalar a la OTO, Ordo Templi Orientis, la Orden del Templo del Oriente, como la heredera de los de Baviera. En el fondo, el apelativo no era tan distinto, porque la logia masónica donde había actuado Adam Weishaupt se llamaba Estricta Observancia Templaria.

El fundador oficial de la OTO fue el químico austríaco Karl Kellner, quien, siguiendo la costumbre Illuminati, tomó un nombre simbólico latino, *Frater Renatus*. No obstante, el alma verdadera del grupo y su dirigente máximo a partir del fallecimiento de Kellner en 1905 fue Theodor Reuss, *Frater Peregrinus*, bajo cuya dirección se redactó la constitución de la orden. Ambos contaron desde el principio con el apoyo directo del doctor Franz Hartmann.

La nueva organización había surgido a partir de los llamados Ritos de Memfis-Misraïm, del británico John Yarker, que tenía diversos contactos con la Societas Rosicruciana in Anglia o Sociedad Rosacruz de Anglia (Inglaterra), uno de los muchos grupos de supuesta herencia rosacruz que proliferaron en la época, pero que nada tenían que ver en realidad con los verdaderos miembros de esa antigua sociedad. Yarker fue quien dio el visto bueno definitivo a la fundación de una nueva logia alemana practicante del ceremonial, tras recibir la solicitud de Kellner, Reuss y Hartmann.

Reuss fue el encargado de instaurar ritualmente en 1902 el a partir de entonces Soberano Santuario de Memfis-Misraïm y, tras la muerte de Yarker en 1913, también asumió el cargo de Cabeza Internacional del Rito. Según la historia oficial de la OTO difundida por sus propios miembros a través de su revista *Oriflamma*, su orden poseía «la llave que abre todos los secretos tanto masónicos como herméticos; esto es, la enseñanza de la magia sexual, que hace comprensibles todos los secretos de la naturaleza, todo el simbolismo de la francmasonería y de todos los sistemas religiosos». La magia sexual o tantrismo decían haberla aprendido de tres adeptos orientales: el faquir árabe Solimán ben Haifa y los yoguis hindúes Bhima Sen Pratap y Sri Mahatma Aganya Guru Paramahamsa. Existieran o no estos místicos, la oferta de sexualidad combinada con poder y un cierto aroma oriental supuso un poderoso reclamo en la encorsetada sociedad europea del momento, sobre todo en los países anglosajones, agarrotados por una moral puritana rayana en la paranoia, y la OTO se extendió con rapidez y no sólo en Alemania.

En 1910, el célebre Aleister Crowley ingresó con el nombre de Frater Bafomet, lo que supuso una importantísima incorporación para el grupo. Edward Alexander Crowley está considerado como uno de los principales brujos del siglo XX e incluso ha sido calificado como «padre del satanismo contemporáneo». Iniciado primeramente en la Golden Dawn Order (Orden de la Aurora Dorada), uno de los referentes clásicos del ocultismo británico, estudió Cábala, magia y yoga mientras viajaba por Europa y Oriente Próximo hasta desarrollar su propio sistema basado en la sentencia, un tanto anarquista y en principio poco espiritual, de «Haz lo que quieras». Según sus propias confesiones, su filosofía le había sido dictada por entidades superiores como Aiwass, un espíritu que, decía, se le había aparecido en El Cairo. Su obra más famosa se llama precisamente *El libro de la ley*, donde aparecían versos como «gracias a mi cabeza de halcón, pico los ojos de Jesús mientras pende de la cruz. Bato mis alas ante el rostro de Mahoma y lo dejó ciego. Con mis garras arranco la carne del hindú, del budista, del mongol y de todo aquel que salmodia oraciones». En los años veinte, Crowley fundó en Italia la Orden de Thelema, una sociedad de tintes satanistas, cuyos sucesivos escándalos le llevaron a la expulsión del país. En el Reino Unido, donde se le acusó de drogadicto, alcohólico, bisexual y adorador del diablo, era conocido como la Bestia, 666, el hombre más perverso del mundo y otros apodos similares. Crowley ha sido una referencia constante en determinados ambientes de la contracultura anglosajona contemporánea. Por ejemplo, en el ámbito musical, donde los Beatles, Rolling Stones, Ozzy Osbourne o Daryl Hall han reivindicado su figura y/o su mensaje a través de sus canciones.

En la época que nos ocupa, sólo dos años después de su ingreso, Crowley asumió la jefatura de la rama inglesa, rebautizada para el caso como Mysteria Mystica Maxima (Máximos Misterios Místicos). El relato de cómo lo consiguió resulta, por otra parte, especialmente llamativo. Poeta y filósofo, había publicado ya varios libros cuando una noche de 1912 recibió la visita indignada del propio Reuss, que se presentó en su casa londinense sin aviso previo acusándole de haber publicado alegremente el secreto más exclusivo de la orden, el del grado noveno. El británico negó esa acusación porque, recordó, ni había llegado a tal puesto de la jerarquía, ni conocía cuál era el susodicho secreto. Entonces, el jefe máximo de la OTO tomó un pequeño libro de uno de los estantes de la biblioteca, *Liber 333*. *El libro de las mentiras*, escrito por el propio Crowley, y en el capítulo 36, «con un índice amenazador» según relata el protagonista, «señaló la frase que decía "bebed del Sacramento y pasáoslo los unos a los otros"». Este sacramento, según él mismo reconocería después, no era otra cosa que el semen vertido por el mago en la vagina de la sacerdotisa durante determinado ritual mágico, que después era recogido de los genitales femeninos y consumido por los asistentes. Se suponía que Crowley no podía estar enterado de ello, e insistió en que nadie humano se lo había revelado, sino que se trataba de una inspiración llegada desde un plano más elevado.

Tras una intensa pero corta discusión, los dos adeptos creyeron reconocer la intervención de una mano sobrehumana en este asunto y descubrieron que tenían muchas cosas en común. Theodor Reuss debió de quedar impresionado por los conocimientos y las capacidades de Aleister Crowley, porque, cuando abandonó finalmente la casa, lo hizo con la promesa de entronizarlo en un futuro viaje a Berlín como Rey supremo y santo de Irlanda, de Iona y de todas las Bretañas que se encuentran dentro del santuario de la Gnosis. Y cumplió su promesa.

Aleister Crowley fue jefe de la orden a partir de 1921, con lo que el ciclo se cerraba: el ritual había partido de Inglaterra hacia Alemania y ahora regresaba a Inglaterra, eso sí, habiendo reactivado en tierras germanas los planes Illuminati. La rama alemana quedó entonces en manos de Karl Germer o *Frater Saturnus*, quien se estableció en Munich para impulsar desde allí la *Pansofía* (Sabiduría Total) y se dedicó a editar los libros del británico, así como a expandir sus ideas. En 1935, con el Partido Nacionalsocialista ya en el poder, Germer fue detenido y conducido a un campo de concentración. Los nazis habían prohibido poco antes todas las organizaciones de carácter masónico, templario y demás variantes conocidas. Sin embargo, tuvo suerte: después de diversas peripecias, consiguió salir del país y embarcar para Estados Unidos donde restableció la orden en California y, tras la muerte de Crowley en 1947, asumió el mando de la sociedad, ya reunificada. En seguida se dio cuenta de que el cargo le venía grande e intentó traspasarlo a Kenneth Grant, uno de los discípulos favoritos de Crowley, pero Grant prefirió fundar su propia organización, la Logia Nu-Isis de Londres, y seguir su propio camino. Tras la muerte de Germer, la OTO pasó a manos del brasileño Marcelo Ramos Motta, *Frater Parzival*, y, tras el fallecimiento de éste, a las del norteamericano David Bersson, *Frater Sphynx*.

En nuestros días, la OTO sigue viva, pero dividida en dos. Por un lado, la rama americana dirigida por Bersson y, por otro, la española fundada por Gabriel López de Rojas, *Frater Prometeo*, que, entre otros títulos masónicos, afirma ostentar el grado 33 del rito escocés antiguo y aceptado de la logia Albert Pike para «miembros de la orden Illuminati y masones catalanes». López de Rojas asegura que a finales del año 2000 recibió «la orden de los superiores desconocidos de la orden Illuminati de reestructurar la única OTO heredera de la de Aleister Crowley por su condición de gran maestre de la orden Illuminati». En febrero de 2001, y «tras contactar con los Illuminati de Estados Unidos», López de Rojas refundó la sociedad en Barcelona. Según la información facilitada por su propia organización, uno de cuyos eslóganes reza «Homo est deus» (El hombre es Dios), los Illuminati han sido víctimas de una campaña de «falsas acusaciones y alarmismo social», con el propósito de «ser exterminados».

> Trescientos hombres, cada uno de los cuales conoce a los demás, deciden los destinos del mundo y eligen a sus sucesores
>
> WALTER RATHENAU,
> político alemán

H de Hitler

En un almanaque astrológico publicado a principios de 1923, Elisabeth Ebertin incluyó sus predicciones para el futuro en las que indicaba sus pronósticos políticos para varios países europeos. En el caso de Alemania, la astróloga vaticinaba que «un hombre de acción nacido el 20 de abril de 1889, con el Sol en el grado 29 de Aries en el momento de su nacimiento puede exponerse a un peligro personal por una acción demasiado apresurada y podría muy probablemente desencadenar una crisis incontrolable. Sus constelaciones muestran que hay que tomar muy en serio a este hombre. Está destinado a desempeñar el papel de caudillo en futuras batallas. [...] El hombre en el que pienso está destinado a sacrificarse por la nación alemana».

Ese mismo año de 1923, un joven Adolf Hitler nacido el 20 de abril de 1889 encabezaba el llamado Putsch de la Cervecería, porque fue gestado en una de las populares tabernas muniquesas, destinado a tomar el poder en Baviera.

Ese asalto violento al poder fracasó y lo llevó a la cárcel, donde escribió su famoso *Mein Kampf,* pero lo hizo famoso y sobre todo representó el primer jalón de una carrera irresistible que le inmortalizaría como uno de los hombres más poderosos, y también más odiados, del convulso siglo XX.

El hombre predestinado

Han pasado sesenta años de la caída del Tercer Reich y de la desaparición de su máximo dirigente y, sin embargo, aún es tarea inútil buscar en las librerías un texto que trate de manera desapasionada la enigmática figura de Hitler. Incluso sus biógrafos más racionalistas le describen a menudo como una auténtica encarnación del Mal, cuya inhumanidad intrínseca está fuera de toda duda, hasta el punto de que una reciente película de producción alemana sobre sus últimos días en el búnker de Berlín tuvo serios problemas a la hora de encontrar un actor adecuado para interpretar el papel del Führer porque nadie se atrevía a hacerlo. Los escasos libros elogiosos sobre su persona, que los hay, aunque sean de distribución muy reducida, resultan igualmente poco fiables porque pertenecen al entorno más extremo de la ultraderecha europea y, más que profundizar en su personalidad, suelen limitarse a negar los ataques del resto de obras sobre el tema.

Sin embargo, Hitler no es un personaje tan diferente a tantos otros conquistadores que han desencadenado guerras o matanzas de gran calibre, algunos de los cuales no han sido demonizados hasta este extremo. Ni siquiera es el último. El gobierno de Estados Unidos aniquiló a la práctica totalidad de nativos indios (y condenó a los supervivientes a la pobreza y el alcoholismo dentro de grandes campos de concentración eufemísticamente llamados reservas indias) durante la denominada conquista del oeste, y el dictador soviético Josef Stalin ordenó durante su mandato la muerte (no sólo en los *gulags*) de muchos más millones de personas en tiempos de paz oficial de las que perecieron en toda la segunda guerra mundial. Eso, por no retrotraernos a las salvajes masacres de siglos precedentes, donde quizá no murieran tantas personas como en el período comprendido entre 1939 y 1945 (no hubo tanta pérdida *cuantitativa*, entre otras cosas porque no había tanta población en el mundo), pero sí desaparecieron pueblos enteros en verdaderos genocidios programados (se produjo así una mayor pérdida *cualitativa*).

Incluso en lo referente a la persecución de los judíos, una de las principales razones esgrimidas para describir la satánica filiación hitleriana, el Tercer Reich en realidad tampoco aportó nada nuevo, por más que se recurra a tan fáciles como dramáticas metáforas del estilo de «Hitler industrializó el horror». No hay más que estudiar la sistemática persecución y expulsión de los judíos de los reinos medievales, la actuación de la Inquisición o los *pogromos* de los países eslavos. El historiador César Vidal lo demuestra en sus *Textos para la historia del pueblo judío*, donde recoge fragmentos escritos del pensamiento antijudío en diversas épocas históricas. Desde el historiador latino Tácito, «odian a todos los que no son de los suyos como si fueran enemigos mortales y [...] son gente muy dada a la deshonestidad», hasta el socialista francés Jean Pierre Proudhon, «el judío es antiproductivo por naturaleza [...] intermediario siempre fraudulento y parasitario, que se vale del engaño, la falsificación y la intriga», pasando por el escritor medieval Chaucer, «el niño [...] fue agarrado por el judío [...] que le cortó la garganta. [...] ¡Maldita nación, Herodes redivivos!», o el industrial norteamericano Henry Ford, «el único trato inhumano que los judíos sufren en este país proviene de su propia raza, de sus agentes y amos, pero [...] esto ellos lo ven como negocio y viven con la esperanza de un día poder hacer lo mismo».

Vidal aporta además textos musulmanes, para que quede claro que la inquina no es un asunto exclusivamente europeo, como refleja la Carta Nacional Palestina, «El sionismo [...] es fascista y nazi en sus medios de acción», o el mismo Corán, «Si Allah no hubiera decretado su expulsión, los habría castigado en esta vida. Pese a todo, en la otra vida padecerán el castigo del fuego, por haberse apartado de Allah y de su enviado».

Los mismos intelectuales judíos se han quejado en los últimos años de la, a su juicio, «frivolización» con la que el cine, la literatura y el periodismo han tratado la *Shoah*. Así, el rabino Arnold Jacob Wolf, director de la Fundación Académica Hillel de la Universidad de Yale, dijo públicamente: «Me da la impresión de que en lugar de dar clases sobre el Holocausto lo que se hace es venderlo.» Y el escritor judío Norman G. Filkenstein, cuyos padres lograron sobrevivir a los campos de concentración de Auschwitz y Majdanek, asegura en *La industria del Holocausto* que «hay que establecer distinciones históricas, de eso no cabe duda, pero crear distinciones morales entre "nuestro" sufrimiento [el de los judíos] y "su" sufrimiento [el del resto de la humanidad] es una parodia moral. Como señaló Platón: "no se puede comparar a dos pueblos desgraciados y decir que uno es más feliz que otro"».

Además, existe la curiosa teoría del posible origen judío de Hitler. Según ésta, el servicio secreto alemán se apoderó durante el Anschluss, la anexión de Austria, de una documentación elaborada por el antiguo canciller austríaco Engelbert Dollfuss, según la cual, en 1836 Salomon Mayer Rothschild, entonces residente en Viena, tomó a su servicio a una joven doncella de provincias llamada María Anna Schicklgruber. El banquero, de origen judío, sedujo a la muchacha, quien por las mañanas le hacía la cama y por las noches se la deshacía. Con tanto trasiego, Maria Anna se quedó embarazada y al descubrirse su estado fue devuelta a Spital, su localidad natal, donde se arregló un matrimonio de conveniencia con Johan Georg Hiedler. En 1837 nació el pequeño Alois, que jamás fue reconocido por Hiedler. Así que durante cuarenta años llevó el apellido de su madre hasta que decidió cambiárselo por el de Hiedler o Hitler. Este Alois Hitler, a su vez, tuvo varios hijos. Entre ellos, Adolf. Nunca han aparecido los documentos que probarían los hechos, pero se dice que cuando el Führer tuvo conocimiento de su existencia ordenó una investigación profunda sobre su linaje paterno para comprobarlo y, si era necesario, borrar todas las pistas.

El asunto de la persecución de los judíos resulta en todo caso especialmente doloroso y delicado de tratar. Sobre él, como sobre otros muchos temas citados por fuerza muy someramente en esta obra, se podrían publicar auténticas enciclopedias. Pero no es ése nuestro objetivo. Sólo estamos preguntándonos por qué Hitler suscita tantas emociones, todavía hoy. Muchos autores opinan que eso es debido a su relación con los Illuminati.

La teoría tiene dos vertientes. Según una de sus interpretaciones, Adolf Hitler fue una simple marioneta en manos de la organización. Fue apoyado, primero, tanto en lo político como en lo financiero en su escalada hacia el poder, y aconsejado después, precisamente para actuar como lo hizo y desencadenar el segundo conflicto planteado en la correspondencia entre Pike y Mazzini. Desde este punto de vista, la persecución contra los judíos estaba también prediseñada a fin de utilizarla posteriormente para la creación del anhelado Estado de Israel. Después, los Illuminati le dejaron caer como hicieron con Napoleón (cuya campaña en Rusia tanto se parece a la del propio Hitler), apoyando a la coalición internacional que le derrotó.

Según la otra versión de la teoría, la sociedad secreta aupó a Hitler hasta la cancillería, pero, una vez allí, fue éste quien decidió independizarse y seguir su propio camino. O tal vez pensaba hacerlo desde el principio y consiguió engañar a los herederos de Weishaupt para aprovecharse de sus recursos y llegar lo más lejos posible antes de que descubriesen sus verdaderas intenciones. Para ello se blindó con su propia organización secreta y armada, las SS dirigidas por Heinrich Himmler. Eso habría explicado, entre otras cosas, el hecho de que decidiera mantener la guerra hasta el final, prefiriendo la destrucción de Alemania y su propia autoinmolación antes que caer en manos de sus antiguos patrocinadores, que, al no poder vengarse personalmente, optaron por satanizar su imagen pública por los siglos de los siglos. De esta manera, además, los Illuminati advertían a todos los futuros colaboradores de sus planes sobre el destino que les aguardaba si algún día también se les ocurría traicionarlos.

¿Resulta demasiado increíble? La propia personalidad de Hitler, por lo que sabemos, era en sí bastante increíble, como increíbles resultan muchos hechos de su vida y su propia e imparable transformación desde un desconocido agitador de provincias durante la posguerra hasta el Führer del Imperio de los Mil Años. Los historiadores «rigurosos» han prestado mucha atención a sus antecedentes familiares, su experiencia política, sus decisiones militares... pero rehúyen constantemente los aspectos más inverosímiles de su existencia, pese a que éstos existen y están bien documentados.

August Kubizek, uno de los escasos amigos de juventud de Hitler, relató la etapa vienesa de ambos, en la que el futuro caudillo alemán malvivía como un artista callejero más, vendiendo sus propias acuarelas y leyendo todos los textos de mitología, orientalismo, sociedades secretas y otros temas similares. Probablemente de aquella época data su decisión de hacerse vegetariano, abstemio y no fumador, lo que mantuvo hasta el final de sus días. Kubizek cuenta que ambos eran muy aficionados a la ópera y especialmente a las obras de Richard Wagner, el adalid musical del nacionalismo alemán. En el verano de 1906 acudieron al teatro de la Ópera de la capital austríaca para disfrutar de su *Rienzi*, en cinco actos.

Esta obra se basa en la novela homónima del británico George Bulwer Lytton, directamente relacionado con círculos de influencia rosacruciana y autor de una de las mejores novelas jamás publicadas sobre el tema, *Zanoni*, así como de otro clásico de la literatura ocultista de su época, *La raza que vendrá*, en la que aparece una estirpe de hombres subterráneos que disponen de una poderosa energía llamada Vril. *Rienzi, el último de los tribunos romanos* cuenta la trágica historia de un patriota italiano del siglo XIV que falleció en el Capitolio devorado por las llamas. Su argumento rebosa de luchas por el poder, ambiciones personales, populachos enardecidos y otros sucesos muy de moda en las producciones del momento. De hecho, el propio Wagner consiguió la fama con el estreno en Dresden de su versión, que la crítica calificó como «de estilo parisino y descendiente directa de las óperas espectáculo de tema histórico».

Kubizek y Hitler disfrutaron de la ópera, quizá en exceso, porque según las propias palabras del primero, cuando salieron a la calle su amigo empezó a comportarse de un modo «extraordinario» pues «nunca había visto así a Adolf, parecía estar literalmente en trance». Lo cierto es que tuvo que correr tras él y zarandearle, porque de pronto había empezado a caminar a buen paso en dirección opuesta a la residencia donde se alojaban. «Cuando volvió en sí, aunque con una mirada enfebrecida y llena de excitación», Hitler empezó a balbucear algo acerca de una extraña «misión que los seres humanos normales no comprenderían», a la que tendría que dedicar su vida porque así se lo habían encargado «los Poderes Superiores» que se le habían manifestado a través de la música de Wagner. Más de treinta años después, el entonces Führer tuvo ocasión de visitar en la localidad de Bayreuth la mansión de los Wagner y explicar a la viuda del compositor, Winifred, los detalles de esa experiencia, que para él había sido tan importante. Tanto, que llegó a confesar: «En aquella hora nació el nacionalsocialismo.»

Los banqueros, Thule y el Vril

Diversos libros explican las misteriosas anécdotas que salpican la trayectoria vital de Hitler. Sería laborioso resumir todas ellas ahora, así que nos limitaremos a mencionar algunas por encima:

a)   Su nacimiento en el pueblo austríaco de Braunau am Inn, próximo a la frontera con Baviera, y considerado tradicionalmente un centro de médiums y videntes.

b)   Sus primeros encuentros con la esvástica, esculpida por doquier en la abadía benedictina de Lambach, donde había ingresado en el coro de seminaristas con la intención de hacerse sacerdote y por donde pasó el monje cisterciense Adolf Lang, que poco después fundó en Viena la Orden del Nuevo Temple. Y su obsesión permanente por los libros de ocultismo, magia, reencarnación y espiritualidad, y su relación constante con personas movidas por los mismos intereses.

c)   Su intuición para prever el peligro que, durante una cena con sus compañeros en una trinchera de la primera guerra mundial, le hizo levantarse sin saber por qué y «apenas lo había hecho [...] estalló un obús perdido en medio del grupo donde había estado sentado unos minutos antes. Todos murieron».

d)   Su capacidad magnética para fascinar e hipnotizar no sólo a las masas, sino individualmente, además de su afán personal por comenzar la conquista política de Alemania justo en Baviera.

e)   Su afán por apoderarse de diversos objetos arqueológicos como la llamada Lanza del Destino, perteneciente a las joyas imperiales de los Habsburgo que se guardaban en el Hofburg de Viena y cuya incautación fue una de las primeras misiones de las SS tras producirse el Anschluss o anexión de Austria.

f)   Sus extravagantes comentarios, como el que hizo a un sorprendido Hermann Rauschning, jefe nazi del gobierno de Danzig: «Si cree usted que nuestro movimiento se reduce sólo a un partido político, ¡es que no ha entendido nada!» O el que su séquito pudo escuchar durante el homenaje que rindió a Napoleón ante su tumba en Los Inválidos tras la rendición de Francia: «Una estrella protege París.» Padecía, además, extrañas visiones que le hacían caer en estados de trance o en crisis nerviosas, que según los testigos le llevaban a despertarse por la noche «lanzando gritos convulsivos», «miraba a su alrededor con aire extraviado y gemía: "¡Es él, es él, ha venido aquí!" [...] Pronunciaba números sin sentido, palabras muy extrañas y trozos de frases inconexas [...] aunque no había ocurrido nada extraordinario».

g) Su apoyo a las más extrañas misiones de exploración, incluyendo el envío de tropas de montaña a coronar el monte Elbruz en el Cáucaso o a entablar contacto con las «autoridades espirituales» del Tibet. En este sentido, también su obsesión por conquistar Stalingrado, ciudad «construida sobre la antigua capital de los arios», en lugar de concentrar sus fuerzas en la más lógica conquista de Moscú.

h) Sus extraños compañeros de viaje al final del camino: un grupo de tibetanos vestidos con uniformes de las SS desprovistos de insignias que se suicidaron en el interior del búnker del Reichstag en 1945.

Hitler había participado como soldado raso en la primera guerra mundial, encuadrado en el Primer Regimiento de Infantería bávaro. Según sus biógrafos, allí se comportó con cierta temeridad. No ascendió más allá de cabo, pero a cambio, recibió la Cruz de Hierro de primera clase, la más alta condecoración para un militar de su rango. Fue uno de los muchos combatientes alemanes que nunca entendieron por qué finalizó el conflicto de aquella manera y, desde entonces, fue un firme partidario de la teoría de la puñalada por la espalda.

En la confusa y caótica posguerra de la República de Weimar y aún en el ejército a Hitler se le encargó adoctrinar contra el pacifismo y el socialismo, a la vez que infiltrarse en varios partidos políticos como el Socialdemócrata austríaco o el Partido Obrero Alemán. En 1919 participó por vez primera en una reunión de este último y allí descubrió, o fue incitado a descubrir, su vocación política. Se retiró definitivamente del ejército y, afiliado a ese partido, su capacidad de maniobra le permitió hacerse pronto con la dirección. Le cambió el nombre por el de Partido Nacional Socialista y buscó el apoyo de un ex oficial llamado Ernst Rohm, que organizó para él un auténtico ejército privado, las *Sturmabteilungen* o SA, las secciones de asalto, fácilmente reconocibles por sus camisas de color pardo, que durante años lucharon a brazo partido en las calles contra sus equivalentes comunistas o socialistas.

Es un misterio cómo el minúsculo Partido Nazi empezó a multiplicar de pronto sus afiliados hasta el punto de que sólo cuatro años después contaba con los apoyos suficientes para promover el fallido golpe de Estado contra el gobierno bávaro. Y más extraño aún que, a pesar de lo ocurrido, no sólo no perdiera la confianza de los suyos ni que su formación política se resintiera, sino que, al contrario, las afiliaciones se produjeran por decenas de miles. En 1929, cuando se produjo la gran crisis financiera de Wall Street, el Partido Nazi contaba con cerca de 180 000 afiliados y, en las siguientes elecciones generales obtuvo 107 diputados en el Reichstag o Parlamento. Tras una serie de crisis gubernamentales que degeneraron en una de Estado, las elecciones de 1932 le dieron la mayoría con 230 diputados.

Después se produjo el incendio del Reichstag, del que se acusó a un comunista de escasas luces, aunque siempre se sospechó que fue provocado por los propios nazis. El caso es que, en 1933, Hitler se hizo con el poder absoluto al declarar a los comunistas fuera de la ley. Todos los demás partidos se fueron disolviendo hasta que el 14 de julio, una fecha llamativa para cualquier conocedor de la Revolución francesa, Alemania se convirtió en un Estado monopartidista. Tras la eliminación de la competencia política vino la de las organizaciones sindicales y profesionales, el control de la prensa y la prohibición de sectas y sociedades secretas. En 1935, muerto el anciano Hindenburg, el único que había sido capaz de frenar relativamente las ambiciones políticas de Hitler, éste se hizo dueño definitivo de Alemania. Denunció el Tratado de Versalles, restableció el servicio militar obligatorio y creó la Luftwaffe o aviación militar. El resto es harto conocido.

¿Quién financió a Hitler a lo largo de ese camino? Los mismos banqueros internacionales que habían financiado la Revolución rusa. Entre ellos, el Mendelshon Bank de Amsterdam, controlado por los Warburg; el J. Henry Schröder Bank, cuyo principal consejero legal era la firma Sullivan & Cromwella, a la que pertenecían como socios más antiguos John y Allen Foster Dulles, o la Standard Oil de Nueva Jersey, del clan Rockefeller. En este último caso, es interesante comprobar cómo las relaciones entre la petrolera estadounidense Standard Oil y la corporación petroquímica alemana I. G. Farben se prolongaron incluso durante los primeros años de la guerra. Una carta dirigida en 1939 por el vicepresidente de la compañía, Frank Howard, a sus socios controlados por el régimen nazi, insistía en que «hemos hecho todo lo posible por trazar proyectos y llegar a un modus vivendi, independientemente de que Estados Unidos entre o no en guerra».

Fritz Thyssen, hijo del magnate del acero y padre del barón Hans Heinrich Thyssen Bornemisza, escribió en 1941 un libro que levantó cierto escándalo, *Yo pagué a Hitler*, en el que explicaba cómo el caudillo nazi había conseguido, a través de sus gestiones, buena parte del dinero necesario para impulsar su proyecto político y cómo había roto con él a raíz de la invasión de Polonia. Según sus propias palabras, en 1931 gestionó la concesión de un primer crédito de 250 000 marcos de la época mediante el banco holandés Voor Handel de Scheepvaart, cuyo socio norteamericano era el Banco de Inversiones W. A. Harriman. Un año después, el Partido Nacional Socialista había recibido unos tres millones de marcos. Otra entidad financiera controlada por banqueros holandeses que financiaron a Hitler fue la Union Banking Corporation, en cuya junta de directores se sentaba el abuelo del actual presidente de Estados Unidos, George W. Bush.

Un detalle más: el presidente del Banco Central de Alemania, Greeley Schacht, vinculado con la Banca Morgan norteamericana, fue uno de los principales encargados de alimentar, al principio de los años treinta, la inestabilidad que acabó haciendo caer a los sucesivos cancilleres alemanes hasta que Adolf Hitler asumió el cargo.

¿Hitler conocía en aquella época la teoría sobre su supuesta descendencia de los Rotschild? ¿Utilizó ese argumento para convencer a los banqueros favoritos de los Illuminati de que él era «su hombre» y que en consecuencia les convenía apoyarle?

Además de los barones encargados de controlar la economía y las finanzas, Hitler necesitó el apoyo ideológico, y lo obtuvo, de ciertas organizaciones secretas, en principio no vinculadas con los Illuminati, pero tan ansiosas como ellos por llegar al poder y actuar desde él. Además de la Orden del Nuevo Temple de Adolf Lang (que se autoproclamaba sucesor del último gran maestre del Temple, Jacques de Molay, y que publicó la popular revista *Ostara*, en la que defendía las teorías de la eterna lucha entre la «verdadera humanidad» compuesta por la raza aria contra los «seres demoníacos» nacidos del «pecado sexual del bestialismo» cometido por los arios con miembros de razas inferiores), una de las principales influencias del régimen nazi fue la Sociedad Thule, creada por el barón Rudolf von Sebottendorf y considerada una filial de la Orden de los Germanos fundada en 1912.

Fascinado por el esoterismo islámico e incansable viajero por diversos países orientales, Von Sebottendorf aseguraba haber entrado en contacto con iniciados drusos que recibían sus enseñanzas directamente del Rey del Mundo, quien dirigía los destinos de la humanidad desde la ciudad oculta de Shambala. Su objetivo, decía, era llevar a Occidente esas enseñanzas, y para ello nada mejor que fundar una sociedad secreta cuyo nombre hiciera honor al paradisíaco y maravilloso Reino de los Hiperbóreos, cuna de la raza aria primigenia, perdida más allá de las brumas y los hielos, pero cuyo linaje espiritual seguiría irradiando desde lo oculto.

La Thule, que según diversos expertos mantuvo vínculos con la Golden Dawn y con la OTO, se ramificaba en pequeños grupos secretos que reclutaban a sus seguidores sobre todo en el sur de Alemania. En ella militaron algunos de los más importantes y futuros cargos nazis, como el número dos del régimen, Rudolf Hess, a quien Hitler deseaba como sucesor suyo, pero cuya misión secreta en su vuelo solitario a Inglaterra terminó mal; el periodista y político Alfred Rosenberg, el filósofo e ideólogo de todo el movimiento nazi; el economista Gottfried Feder, cuyas tesis aplicadas desde la Secretaría de Estado del Ministerio de Economía y después como ministro de Comercio del Tercer Reich permitieron el llamado milagro económico nazi, o el abogado Hans Frank, posteriormente gobernador general de la Polonia ocupada.

Sin embargo, la figura central de ese círculo fue Dietrich Eckart, que introdujo a Hitler en la Sociedad Thule y que, según todos los indicios, fue su maestro personal en la transmisión de determinados conocimientos y prácticas mágicas. De hecho, cuando falleció inesperadamente en 1923, apenas un mes después del fracasado Putsch de la Cervecería, sus últimas palabras fueron: «Le hemos dado [a Hitler] los medios para comunicarse con "ellos". Yo habré influido más en la historia que cualquier otro alemán [...]. Hitler bailará, pero yo he compuesto la melodía.»

Ese enigmático «ellos» ¿a quiénes se refería exactamente? ¿A los Superiores Desconocidos de la tradición secreta?, ¿a los drusos contactados con el Rey del Mundo?, ¿a los Illuminati?

Entroncada con la Thule, aparece también la Sociedad del Vril o Logia Luminosa, cuyo dirigente más destacado era Karl Haushofer, quien también acabaría en el partido nazi en calidad de recaudador de contribuciones. Haushofer viajaba con asiduidad a Japón y la India, donde entabló relación con los miembros originales de esa organización y pidió permiso para establecer su rama europea. El Vril, aparte de uno de los factores del éxito de la anteriormente citada novela de Bulwer Lytton, era una forma de llamar a la energía universal detrás de todo lo aparente (el equivalente del Chi de los chinos, la Mente para los hermetistas, el Orgón de los experimentos de Wilhelm Reich, la Materia Oscura de la ciencia moderna...), y el Sol estaba considerado como su principal fuente para los seres humanos. Los miembros de la Sociedad del Vril saludaban todas las mañanas al astro rey elevando hacia él las palmas de las manos con los brazos extendidos. Haushofer fue, además, el creador del concepto de geopolítica, asignatura de la que era catedrático en la Universidad de Munich, que desde entonces ha sido utilizado a la hora de explicar las relaciones internacionales. Su ayudante en la universidad y también iniciado en la Sociedad del Vril era el mismo Rudolf Hess.

A estas influencias hay que sumar las corrientes teosóficas y ariosóficas que aún coleaban desde el siglo XIX. Las primeras, promocionadas por los seguidores de la sorprendente y misteriosa esoterista rusa madame Blavatsky, fundadora de la Sociedad Teosófica de Nueva York en 1875 y que escribió *La doctrina secreta*, una amalgama de ideas religiosas y filosóficas impregnadas de orientalismo, en la que la evolución humana es el relato de su degeneración desde un inicial estado de gracia divino. Blavatsky sostenía haber recibido una revelación sobre la existencia de una antiquísima civilización que se habría desarrollado en lo que hoy es el desierto de Gobi y cuyos descendientes vivían todavía en un reino subterráneo. Las segundas tendencias fueron las ariosóficas, promovidas por los seguidores de Guido von List, ocultista alemán partidario de reconstruir la antigua religión autóctona, que había sido violentamente sustituida por el cristianismo. Von List creó la Alta Orden Armánica, inicialmente integrada por diez personas a las que conducía por toda Alemania en busca de las huellas de Wotan y de la antigua cultura germana. La organización creció y fue estructurada en los tres clásicos grados de aprendiz, compañero y maestro, cada uno de los cuales tenía acceso a un nivel determinado de conocimiento.

Teósofos y ariosofistas utilizaron la esvástica como símbolo del acto creador de Dios: una forma de proyección de la energía a partir de un centro fijo e inmutable.

La Orden Negra

Uno de los principales símbolos del régimen nazi fueron sus temidas SS o Schutz Staffeln, una organización elitista también conocida como la Orden Negra, porque además de utilizar uniformes de ese color había sido cuidadosamente planificada siguiendo modelos como el de las antiguas órdenes medievales. Tal y como explican Louis Pawels y Jacques Bergier en *El retorno de los brujos*, su existencia «no responde a ninguna necesidad política o militar, sino a una necesidad mágica»: la de crear una orden de guerreros escogidos, una suerte de «semidioses», encargados entre otras cosas de la protección del «dios» encarnado como Führer. Pero no sólo de eso.

Las SS constituyeron un auténtico Estado dentro del Estado, siguiendo la teoría de los círculos concéntricos de las sociedades secretas, puesto que estaban destinadas a perdurar una vez finalizara la segunda guerra mundial con la «previsible» victoria de las tropas alemanas. Los soldados de la Wermacht o ejército de Tierra podrían desmovilizarse, pero no así las unidades SS. Para asegurarse la correcta instrucción y entrenamiento de sus mandos, los jerarcas nazis adquirieron y remodelaron el castillo de Wewelsburg, en Westfalia. Su peculiar forma triangular debía constituir en el futuro la punta de una gigantesca lanza edificada de acuerdo con un colosal diseño arquitectónico en el que estaba previsto instalar oficinas, escuelas de oficiales, campos deportivos y todo tipo de instalaciones anexas cuando terminara el conflicto bélico.

En la mitología del nacionalsocialismo, los SS eran los nuevos ostrogodos (literalmente, los «dioses brillantes», puesto que *godo* es una palabra que deriva de *Goth* que en alemán significa «Dios»), los nuevos monjes guerreros, los nuevos templarios y caballeros teutónicos encargados de rechazar la amenaza de las hordas asiáticas sobre Europa en el pulso eterno entre Oriente y Occidente, así como de dirigir la *Drach nach Osten* o Marcha hacia el Este, que permitiría a los arios apoderarse de nuevas tierras y recursos para extender su dominio y su civilización.

Pero también eran los guardianes y constructores del modelo «definitivo» que garantizaría la unión del continente europeo: una Federación de las Patrias Carnales con capital en Viena, que presuponía la destrucción de todas las naciones y su sustitución por algo más de un centenar de autonomías o gobiernos regionales provistos de un poder político equivalente, aunque muy limitado por las directrices nazis. De esta manera, pensaban, se acabaría de una vez por todas con problemas como los de los Balcanes o el Ulster. En el caso de la península Ibérica, según revela Miguel Serrano en *El Cordón Dorado*, los planes de los SS pasaban por dividirla en doce regiones: Galicia-Asturias (con capital en Lugo), Duero (capital Valladolid), País Vasco (capital Pamplona),

Aragón (capital Zaragoza), Cataluña (capital Barcelona), Extremadura (capital Badajoz), Guadalquivir (capital Sevilla), Bética (capital Granada), Levante (capital Valencia) y La Mancha (capital Madrid), a las que había que sumar Portugal norte (capital Oporto) y Portugal sur (capital Lisboa).

Paradójicamente, el personaje escogido para dirigir retos de este calibre no podía tener una apariencia menos heroica, el Reichsführer o comandante supremo del cuerpo, Heinrich Himmler, un hombrecillo con aspecto de burócrata de segunda fila, aunque dotado de una mente organizativa y una capacidad de intriga asombrosas. Himmler era otro entusiasta de la astrología, el ocultismo, la reencarnación y lo que hoy llamaríamos agricultura biológica. Estaba convencido de que en una vida anterior había sido el rey sajón Heinrich el Pajarero y lo cierto es que organizaba ceremonias anuales en su honor cada 2 de julio (en algunas ocasiones llegó a disfrazarse de caballero medieval).

Su obsesión por la Edad Media le llevó a crear una orden secreta dentro de los SS: un grupo de doce hombres escogidos entre sus mejores Obergruppenführer, u oficiales de alta graduación, que se sentaban junto a él en el castillo de Wewelsburg, en una sala de reuniones muy característica, en torno a una mesa redonda de roble macizo, como un remedo de Arturo y los caballeros de la Mesa Redonda. Esta especie de consejo supremo de la Orden Negra tomaba las decisiones en conjunto, aunque bajo la dirección del Reichsführer. Cada uno se acomodaba en su propio butacón de cuero, personalizado con una placa de plata que llevaba su nombre y su escudo de armas, y disponía en el castillo de un aposento decorado a su gusto, de acuerdo con distintas épocas históricas. La única manera de entrar en este «núcleo duro» era previo fallecimiento de uno de sus integrantes y votación del resto. Además, en la sala inferior, existía un sótano abovedado de piedra natural donde Himmler hizo construir un lugar de culto para los caballeros SS muertos. Contenía una especie de platillo de piedra en el centro de una depresión donde se quemarían los escudos de los fallecidos. Las urnas con las cenizas debían colocarse después en uno de los doce zócalos de piedra, uno por cada caballero, que se habían dispuesto en torno a la pared del sótano.

Con estos antecedentes no nos puede extrañar la creación, también dentro de las SS, de una oficina especial llamada Ahnenerbe o Herencia de los Ancestros, dedicada al estudio de todo tipo de materias relacionadas con la cultura alemana. Llegó a contar con 43 departamentos diferentes en los que se estudiaba el folclore popular, la geografía sagrada, las canciones tradicionales... y el esoterismo puro y duro. El encargado de este último departamento fue Friedrich Hielscher, que dirigió diversas expediciones en busca de posibles emplazamientos de la Atlántida, edificios sagrados de los antiguos templarios y hasta el santo Grial.

Uno de los más polémicos proyectos fue el relacionado con Schwarze Sonne o Sol Negro. Las teorías geológicas y astronómicas que manejaban los científicos nazis aseguraban que la Tierra, como el resto de los cuerpos cósmicos, es en realidad un planeta hueco y no macizo, a cuyo interior se podría acceder en las condiciones adecuadas. En lugar de un núcleo central, se creía que existía un sol interior, o «negro», en contraposición con el Sol exterior, que iluminaba y permitía la vida y el crecimiento de plantas, animales y también hombres más desarrollados que los que caminaban sobre la superficie del planeta, que podrían convertirse en poderosos aliados. La Ahnenerbe organizó varios viajes para intentar encontrar la entrada al mundo interior en diversos puntos de Asia y América del Sur. Una de las lecturas favoritas de los expedicionarios era el libro publicado pocos años antes del estallido de la segunda guerra mundial, *Bestias, hombres y dioses*, en el que el viajero ruso Ferdinand Ossendowsky contaba su peripecia personal a través de Asia Central. En este texto se refería explícitamente al mítico Rey del Mundo y afirmaba que tanto el barón Unger Khan von Stenberg como el Dalai Lama habían recibido a sus emisarios y mantenían contacto con él.

La expedición más conocida fue la dirigida por el oficial de las SS y etnólogo, Ernst Schäffer, que regresó del Tibet con una serie de objetos curiosos, entre ellos dos importantes documentos. El primero de ellos, un pergamino en el que el Dalai Lama firmaba un tratado de amistad con la Alemania nazi y reconocía en Hitler al «jefe de los arios». El segundo, de mayor interés aún, era el *Tantra de Kalachakra*, la iniciación suprema del budismo «que asegura el renacimiento en Shambala» en el momento de la batalla final contra las fuerzas del Mal. Esta iniciación está vinculada a la leyenda de Gesar de Ling, un monarca guerrero tibetano cuyo reinado fue tan provechoso que el relato novelado del mismo acabó siendo una de las principales epopeyas locales. Según el mito, al final de los tiempos volverá al mando de un ejército de fieles con el que derrotará para siempre a las tropas de la oscuridad. Es el mismo tema de «el rey que vendrá» que caracteriza a narraciones europeas similares como la de Arturo o el rey Federico Barbarroja.

Llega el Séptimo de Caballería

El desarrollo de la segunda guerra mundial fue parecido al de la primera: Alemania llevó la iniciativa en un primer momento, derrotó otra vez a Francia y a sus aliados europeos, y abrió un segundo frente en el este con la Unión Soviética, adelantándose así a los planes secretos de Stalin para atacar Alemania al año siguiente. Y, como en el conflicto anterior, el gobierno estadounidense estaba deseando entrar en guerra en apoyo directo del Reino Unido, pero volvía a encontrarse no sólo con la actitud aislacionista de su población, sino con un estado de opinión favorable a Hitler entre numerosos intelectuales, políticos y diversos personajes públicos. Así que el presidente Franklin D. Roosevelt intentó seguir los pasos de su predecesor Woodrow Wilson y buscó algo parecido al hundimiento del *Lusitania*. Como no lo encontró, provocó diversos incidentes en el Atlántico atacando algún buque alemán, pero la Kriegsmarine o Armada alemana tenía orden de no responder, precisamente para no provocar la entrada del gigante americano en la guerra.

Roosevelt encontró la solución a su problema en el pacto del eje Berlín-Roma-Tokyo, que obligaba a cualquiera de los firmantes a prestarse mutua ayuda y defensa en caso de ser atacados. Si conseguía que Japón le declarara la guerra, podría contestar a los nipones y de paso intervenir en Europa. Así que comenzó el acoso político, diplomático y comercial de Estados Unidos al imperio nipón, al que por cierto hacía tiempo que venía estudiando como futuro rival en el área del Pacífico. Washington entorpeció y desbarató de manera sistemática los planes de expansionismo del gobierno nipón en el sur de Asia, básicamente destinados a garantizarse las materias primas inexistentes en su propio territorio.

Por fin, la situación rebasó todos los límites y Tokyo decidió declarar la guerra al belicoso gobierno de Roosevelt. Hoy sabemos que el presidente norteamericano conocía no sólo las intenciones de las autoridades del país del sol naciente, sino la inminencia de su primer ataque contra Pearl Harbour, su principal base en el Pacífico. Hasta ocho fuentes distintas advirtieron a Roosevelt de lo que se estaba preparando, pero éste, aconsejado por el oscuro Henry Lewis Stimson (alto cargo en su Administración y en las de Taft, Hoover y Truman, y señalado por varias fuentes como uno de los agentes de los Illuminati) no hizo nada para evitar lo que luego se calificó como «el día de la infamia».

Lo más sangrante del caso fue que los japoneses se limitaron a imitar a los propios norteamericanos en el famoso ataque a Pearl Harbour. El plan original fue diseñado y experimentado por el almirante H. E. Yarnell para demostrar al alto mando de la Marina de Estados Unidos la necesidad de invertir en la construcción de los buques portaaviones frente a los acorazados, porque, en su opinión, los primeros estaban destinados a ser el arma del futuro para las operaciones en el Pacífico. En las sorprendentes maniobras aeronavales del 6 de febrero de 1932, Yarnell, al mando de una flotilla compuesta por dos portaaviones y cuatro cazatorpederos, eludió las defensas de la base de Pearl Harbour (uno de los mejores puertos naturales del mundo, que contaba con una división de infantería, numerosas baterías antiaéreas y de costa, además de un centenar de aeroplanos) y la flota que presuntamente la protegía (mucho más numerosa y en la que se incluían más de media docena de grandes acorazados), y lanzó una oleada de 152 cazabombarderos que «atacaron» sin problemas todos los objetivos marcados como dignos de «ser destruidos». Si el ataque simulado hubiera sido real, la flota norteamericana que solía concentrarse en el puerto habría sido hundida al completo.

Sin embargo, la mayoría de los miembros del alto mando consideraron el ejercicio como un golpe de suerte y no aceptaron la petición de Yarnell. El espionaje japonés, en cambio, sí tomó buena nota de cómo destruir la base con facilidad y de la importancia de empezar a construir portaaviones cuanto antes. El resultado fue que el 7 de diciembre de 1941 el ataque sorpresa se reprodujo, pero esta vez era de verdad. De los ocho acorazados norteamericanos que había en el puerto, dos fueron hundidos, otros tres quedaron inutilizados durante mucho tiempo y tres más, averiados. Además, otros siete buques menores resultaron tocados. De la flota aérea, casi 200 aparatos fueron destruidos y 160 averiados. Más de 3 000 militares estadounidenses perecieron.

Roosevelt tenía su excusa para entrar en guerra. Los Illuminati se frotaban las manos porque, igual que sucedió en la primera guerra mundial, la actuación de Estados Unidos no sólo proporcionaría grandes beneficios económicos a sus banqueros, sino que desequilibraría la balanza del conflicto en el sentido deseado: del lado de los aliados.

De esta manera terminaba también uno de los sueños más largamente acariciados por Hitler, que era llegar a la paz al margen del Reino Unido, para dedicarse exclusivamente a combatir a la Unión Soviética. Ya lo había intentado antes, aunque nunca se reconoció de manera oficial, enviando a su lugarteniente Rudolf Hess en un vuelo tan solitario como oficialmente misterioso a las islas Británicas, cuyo objetivo era fijar las condiciones del acuerdo. Hess fue capturado y, tras escuchar su propuesta, el primer ministro británico Winston Churchill se negó a considerarla y lo encerró en prisión. Tras el final de la guerra y el ajuste de cuentas de Nüremberg, el ex número dos del régimen nazi vivió encerrado en solitario en la cárcel de Spandau, donde falleció en 1987 víctima de un extraño suicidio.

Hoy se empieza a aceptar el hecho, negado durante mucho tiempo por las autoridades británicas, de que una amplia representación de la aristocracia inglesa, empezando por el propio rey Eduardo VIII, no era partidaria de la guerra y creía, como Hitler, que era necesario llegar a un entendimiento entre británicos y alemanes. Ése es el motivo, según algunos historiadores, de que Eduardo VIII, enamorado de la norteamericana Wally Simpson, de tendencias filonazis, fuese obligado a abdicar en su hermano Jorge VI.

> Hombre es quien estudia las raíces de las cosas. Lo demás es rebaño.
>
> JOSÉ MARTÍ, patriota cubano

2 000 años después

Pedro Arrupe fue elegido superior general de la Compañía de Jesús el 22 de mayo de 1965. Sólo siete meses más tarde, durante su discurso en el Consejo Ecuménico de finales de diciembre, se refirió a uno de los grandes enemigos de la Iglesia católica sin llegar a nombrarlo expresamente.

La prensa recogió sus palabras al día siguiente: «Esta sociedad [...] carente de Dios, actúa de un modo extremadamente eficiente, al menos en sus niveles de alto liderazgo. Hace uso de todo medio posible a su alcance, sin importarle que éste sea científico, técnico, social o económico. Sigue una estrategia perfectamente planeada. Tiene influencia casi completa en las organizaciones internacionales, círculos financieros y en el terreno de las comunicaciones de masas, prensa, cine, radio y televisión.»

Era una manera de reconocer la creciente potencia de los Illuminati, y también de retarlos. Varios autores aseguran que Arrupe perdió el desafío. Creen que hace tiempo que los representantes de los Iluminados de Baviera consiguieron su viejo anhelo de infiltrarse en la Santa Sede.

«Ad maiorem Gloria Dei»

Si existe una institución eclesiástica organizada al estilo de las sociedades secretas, ésa es la Compañía de Jesús. Fundada por un hombre «iluminado» por la divinidad y provisto de una personalidad poderosa que desarrolló a lo largo de una vida llena de sucesos y viajes, fue constituida en primera instancia por siete (el número sagrado) estudiantes de teología. Se organizó de acuerdo a una fuerte jerarquía y con un reglamento estricto, que incluía como uno de sus principales votos el de la obediencia, al servicio directo del Papa y no de otro escalón intermedio del Vaticano, y con clara vocación internacionalista, puesto que desde el primer momento envió sus misioneros a la conquista de todo el mundo conocido. Su reglamento interno y su forma de actuar fueron copiados hasta la saciedad por diversos grupos, incluso por sociedades contrarias a la Iglesia católica como los propios Illuminati.

Ignacio, o Íñigo, de Loyola había nacido en 1491 en el seno de una de las familias más antiguas y nobles de la región. Fue el más joven de once hermanos, sirvió en la Corte y se incorporó al ejército para repeler una invasión francesa en el norte de Castilla. Su carrera militar no duró demasiado, terminó cuando una bala de cañón le destrozó la pierna durante la defensa del castillo de Pamplona. Rendida la fortaleza, los franceses le capturaron y le enviaron en litera a su hogar natal, donde soportó una convalecencia de muchos meses, salpicada con sucesivas operaciones que no impidieron que quedara rengo.

Según su biografía formal, para distraerse durante su forzado reposo pidió que le proporcionaran libros de caballería, pero lo único que se encontró en el castillo de sus padres fue una historia de Jesucristo y un libro de vidas de santos. Ambos textos, acompañados de largas reflexiones en la soledad de su reposo, le llevaron a pensar que su destino pasaba forzosamente por la entrega a la fe. Se convenció al tener una visión mística de la Virgen María llevando en brazos el cuerpo de Jesús. Semejante experiencia, sumada a una peregrinación al santuario catalán de Nuestra Señora de Montserrat, le determinó a viajar a Tierra Santa. Durante un tiempo vivió de las limosnas y orando en la pobreza como los santos a los que quería imitar. Entonces empezó a escribir sus famosos *Ejercicios espirituales*, que publicó muchos años después y cuyo fin específico es «llevar al hombre a un estado de serenidad y desapego de las cosas pasajeras para que pueda elegir sin dejarse llevar del placer o la repugnancia, ya sea acerca del curso general de su vida, ya acerca de un asunto particular».

Finalmente embarcó hacia Palestina, adonde llegó previo paso por Roma, Chipre y Jaffa. Desde esta última ciudad viajó a Jerusalén a lomos de un mulo, a imitación de Jesús. Se cree que durante el tiempo que permaneció allí pudo conocer otras doctrinas sagradas como la de los sufíes musulmanes. En cualquier caso, algo extraño debió de aprender porque, pues, tras regresar a España y pasar fugazmente por la Universidad de Alcalá de Henares, fue acusado de propagar «doctrinas peligrosas» y encarcelado. Liberado por los inquisidores, volvió a abandonar España para viajar esta vez a Francia, Flandes e Inglaterra, donde perfeccionó sus estudios sin abandonar sus obligaciones espirituales. En 1534 obtuvo el título de maestro en artes en la Universidad de París y, poco después, con la compañía de otros seis estudiantes de teología (Pedro Fabro, un sacerdote de Saboya; Francisco Javier, un navarro; Laínez y Salmerón, brillantes estudiantes; Simón Rodríguez, de origen portugués, y Nicolás Bobadilla) decidió crear una pequeña congregación religiosa, que hizo votos de pobreza, de castidad (más tarde se añadiría el voto de obediencia) y de predicación en Palestina y, si esto último no fuera posible, donde quisiera mandarles el mismo Papa Paulo III. Así nació la Compañía de Jesús, aunque Ignacio nunca utilizó el nombre de «jesuitas», que comenzó siendo un apodo.

Una vez en Roma, al Pontífice le agradó la iniciativa y permitió la ordenación de todos los miembros de la compañía. Más tarde, Ignacio tuvo una nueva visión, esta vez del propio Jesucristo, y al poco tiempo, Paulo III aprobó la formalización de la compañía como una orden en toda regla al servicio del Vaticano. Ignacio de Loyola fue elegido primer general de la misma, aunque sólo aceptó el cargo por mandato de su confesor. A partir de entonces, la labor de los jesuitas se mostró muy valiosa para el Vaticano, sobre todo en labores misioneras, en Asia, África y América, así como en diversas obras de caridad y educativas. Durante la Contrarreforma, la compañía desempeñó un papel importante en el enfrentamiento contra el protestantismo. Su estructura jerárquica, casi militar, su cohesión interna y la calidad humana y cultural de muchos de sus miembros la convirtieron en una auténtica tropa espiritual de choque para el Papa. Cuando Ignacio murió en 1556, había cerca de diez mil jesuitas por todo el mundo.

Se conservan las instrucciones que dio personalmente Ignacio de Loyola a los jesuitas encargados de fundar un colegio en Ingolstadt, ciudad natal de Weishaupt: «Tened gran cuidado en predicar la verdad, de tal modo que si acaso hay entre los oyentes un hereje, le sirva de ejemplo de caridad y moderación cristianas. No uséis de palabras duras ni mostréis desprecio por sus errores.» Sus enviados debieron de hacerlo bien, pues recordamos que el futuro fundador de los Iluminados de Baviera no sólo estudió en el colegio jesuita, sino que se ordenó sacerdote de la compañía antes de optar por fundar su propia organización.

La canonización de san Ignacio de Loyola y de uno de sus compañeros, san Francisco Javier, unida al trabajo monumental desarrollado desde su fundación, llevó a la Compañía de Jesús a alcanzar tanta fuerza en el seno de la cristiandad que el general de la institución llegó a ser apodado «el Papa Negro», debido a sus vestiduras siempre oscuras y a que, según decía, nadie tenía más poder que él en el Vaticano, excepto el Sumo Pontífice. Y eso que la historia de esta institución no ha estado libre de altibajos. Los recelos que despertaron algunas de sus obras los llevaron a ser expulsados de algunos países e incluso a la supresión de la orden en 1773, aunque fue restablecida de nuevo en 1814, como dice su divisa, «Ad maiorem Gloria Dei» o, lo que es lo mismo, a mayor gloria de Dios.

Algunas fuentes aseguran que, a lo largo de su azarosa vida, Ignacio tuvo ocasión de contactar con sabios y místicos de muy diversa procedencia, e incluso se ha sugerido la influencia de alguna escuela rosacruciana en algunos hechos concretos de su vida. Lo que parece evidente es que quiso construir un auténtico ejército espiritual al servicio del Papa y que lo consiguió.

Otras organizaciones secretas vaticanas no tuvieron tanta influencia. Especialistas como José María Ibáñez y Pedro Palao describen sus características generales: una rígida moral, un evidente conservadurismo y una profunda devoción por los más rancios aspectos del catolicismo, pero sin gran visión de futuro. Entre las más conocidas figuran la francesa Liga Santa, fundada en 1576 por el duque de Guisa con apoyo de Felipe II y el Vaticano. Autoproclamada «el partido de Dios» y organizada al estilo masónico con un directorio secreto de diez miembros ubicado en París, tenía por principal objetivo combatir la herejía y las sectas cristianas contrarias al catolicismo. Los Caballeros de la Fe o Asociación de las Banderas fue fundada en 1810 por Ferdinand de Bertier, quien, con su hermano Bénigne, había militado en diversos grupos realistas, aparte de ser él mismo masón y miembro de la logia Perfecta Estima. La cúpula de este grupo la formaban nueve miembros que conocían el origen y las intenciones de la orden mientras los militantes de base pensaban pertenecer a una simple asociación de caridad. La Cofradía del Santo Sacramento o Cábala de los Devotos estaba dirigida por un misterioso Cenáculo Invisible y Fraternal, en el que se encontraban entre otros Vicente de Paúl, Nicolás Pavillion y Jean Jacques Olier, este último también fundador de otra organización llamada Santo Suplicio.

Todas estas organizaciones conocían la existencia de las diversas conjuras para minar la Iglesia católica desde dentro, y una de las principales razones de su existencia fue intentar protegerse alrededor del poder papal no sólo de las sucesivas desviaciones del catolicismo dentro del propio cristianismo, sino de los «caballos de Troya» que los Illuminati enviaron, uno tras otro, hasta traspasar la muralla.

La obra del escribano

Inquieto por las noticias de suicidios colectivos en Francia y otros países, el Parlamento de Bélgica encargó en 1997 a una de sus comisiones de investigación que elaborara una lista de grupos sectarios «que pudieran suponer una potencial amenaza para la sociedad». Entre los cerca de doscientos nombres enumerados en los primeros informes entregados por la comisión figuraban la Orden del Templo Solar (que se hizo famosa en esa época, precisamente por el suicidio conjunto de varios de sus miembros), diversas organizaciones satanistas como la Logia Negra o Las Cruces de la Nueva Babilonia, la polémica Iglesia de la Cienciología, fundada por L. R. Hubbard, los Testigos de Jehová... y el Opus Dei.

Los obispos belgas no tardaron en poner el grito en el cielo por la inclusión del Opus en la «amalgama irresponsable» de nombres redactada por la comisión. El caso abrió una fuerte polémica en un país en el que tres de cada cuatro habitantes se confiesan católicos, además de que el movimiento fundado por Escrivá de Balaguer tiene hoy rango de prelatura personal de la Iglesia gracias al Papa Juan Pablo II. Sin embargo, según el informe, la doctrina de esta organización puede definirse como «catolicismo integrista y elitista». Sus métodos de captación y formación han sido con diferencia los más criticados dentro y fuera de la propia Iglesia católica, y los familiares de algunos de sus miembros la acusan de mantener la estructura y el comportamiento de una secta destructiva.

Cuando su polémico fundador falleció en 1975, muchos pensaron que la Sociedad Sacerdotal de la Santa Cruz y Obra de Dios o, para abreviar, el Opus Dei (Trabajo de Dios) entraría en un acelerado declive y acabaría perdiendo su ascendencia política y social en diversos países católicos, y su influencia religiosa en el Vaticano. Muy al contrario, en la actualidad la Obra se encuentra más extendida que nunca, pues según sus propios datos cuenta con más de 80000 miembros repartidos en sesenta países de los cinco continentes, e incluso disfruta desde octubre de 2002 de un santo que vela personalmente por ella, el propio san José María Escrivá de Balaguer, a quien en los mismos círculos religiosos se le apoda el Santo Ferrari por la inusitada velocidad con que consiguió la canonización, un proceso por lo general muchísimo más largo y complejo de lo que lo fue su causa.

Más adelante, donde se describe la muerte del Papa Juan Pablo I, se explica el porqué de esta velocidad según la opinión de muchos investigadores. Lo cierto es que el poder y la influencia de la Obra crece cada día que pasa hasta el punto de superar incluso el tradicional papel preeminente de la orden jesuita. En el momento de escribir estas líneas, muchos de los hombres de confianza del Pontífice pertenecen a esta organización, desde su portavoz, Joaquín Navarro Valls, hasta los cardenales Ratzinger, Martínez Somalo, Moreira Neves o López Trujillo. Se calcula que los miembros del Opus Dei en Italia están en torno a los 4 000 (entre ellos aparecen Marcello dell' Utri, uno de los ayudantes personales del primer ministro italiano Silvio Berlusconi, o Mario Pentinelli, ex director del diario *Il Messaggero*), pero sus amigos y simpatizantes (como es el caso del gobernador de la banca italiana Antonio Fazio, el ex presidente Francesco Cossiga o el industrial Giampiero Presenti) superan esta cifra y se muestran muy activos a la hora de protegerla, como demostraron al impedir en 1986 una investigación parlamentaria y judicial que había pedido la Hacienda italiana a propósito de las cuentas de la organización.

La asociación Católicos por el Derecho a Decidir publicó un informe poco antes de la canonización de Escrivá en el que advertía de que «la evidencia actual es que el Opus ejerce una influencia cada vez mayor. Con su afiliación a la Obra, un creciente número de intelectuales, médicos, parlamentarios, ministros, jueces y periodistas dan al Vaticano una fuerza poderosa y oculta que pretende imponer su código moral no sólo sobre los católicos, sino a través de las leyes y la política». Otros autores creen que está sucediendo lo contrario. Es decir, no es que el Vaticano disponga con el Opus de un nuevo ejército espiritual a su servicio, sino que el Opus se ha apoderado del Vaticano para sus propios fines.

Así, Manuel Magaña afirma en *Revelaciones sobre la santa Mafia* que en las reuniones secretas de los dirigentes de los miembros de la Obra se discute entre otros asuntos la mejor manera de introducirse en los medios para adquirir «el control de la prensa, el cine, la radio y la televisión, a fin de que sus planes de infiltración político-religiosa, de alcances internacionales, resulten favorecidos con una imagen pública que oculte sus verdaderos propósitos». Para llevarlos a cabo, sean cuales sean éstos, es imprescindible, como siempre, el secreto.

Daniel Artigues, en *El Opus Dei en España*, la calificaba como «sociedad casi secreta» que aspira a «captar a las élites» a la vez que persigue «fines mal conocidos pero más políticos que religiosos», utilizando incluso señas y toques, como los masones y otras organizaciones «discretas». Una de sus más conocidas contraseñas, utilizada en reuniones sociales donde una persona es presentada a otras, pasa por decir en voz alta la palabra latina *Pax* (paz) para significar la pertenencia a la Obra. Si algún miembro de la organización está presente responderá *In aeternum* (para la eternidad, o para siempre).

Como cualquier asociación cristiana, el Opus Dei insiste en que su principal objetivo es defender el cristianismo, y en especial el catolicismo, siguiendo el ejemplo de Jesús cuando dijo «Yo soy el Camino, la Verdad y la Vida», aunque da la impresión de que la interpretación de estas palabras difiere un tanto del original. El fundador de la organización tituló *Camino* a su célebre colección de reflexiones, que publicó por vez primera en 1934 como *Consideraciones espirituales* y que hoy ha alcanzado la significativa cifra de 333 ediciones y más de cuatro millones de ejemplares en 42 idiomas. Pero no deja de llamar la atención que la hagiografía oficial del santo se refiera a José María Escrivá de Balaguer, cuando su verdadero nombre según consta en el registro fue el de José María Escriba Albás. La afición al baile de letras, más sugerente de lo que en principio pudiera parecer, llevó a algún crítico de la Obra a señalar que Opus Dei (trabajo de Dios) podría ser un anagrama de Opus Die (trabajo de la muerte). Sin llegar a estos extremos, para una detallada descripción de su biografía resulta muy ilustrativa *Vida y milagros de monseñor Escrivá de Balaguer, fundador del Opus Dei*, del periodista Luis Carandell.

> Noble cosa es, aun para un anciano, el
> aprender.
>
> SÓFOCLES, escritor griego

La cruz torcida

La tarde del 28 de septiembre de 1978, Juan Pablo I mantuvo una
ácida discusión durante más de dos horas con el cardenal Villot,
secretario de Estado de la Santa Sede. Desde que fue elegido
Papa hacía poco más de un mes, Albino Luciani, el nuevo Pontífice de la Iglesia católica, no había hecho otra cosa que estudiar
las acusaciones sobre tráfico de influencias, estafas y desfalcos
varios en los que aparecían implicados muchos e importantes nombres de la curia vaticana. Entre ellos, el director del Banco Vaticano Paul Marzinkus, que había sido relacionado con la Mafia y
también con el escándalo del Banco Ambrosiano, por sus relaciones con dos de los turbios personajes de la trama, Michelle Sindona y Roberto Calvi. También estaba en entredicho el cardenal
John Cody de Chicago, acusado de malversación de fondos y otros
escándalos. Y el trabajo del propio Villot tampoco satisfacía al
nuevo Papa porque el secretario de Estado nombrado por su predecesor Pablo VI parecía estar al tanto de todos los problemas
sin haber hecho gran cosa para resolverlos.

Así que Juan Pablo I le anunció su decisión de destituirlos a
los tres, Marzinkus, Cody y Villot, como parte de un plan de renovación más amplio que tenía intención de llevar a cabo en las
próximas semanas, para dar nuevos aires a los enmohecidos sótanos de las finanzas vaticanas. La contestación de Villot, según
algunas fuentes bastante fiables fue: «Es usted libre para decidir.
Yo obedeceré. Sepa sin embargo que estos cambios suponen una

traición a la herencia de Pablo VI.» A lo que Albino Luciani contestó: «Ningún Papa gobierna a perpetuidad.» Después, los dos hombres se separaron en un ambiente de palpable tensión.

A las cinco y diez minutos de la mañana del día siguiente, la hermana Vincenza llevó su habitual taza de café a la sacristía de la capilla donde el Papa realizaba sus oraciones de primera hora antes de la misa de las cinco y media. Pero nadie se bebió el café. Extrañada, se dirigió a los aposentos papales y se encontró camino de ellos con Diego Lorenzi, uno de sus secretarios personales. A las cinco y veinte encontraron a Albino Luciani sentado en la cama, con la luz encendida, las gafas puestas y unos documentos en las manos. Su cuerpo estaba todavía tibio y su rostro estaba contraído en una mueca agónica. La hermana Vincenza le tomó el pulso rápidamente. Estaba muerto.

La extraña muerte del Papa «bueno»

Trece días antes de la muerte de Juan Pablo I, la revista italiana *Op* publicó una lista que incluía nada menos que 121 nombres de prelados vaticanos afiliados, según la investigación periodística, a la masonería. Aunque la reacción oficial de la Iglesia católica pasaba por ignorar el dato, atribuyéndolo a una «turbia maniobra» de algún enemigo de la institución, lo cierto es que el Pontífice conocía la información antes de que fuera publicada, porque Roberto Calvi en persona se había encargado de facilitársela. En esa lista figuraban, entre otros, Villot, Baggio y Marzinkus, y posiblemente constituyera una de las razones inmediatas por las que quería «poner orden» en la jerarquía vaticana. Y deseaba hacerlo, además, cuanto antes.

Es imposible demostrar que Juan Pablo I fuera asesinado por este motivo, al menos a través del examen del cadáver, porque la secuencia de acontecimientos fue tan rápida que no dejó ninguna prueba a la vista. Precisamente por ello, su fallecimiento ha estado rodeado de demasiadas sospechas para aceptar que falleció de muerte natural.

Cuando Vincenza y Lorenzi le encontraron muerto avisaron

a John Magee, su otro secretario personal, quien a su vez llamó al cardenal Villot. Poco después, éste llegaba acompañado por un médico que confirmó el fallecimiento. Asumiendo las funciones de camarlengo, Villot tomó el control del interregno papal y lo primero que hizo fue prohibir a la monja que hablara con nadie de lo ocurrido y llamar a los embalsamadores, los hermanos Signoracci del Instituto Forense, que a las seis de la mañana, en un tiempo realmente récord, ya se encontraban allí. El propio jefe del servicio médico vaticano, profesor Fontana, y uno de sus médicos, el doctor Buzzonetti, no llegaron hasta las siete y ya no pudieron hacer nada. Durante esa hora, los embalsamadores ya habían encajado y maquillado la cara del difunto, que ahora mostraba un plácido semblante, insinuando incluso una sonrisa. Sus gafas y sus sandalias habían desaparecido, igual que las notas en las que estaba trabajando instantes antes de morir.

Hacia las siete y media de la mañana, el cardenal Villot empezó a informar a los demás cardenales de la muerte del Pontífice, y una hora más tarde Radio Vaticano hacía pública la noticia. Según la versión oficial que entonces se distribuyó, «hacia las cinco y media de la mañana el secretario particular del Papa, que no le había visto como de costumbre en su capilla, le encontró muerto en la cama con la luz encendida, como si aún leyera», y el doctor Buzzonetti, que acudió de inmediato, constató su fallecimiento, que «probablemente acaeció hacia las once de la noche del día anterior, a causa de un infarto agudo de miocardio», apenas hora y media después de haberse retirado a sus habitaciones. Según la opinión de los hermanos Signoracci, que habían tenido acceso al cuerpo en mejores condiciones que Buzzonetti, el óbito se produjo en realidad entre las cuatro y las cinco de la mañana, poco antes de que lo encontrara la hermana Vincenza.

La versión oficial del Vaticano añadía que lo que Albino Luciani leía en el momento de fallecer era una edición de *Imitación de Cristo* de Tomás de Kempis, que se había encontrado a los pies de la cama, pero otras fuentes aseguraban que en realidad se trataba de una lista con el nombre de todos los cargos vaticanos que iban a ser destituidos y de sus sustitutos. Germano Pattaro, consejero teológico del Pontífice, confirmó tiempo después que se trataba de «unas notas sobre la conversación de dos horas que el Papa había mantenido la tarde anterior con el secretario de Estado, el cardenal Villot».

Si quedaba alguna oportunidad de averiguar de qué había muerto realmente el Papa, el cardenal Oddi se encargó de sepultarla al advertir de que el Sacro Colegio Cardenalicio «no considera la posibilidad de abrir investigación alguna sobre la muerte, ni de realizar una autopsia al cadáver». El Santo Padre había fallecido por designio divino y no había más que hablar. Pocas horas después de que sus últimas pertenencias fueran retiradas del dormitorio acudió un equipo de limpieza que no se limitó a pasar una fregona, sino que pulió y enceró el suelo. Si todavía quedaba alguna prueba o resto físico de alguna irregularidad, desapareció definitivamente.

El día anterior a su muerte, Juan Pablo I había hablado por teléfono con dos cardenales y se había reunido personalmente con otros dos. A Villot lo había recibido por la tarde, pero antes, por la mañana, se había entrevistado con el cardenal Baggio, al que comunicó algunos de los importantes cambios que pretendía introducir en la jerarquía vaticana, entre otras cosas porque uno le afectaba directamente. Baggio disfrutaba entonces del puesto de Prefecto para la Congregación del Clero, pero el nuevo Papa quería que se marchara a Venecia para ocupar la sede que él mismo había dejado vacante tras su elección. La noticia desató la ira del cardenal, que tuvo que ser aplacado por el propio Luciani. A mediodía, en conversación telefónica con el tercer cardenal de la jornada, Benelli, el Papa le comentó la muy poco cristiana reacción de Baggio antes de ofrecer al propio Benelli el puesto de secretario de Estado en sustitución de Villot. El cuarto cardenal con el que habló, también por teléfono, fue Colombo, a quien también explicó poco antes de las nueve de la noche los cambios que pensaba hacer. Después se fue a sus habitaciones, de las que no volvió a salir por su propio pie.

La sucesiva desaparición de los diferentes protagonistas del suceso ha echado más tierra sobre el asunto y también ha alimentado las sospechas. Por ejemplo, el cardenal Villot murió seis meses después por culpa de «una neumonía bronquial». O eso dijo el primer informe médico, porque el segundo examen que se practicó a su cadáver afirmaba que en realidad había fallecido por «problemas renales». Para aclarar la causa definitiva del óbito hubo una tercera investigación, cuyas conclusiones fueron «hepatitis», y aún un cuarto análisis que dictó «hemorragia interna». Nadie sabe cuántas más causas de la muerte se podrían haber encontrado en el cuerpo si se le hubieran practicado más autopsias.

Los mercaderes del templo

El obispo Paul Marzinkus nació en Illinois, Estados Unidos, en 1922. Tras estudiar en la Universidad Gregoriana de Roma y doctorarse en derecho canónico fue recomendado en 1963 por el cardenal de Nueva York, el intrigante Francis Spellman, ante el propio Pablo VI, que lo tomó como intérprete y guardaespaldas, y fue apodado el Gorila. Sin embargo, Marzinkus consiguió ganarse la plena confianza de Pablo VI, hasta el punto de ser nombrado años más tarde director del IOR, el Instituto para las Obras de Religión o, más sencillamente, la Banca Vaticana.

El principal objetivo que se le encomendó fue redistribuir las inversiones que hasta entonces habían seguido la estrategia diseñada desde los años cuarenta por un seglar llamado Bernardino Nogara, fideicomisario de la casa Rothschild de París. Éste ya había cambiado entonces la política antiusura que la Iglesia católica había mantenido durante los siglos anteriores. Para ello dispuso de los beneficios fiscales, aduaneros y diplomáticos concedidos durante el régimen fascista de Benito Mussolini gracias al Tratado de Letrán de 1929. Gracias a esos beneficios se dedicó a invertir en el mercado del oro y a especular en todo tipo de transacciones bursátiles. Muchas de las inversiones se dedicaron a la compra de acciones de empresas de alta rentabilidad, como las que entonces fabricaban armamento y métodos anticonceptivos (como las píldoras Luteolas, fabricadas por el Instituto Farmacológico Sereno). Más adelante optó por comprar varios bancos, así como acciones en diversos sectores, como los seguros, el acero o la propiedad inmobiliaria, donde llegó a poseer el 15 % de la empresa La Societá Generale Inmobiliare.

Cuando Marzinkus se hizo cargo del Banco del Vaticano se redujeron las inversiones en el mercado italiano y se traspasaron a mercados extranjeros, en especial a Estados Unidos, donde conectó con J. P. Morgan, Chase Manhattan Bank y otras entidades financieras que ya conocemos. En estas operaciones utilizó los consejos y la red financiera internacional de un banquero siciliano que conocía a Pablo VI de la época en la que todavía era el arzobispo Montini de Milán. Este banquero se llamaba Michele Sindona.

Sindona era un viejo conocido de la Mafia, pues había comenzado su carrera lavando dinero negro de la Cosa Nostra neoyorquina a través de la compra de entidades financieras y después construyó su propio entramado bancario, de dimensiones internacionales. Gracias a los beneficios de sus negocios, llegó a donar al entonces cardenal Montini dos millones de dólares para la construcción de un asilo. Así que cuando Montini llegó a la cima de su carrera religiosa, Sindona se convirtió nada menos que en el consejero financiero de la fortuna del Vaticano. Aprovechó su racha de suerte para actuar en una doble dirección: a la vez que orientaba y manejaba las inversiones que Marzinkus había puesto en sus manos, utilizaba la propia estructura bancaria de la Santa Sede para evadir impuestos y seguir blanqueando el dinero de la Mafia.

Por otra parte, Licio Gelli, un poderoso empresario del sector textil de la Toscana con un extenso currículum de secretos a sus espaldas, proporcionaba cobertura política a Sindona. Gelli había luchado en la guerra civil española y después había militado en las SS de Himmler. Tras la segunda guerra mundial emigró a Argentina, donde llegó a ser consejero económico del general Perón. De regreso a Italia trabajó primero para la KGB soviética y después para la CIA. En la época en la que colaboró con Sindona era el gran maestre de la logia masónica P-2 o Propaganda Due (Propaganda Dos). Ésta no era una logia más, había sido fundada en 1966 a instancias del entonces gran maestre del Oriente de Italia, Giordano Gamberini, y sus planes de fondo eran similares a los de los Illuminati, pues no aceptaban en sus filas a ningún miembro que no dispusiera de un mínimo de influencia, riqueza o poder en algún sector de la sociedad.

Según algunos expertos, este grupo era heredero directo de los carbonarios. El caso es que en su ceremonial iniciático se sucedían una serie de amenazas al neófito que recuerdan mucho a los rituales de esta hermandad. Entre otras respuestas, el nuevo miembro debía contestar afirmativamente a preguntas como: «¿Estás preparado, pagano, para luchar y tal vez tener que sentir vergüenza y morir, para que nosotros que quizá seamos tus hermanos podamos destruir este gobierno y formar una presidencia?» La última prueba consistía en dejar caer a su lado una víbora. Si el aspirante se dejaba vencer por el miedo, no era admitido, pero si aguantaba serenamente durante un minuto, se le daba la bienvenida. En el juramento posterior, el nuevo miembro de la P-2 se comprometía a «combatir los males del comunismo, asestar un golpe al liberalismo y luchar para establecer un gobierno presidencial». Gelli había ingresado dos años antes en la masonería, pero en poco tiempo alcanzó el grado que le permitió controlar Propaganda Due y edificar gracias a ella un importante centro de tráfico de influencias políticas y militares.

Así pues, Sindona recibía protección política de Gelli y a cambio le pagaba con importantes sumas de dinero para financiar las actividades de la P-2. Y no sólo eso: la mano derecha de Gelli en su organización masónica, Umberto Ortolani, era abogado y gentilhombre de Su Santidad. Por este motivo, Gelli podía comer regularmente con Marzinkus e incluso fue recibido en varias ocasiones en audiencia privada por Pablo VI.

Todo funcionó correctamente hasta que la masiva evasión de capitales vaticanos fuera de Italia originó una crisis económica en el país en 1970. Sin embargo, los miembros de la trama no se dieron por aludidos ante el primer aviso. Por aquella época, otro de los masones de Propaganda Due, Roberto Calvi, pasó a engrosar las filas de los consejeros financieros del cardenal Marzinkus y fue nombrado director del Banco Ambrosiano, también conocido como «la lavadora» por las enormes cifras de dinero negro que se blanqueaban cada año. El propio Marzinkus le vendió a Calvi la Banca Católica del Véneto para que la sumara a su irregular red financiera. El resultado es que ese banco, que tradicionalmente había hecho préstamos a bajo interés a sus clientes con menos ingresos, cambió radicalmente de política. Varios obispos solicitaron entonces al cardenal Albino Luciani que estudiara el caso, y éste acabó descubriendo la verdadera naturaleza de los negocios de Calvi, Sindona y el mismo Marzinkus, pero poco pudo hacer en aquel momento.

Finalmente, una serie de quiebras de bancos europeos y norteamericanos descubrió todos esos manejos en 1974. El hundimiento del Banco Nacional Franklin de Nueva York fue el más oneroso para la Banca Vaticana, que perdió una cantidad espectacular de dinero mientras Sindona era arrestado en Estados Unidos, donde fue juzgado y condenado por malversación de cuentas. El gobierno italiano pidió su extradición para llevarlo también a juicio y la obtuvo. En su propio país fue condenado a cadena perpetua por su implicación en la muerte del fiscal encargado de investigar la quiebra de sus bancos. Dos días después de ingresar en una prisión de máxima seguridad, Sindona falleció víctima de un extraño ataque descrito alternativamente como «infarto» y «derrame cerebral».

A duras penas, Marzinkus y Calvi lograron salvar el Banco Ambrosiano y la Banca Vaticana, pidiendo cuantiosos préstamos a banqueros internacionales (como sabemos, uno de los instrumentos predilectos de los Illuminati) y ofreciendo a cambio la «garantía moral» del Vaticano. Pero entonces falleció Pablo VI y Luciani fue elegido nuevo Papa con el nombre de Juan Pablo I. Los responsables de la finanza vaticana se encontraban, pues, en una posición precaria, pues sabían que el nuevo Pontífice, hombre idealista y admirador del espíritu pobre pero honrado de la denominada Iglesia primitiva, sería capaz de provocar la quiebra definitiva de las dos entidades bancarias con tal de depurar a la Santa Sede de especuladores y buscavidas.

Sus cuitas, empero, no duraron mucho, ya que «un golpe de fortuna» los libró del problema con la sorprendente y rápida muerte de Luciani. Poco después asumió el poder su sucesor Karol Wojtyla, con el nombre de Juan Pablo II.

Mientras tanto, la policía italiana proseguía sus investigaciones y de alguna forma acabó llegando hasta Gelli. En marzo de 1981, una operación policial intentó detenerlo en su villa residencial, pero cuando los agentes entraron, el dirigente masón había desaparecido. Tras efectuar un riguroso registro, aparecieron los archivos secretos de la logia Propaganda Due, entre los que figuraban los nombres de sus 953 miembros activos.

El escándalo fue enorme en Italia, porque en la lista figuraban, entre otros, el ex presidente Giulio Andreotti y varios ex primeros ministros italianos, así como tres ministros del gobierno, entre ellos, el responsable de Justicia, Adolfo Sarti; noventa jueces, más de cuarenta parlamentarios, diversos líderes de partidos políticos, banqueros, directores de periódicos, casi doscientos oficiales de los tres ejércitos, entre ellos, Torrissi, el entonces general en jefe del Alto Estado Mayor; los directores de los tres principales servicios de inteligencia, y numerosos profesores universitarios. En realidad, nada nuevo bajo el sol. Desde la época de Mazzini y Garibaldi, muchos de los dirigentes políticos italianos han pertenecido a una u otra logia masónica. El mismo Silvio Berlusconi perteneció a Propaganda Due, donde se inició al menos tres años antes de que se produjera la operación policial, aunque, según explicó posteriormente en una entrevista, lo hizo «sólo por congraciarse con un amigo» y, por supuesto, dijo, «nunca asistí a sus reuniones ni me vi favorecido por sus maquinaciones». Todos los miembros de la P-2 habían jurado obediencia absoluta a su gran maestre, aunque el sistema jerárquico estaba tan bien organizado que muchos no sabían que el jefe era Licio Gelli, al que ni siquiera conocían. En todo caso, la grave crisis política estaba servida, ya que el gobierno de Foriani, entonces en el poder, estaba plagado de miembros de Propaganda Due.

La idea de fondo de esta logia masónica, según los documentos descubiertos por las autoridades, era enterrar el régimen político italiano nacido de la segunda guerra mundial y basado en el enfrentamiento de dos fuerzas principales, comunistas y democristianos, para sustituirlo por un gobierno de corte más presidencialista y ciertos tintes autoritarios —la vieja táctica de tesis y antítesis superadas por la síntesis—. Ese gobierno estaría bajo control oculto de la P-2, cuya presencia nunca sería pública.

No deja de ser curioso que en los años noventa del siglo pasado y tras la llamada Crisis de Tangentópolis, la arquitectura política italiana siguiera precisamente ese camino, con el desmoronamiento de ambos bloques y la aparición de un partido político «anónimo» y populista, Forza Italia (que sería como fundar en España uno llamado Viva España) dirigido precisamente por Berlusconi, ex miembro de P-2.

A finales de julio de 1981, el lazo se estrecha un poco más. El Banco Ambrosiano quebró definitivamente y Calvi intentó presionar a Marzinkus para que acudiese en su ayuda. Condenado por la justicia italiana con una pena poco severa, consiguió la libertad bajo fianza un año después y lo primero que hizo fue subirse a un avión para viajar a Londres. Según diversas fuentes, buscaba el apoyo de una muy poderosa logia masónica y tal vez llevaba consigo cierta documentación que había guardado en una caja de alta seguridad de la banca suiza del Gottardo. Poco después, su cadáver apareció colgado de un puente londinense. En sus bolsillos tenía un pasaporte falso, veinte mil dólares y cinco kilos y medio de piedras preciosas. Su muerte aún no ha sido aclarada.

De vuelta a Italia, Gelli también fue implicado en la quiebra del Ambrosiano y encarcelado en 1982 en una prisión de máxima seguridad de la que escapó poco más tarde. En 1986, el Tribunal Supremo le acusó de estar implicado en una brutal matanza en Bolonia, dirigida según los magistrados por ciertos elementos de la ultraderecha. Capturado finalmente, fue encarcelado de nuevo, pero, por motivos de salud, se le permitió cumplir arresto domiciliario hasta el final de sus días.

El porqué de un santo

El hundimiento del Banco Ambrosiano dejó a la Banca Vaticana a las puertas de la ruina. Los banqueros internacionales se mostraron insensibles a las sugerencias de una refinanciación de lo ya invertido. Se limitaron a guardar silencio, como si esperaran algo. Lo cierto es que las deudas eran de tal calibre que toda la estructura de la Iglesia católica se tambaleó. Sólo un milagro podía salvar los intereses vaticanos. Pero si hay algo que no le falta a la institución vaticana, son hacedores de milagros.

Y el milagro se materializó. Inesperadamente, el Opus Dei se ofreció a enjugar la desesperada situación financiera y, de propina, a hacerse cargo del 30% de los gastos anuales del Vaticano. A cambio de algunas concesiones, por supuesto, *quid pro quo*.

Como es lógico, Juan Pablo II aceptó y aquel mismo año se vio obligado a pagar la primera «letra» a la Obra, concediéndole el estatuto especial de Prelatura Personal del Papa. En los años sucesivos pagaría el resto facilitando primero el desembarco en la administración vaticana de una auténtica legión de miembros del Opus Dei, que coparon los puestos decisivos, y promoviendo después la subida a los altares de Escrivá de Balaguer. Sólo 17 años después de su muerte, el fundador de la Obra adquiría la categoría de beato y, en 12 años más, accedió a la de santo. Si estos plazos nos parecen largos a la hora de proclamar un nuevo santo según el Vaticano, tengamos en cuenta que las causas de canonización pueden extenderse por períodos mucho mayores, como bien lo saben, por ejemplo, los impulsores de la de Isabel la Católica, quien, pese a su apelativo, da la impresión de que tendrá que seguir esperando bastante.

El sacerdote Jesús López Sáez resume así la situación en su libro *Se pedirá cuenta*: «La diferencia es que Juan Pablo I quiso echar a los mercaderes del templo, mientras que Juan Pablo II expulsó a unos [miembros de la masonería] para echarse en brazos de otros [miembros del Opus Dei].»

Antes de morir, Luciani había confesado a varios de sus amigos que no confiaba en disfrutar de un pontificado largo porque sabía que tenía poderosos enemigos. En alguna ocasión llegó a aseverar que ya conocía el nombre del que le sucedería en el trono papal y, aunque nunca lo nombraba directamente, se refería a él como «el extranjero» (por su nacionalidad polaca frente a la cadena de Papas de origen italiano que lo habían precedido, como él mismo) o bien «el que estaba sentado frente a mí en el cónclave» donde fue elegido. Y éste, en efecto, no era otro que Karol Wojtyla, candidato apoyado por el cardenal Villot y otros miembros importantes de la curia.

Una hipótesis extravagante, pero que, por las fechas en las que todo ocurrió, puede acercarse a la realidad de los hechos, afirma que cuando el cardenal polaco tuvo ante sí la misma información que su predecesor dudó ante la posibilidad de seguir los pasos de Juan Pablo I o doblegarse a los manejos de sus consejeros financieros. En ese momento, se habría decidido por un tercer camino: revelar a las autoridades policiales italianas, por medio de intermediarios, la implicación real de Gelli y facilitar su detención, así como la intervención de los documentos comprometedores en los que figuraban los miembros de Propaganda Due. Como sabemos, la operación policial se desarrolló en marzo de 1981, aunque se desconoce la información de la que disponía la policía para ponerla en marcha.

Dos meses después, Juan Pablo II sufrió el misterioso atentado que estuvo a punto de costarle la vida a manos de Alí Mehmet Agca, un asesino profesional del que nunca ha quedado claro para quién trabajaba.

Lo cierto es que, una vez recuperado del atentado y tras la intervención del Opus Dei, Wojtyla no volvió a ocuparse de las cuestiones financieras. Concentró sus esfuerzos en sus actividades religiosas y políticas y diseñó una agenda que le llevaría a recorrer el mundo varias veces, convirtiéndose de ese modo en el Papa más viajero, con diferencia, de toda la historia de la Iglesia católica.

Juan Pablo II tiene ya una edad avanzada y su estado de salud deja bastante que desear, hasta el punto de que en los últimos años se llegó a plantear un debate público sobre la posibilidad de su dimisión. Nadie sabe cuánto tiempo más permanecerá en este valle de lágrimas, pero lo que sí está claro es que su sucesor habrá sido prácticamente nombrado por él. Las reformas del Colegio Cardenalicio durante los últimos años, en los que Wojtyla ha escogido y nombrado personalmente a muchos de los nuevos cardenales, garantizan que el próximo Sumo Pontífice seguirá fiel a la línea del actual.

La rendición

¿Cuál es, en todo caso, esa línea? Si examinamos de cerca los cambios sucedidos en el seno de la Iglesia católica desde el Concilio Vaticano II comprobaremos que algunos de los más importantes se parecen bastante a determinados objetivos de los Illuminati. Por ejemplo, el actual concepto de ecumenismo o universalismo, sospechosamente similar a una globalización religiosa más que a una extensión de la «verdadera Palabra de Dios», como hasta ahora rezaba su doctrina oficial.

Durante siglos, la Iglesia católica se empeñó en cristianizar el mundo cayera quien cayese, a sablazo limpio si era preciso, alejándose progresivamente de las orientaciones más pacíficas y espirituales de Jesucristo, mientras edificaba un poder puramente material como el simbolizado por la Ciudad del Vaticano, que en poco se distinguía de otros belicosos reinos medievales y cuyos abusos y errores provocaron sucesivos cismas y rupturas dentro del cristianismo. Anglicanos, protestantes, ortodoxos, puritanos y demás ramas desgajadas de la Iglesia de Roma han actuado aún peor, pues mientras ésta se ha ido moderando con el paso del tiempo, la gran mayoría de aquéllas ha hecho gala de un fanatismo y una cerrazón de ideas (y muchas siguen haciéndolo en la actualidad) muy parecidas a la actitud de los integristas musulmanes que tanto miedo despiertan hoy en Occidente, sólo que sus miembros llevan ahora traje y corbata.

En todo caso, desde los años sesenta del siglo XX la antigua postura eclesial de «o estás conmigo o contra mí» ha evolucionado claramente, pero no lo ha hecho hacia un más lógico, desde su punto de vista, «yo tengo la razón y tú no, pero si no quieres recapacitar y venir conmigo, sé libre de equivocarte como quieras», sino hacia un confuso «yo tengo la razón y tú también la tienes aunque nuestras religiones se contradigan, pero, qué más da, celebremos juntos y que cada uno rece lo suyo y luego que haga cada uno lo que quiera, pues en el fondo somos lo mismo». Los últimos papas y, en especial Juan Pablo II, han apostado fuerte por este ambiguo ecumenismo, como demuestra la fundación del llamado Consejo Mundial de las Iglesias impulsado por Wojtyla. El constante acercamiento a otras confesiones cristianas ha sido calificado por algunos líderes religiosos, como los popes de la Iglesia Ortodoxa rusa, de auténtico «abrazo del oso», pues aseguran que el Papa «no busca reunificar el cristianismo sin más, sino absorber dentro del catolicismo a todas las creencias posibles del mundo, no sólo a las cristianas».

Dentro de esa estrategia, Karol Wojtyla llegó a calificar en 1982 a los cristianos de «semitas espirituales» y «descendientes de Abraham». Cualquiera que tenga unos mínimos conocimientos de teología es consciente de que el hecho de que tanto el judaísmo como el cristianismo surgieran en un mismo escenario geográfico, si bien en tiempos diferentes, y aunque el mismo Jesús hubiera nacido dentro de la fe judía, semejante circunstancia no equivale a una continuidad de una religión a la otra. El mero hecho de leer y comparar los textos agrupados en las dos partes de La Biblia, el Antiguo Testamento y el Nuevo Testamento, nos lleva a deducir de inmediato que el Dios de Jesucristo no tiene mucho que ver con el de los profetas judíos, que en realidad se trata de dos creencias parecidas pero en esencia diferentes.

En 1986, Juan Pablo II organizó durante las celebraciones en honor a san Francisco de Asís una oración multirreligiosa por la paz mundial. Michael Howard, autor de *La Conspiración oculta*, describía así la ceremonia: «Los tradicionalistas se horrorizaron al ver que el Pontífice compartía alegremente semejante plataforma con un lama tibetano, un swami hindú, un médico brujo indígena norteamericano, un rabino judío y un sumo sacerdote maorí. [...] La unidad de todas las religiones del mundo y el reconocimiento de que todas derivaron de la misma fuente antigua es la filosofía central de las sociedades secretas». Y eso está en franca contradicción con la doctrina formal de la Iglesia católica, según la cual la doctrina impartida por Jesucristo es la única verdad revelada.

El mismo Howard se refería también a la información publicada anteriormente por la prensa italiana en el verano de 1976, según la cual circulaba una lista de altos jerarcas eclesiásticos que habían sido iniciados en varias sociedades secretas, casi todas ellas logias masónicas. Entre ellos figuraba el secretario privado del

Papa Pablo VI, el director general de Radio Vaticano, el arzobispo de Florencia, el abad de la Orden de San Benedicto y al menos siete obispos italianos. Pese a los desmentidos oficiales, una investigación posterior sacó a la luz una nueva lista con los nombres de 125 prelados miembros de este tipo de organizaciones.

Así, el último gran proyecto impulsado por diversos grupos y sectas, cristianas o no, pretendía transformar la ciudad de Jerusalén en una especie de comodín religioso que fuese capaz de reconciliar las llamadas «religiones del Libro», judaísmo, cristianismo e islamismo, instaurando lugares comunes de culto para las tres, de tal forma que acabara siendo designada como una especie de capital espiritual del mundo. En agosto de 1990, el director de un seminario de la Sociedad Teosófica en Boston aseguraba que el plan para poner en marcha una llamada religión pagana del nuevo orden mundial exigía que el Papa viajara a Jerusalén «en un momento preciso» para presidir una conferencia religiosa mundial con representación de miembros de todos los grandes credos del mundo. El colofón de esa conferencia sería el anuncio formal del Papa de que, a partir de ese momento, «todas las religiones del planeta se fundirían en una sola».

Según las voces de algunos sectores integristas del clero católico, así calificados por su afán en mantenerse anclados en la manera de entender el cristianismo previa al Concilio Vaticano II, la organización de éste fue el caballo de Troya utilizado por los Illuminati para introducirse definitivamente en el seno de la Iglesia católica, aunque existieron intentos previos. Según Bill Cooper, autor de *He ahí un caballo pálido*, uno de ellos fue la alianza presuntamente firmada en 1952, cuando «por primera vez en la historia se unieron las Familias Negras [entendiendo como tales a la parte de la nobleza europea habitual practicante del espiritismo y de otras actividades místico religiosas "políticamente incorrectas"], los Illuminati, el Vaticano y los masones. Todos trabajan ahora juntos para traer el nuevo orden mundial». Aunque muchos tradicionalistas no llegan a los extremos de Cooper, acusan a Juan Pablo II de actuar como punta de lanza de intereses ajenos a la misma institución y ven en cada uno de sus gestos o de sus palabras señales secretas que indican hasta qué punto representa un papel en el que ya no cree.

Piers Compton, ex editor de un periódico católico norteamericano llamado *The Universe* (El Universo), se preguntaba en
su libro *La cruz torcida*: «¿Qué es lo que realmente ha causado los
cambios en la Iglesia?» Y se contestaba a sí mismo: «La obra deliberada de un plan de siglos para destruirla desde dentro.» Compton recordaba que entre los planes originales de Adam Weishaupt
figuraba su intención de «amalgamar las religiones al disolver todas las diferencias de creencias y rituales que las habían mantenido aparte, y apoderarse del papado, colocando a un agente suyo
en la silla de Pedro» sin que los fieles católicos lo advirtieran. Y señala que en el Congreso Eucarístico de Filadelfia de 1976, justo
en el 200 aniversario de la fundación de los Iluminados de Baviera, un gran triángulo con un ojo en su interior presidió las reuniones de los fieles. Una reproducción de esta imagen apareció en
una serie de sellos emitida por el Vaticano en 1978.

Pero Compton va mucho más allá. En su opinión, el primer Papa que «se rindió» a los Illuminati fue Pablo VI, quien el
4 de octubre de 1965 pronunció un discurso en las Naciones Uni-
das «que propagó el evangelio social, tan cercano al corazón de
los revolucionarios, sin una sola referencia a las doctrinas religiosas que los mismos revolucionarios encontraban tan perniciosas».
Después, fue al salón de Meditación de la ONU, donde, en secreto, realizó «un ritual ocultista de iniciación» cuya validez quedó rubricada por la posterior construcción en Washington del llamado Templo del Entendimiento, provisto también de un
triángulo con el ojo correspondiente, y en el que se representa a
las seis creencias más extendidas del mundo: hinduismo, budismo, confucianismo, judaísmo, cristianismo e islamismo. Por último, Pablo VI fue el primer Pontífice que empezó a utilizar un
«símbolo siniestro, utilizado por los satanistas en el siglo VI. [...]
Éste era una cruz torcida o partida, en la que se exhibe una figura repulsiva y distorsionada de Cristo, de la cual los practicantes
de la magia negra [...] habían hecho uso».

En el último tomo de las memorias de Karol Wojtyla, titulado *¡Levantáos, vamos!*, una inquietante fotografía nos muestra al
Papa detrás de esa «cruz torcida» mientras mira a la cámara con
un solo ojo.

El 14 de agosto de 2004, Juan Pablo II visitó Lourdes, donde oró por la paz en el mundo. En este viaje tuvo ocasión de entrevistarse con el presidente de Francia Jacques Chirac en el mismo aeropuerto de Tarbes, próximo al famoso santuario mariano. Allí hablaron sobre asuntos políticos y religiosos, como la guerra en Irak o la mención del cristianismo en la futura Constitución Europea. Chirac pronunció frases firmes pero conciliadoras que pueden interpretarse de muchas formas: «Lenta pero inexorablemente, los pueblos, las naciones y los estados reconocen que la protección del más débil es un imperativo moral que trasciende las fronteras.» Y también: «Francia y el Vaticano coinciden en la afirmación de una conciencia universal en defensa de los valores de paz, libertad y solidaridad y en el combate por un mundo que coloca al hombre en el centro de todo proyecto.»

Son, sin duda, opiniones que nos resultan familiares, pero más espectaculares resultaron las palabras del Papa: «La Iglesia católica desea ofrecer a la sociedad su específica contribución en la edificación de un mundo en el que los grandes ideales de libertad, igualdad y fraternidad puedan constituir la base de la vida en la búsqueda y en la promoción incansable del bien común.»

Por primera vez en la historia del Vaticano, un Papa se atrevía a reclamar como propios, en voz alta, los ideales masónicos, los ideales de los Illuminati.

TERCERA PARTE

Los Illuminati en la actualidad

> La historia de la libertad es la de la lucha
> por limitar el poder del gobierno.
>
> THOMAS WOODROW WILSON,
> presidente de Estados Unidos

Un nuevo instrumento

Ser presidente de Estados Unidos encarna uno de los grandes sueños de cualquier político con aspiraciones de la mayor potencia mundial de nuestros días. Sin embargo, no es un puesto fácil de alcanzar debido a la cantidad de influencias y dinero necesarios. Tampoco se puede decir que se trate de un cargo especialmente cómodo; ni siquiera seguro, pese a la parafernalia de escoltas que lleva aparejado en cada desplazamiento. Llama la atención comprobar que prácticamente todos los que han logrado ocupar la Casa Blanca tras ganar unas elecciones en un año cuya cifra termina en cero y un decenio par han muerto en el ejercicio del cargo.

Para la astrología moderna, la explicación hay que buscarla en una desafortunada conjunción que forman Júpiter y Saturno exactamente cada dos decenios. Para algunos estudiosos de la historia y la cultura de los indios americanos, los nativos autóctonos que fueron progresivamente despojados de sus tierras y luego prácticamente exterminados, la culpa es de una maldición lanzada por importantes chamanes contra el «padre blanco de Washington que nos engañó». Algunos autores piensan que se trata de un tipo de impuesto siniestro y espectacular de los Illuminati, o alguna organización paralela, en forma de sacrificio humano.

Así pues, William Henry Harrison (1840), Abraham Lincoln (1860), James A. Garfield (1880), Warren Harding (1920),

Franklin D. Roosevelt (1940) y John F. Kennedy (1960) fallecieron víctimas de atentados o «enfermedades». Entre paréntesis figura el año de su elección. George W. Bush fue elegido en el 2000 y de momento parece que goza de buena salud a pesar de algunos pequeños tropiezos domésticos. Y Ronald Reagan, que fue elegido en 1980, resultó gravemente herido en un atentado del que consiguió recuperarse, aunque durante un tiempo corrió el rumor de que tuvo que ser sustituido por un doble. Nada raro, teniendo en cuenta que los ciudadanos estadounidenses son los más aficionados del mundo occidental a la teoría de las conspiraciones y que además, en la actualidad, un presidente de Estados Unidos no es más que el vértice visible en el poder y no toma decisiones unipersonales.

Por lo demás, los ciudadanos norteamericanos tampoco son ángeles ni seres especiales, sino simples seres humanos como los demás, con sus defectos y sus virtudes. Por ello, y aunque se empeñen en ver como un héroe arrojado, digno y fuerte a todo el que se envuelva con la bandera de las barras y estrellas, lo cierto es que están expuestos a ser engañados, traicionados y desorientados por sus propios dirigentes, igual que el resto de pueblos de la tierra. Sobre todo si están infiltrados los Illuminati.

El golpe de Estado que nunca existió

El asalto violento del poder, los golpes de Estado a la vieja usanza no son exclusivos de los «viejos» y «desorientados» países europeos o los «corruptos» regímenes del Tercer Mundo, como suele creer la mayoría de estadounidenses. También su propio país ha sufrido alguno que otro, aunque pocos se hayan enterado.

En 1926 y durante un discurso pronunciado ante la Sociedad Química Americana, uno de los entonces prohombres de la alta sociedad estadounidense, el industrial Irenee Du Pont, disertó sobre uno de sus temas favoritos: la necesidad de mejorar la raza humana o, mejor, de crear una nueva raza de superhombres que pudiera afrontar con garantías el incierto futuro de la especie. En su opinión, la sana juventud norteamericana podría verse catapultada hacia nuevos y mejores estándares de vida si se le aplicaba una combinación adecuada de drogas y técnicas psicológicas (lo que por cierto constituyó, durante la segunda mitad del siglo XX, la génesis de uno de los superhéroes más famosos de la historia del cómics Marvel: el capitán América). El problema es que, según reconocía el propio Du Pont, la mayoría de sus contemporáneos no parecían preparados para asumir semejante objetivo.

Como tantos otros ciudadanos americanos y europeos, sobre todo de las clases acomodadas, Du Pont era un decidido partidario tanto del racismo, entendiendo como tal la necesidad de evitar la mezcla de razas y preservar las diferencia entre ellas, especialmente la blanca para evitar que desapareciera a través del mestizaje, como de la eugenesia, una rama de la ciencia hoy casi maldita desde que salieron a la luz algunos de los experimentos nazis.

En teoría, la eugenesia no tiene nada de demoníaco. De hecho, se practica desde tiempos inmemoriales con las plantas y el ganado al cruzar los mejores ejemplares de una especie, favorecer las condiciones ambientales para su desarrollo y, en general, dando un pequeño empujón a la evolución natural. En el caso del ser humano, se trataría básicamente de buscar y poner en práctica la metodología y las técnicas precisas para ayudarlo a mejorar de forma progresiva, física y mentalmente; por ejemplo, facilitándole sistemáticamente una dosis de vitaminas extra para redoblar la capacidad del sistema inmunológico. El problema es cuando la eugenesia se reserva en exclusiva para una serie de individuos escogidos, con el fin de lograr no una elevación general del nivel humano, sino sólo la de esos individuos, a los que se dotaría, de esta forma, de una ventaja que les permitiría ir siempre por delante respecto a los demás.

Como veremos más adelante, el régimen nazi no fue el único que investigó en este sentido, pero, por las fechas en las que ocurrieron los sucesos que en seguida relataremos, Hitler aún no había llegado al poder. Sin embargo, Du Pont y muchos otros grandes industriales y magnates norteamericanos elaboraron una serie de planes, que los llevó a financiar a comienzos de los años treinta organizaciones racistas como la Liga de la Libertad Americana, que, según algunos expertos, llegó a contar con un millón de seguidores. En el fondo, los prohombres compartían muchas de las ideas de los nazis y deseaban aplicarlas también en su país.

En 1934, y teniendo en cuenta la evolución de la política europea, la situación parecía lo bastante madura para intentar hacerse abiertamente con el poder en Estados Unidos. Se trataba de quitar de en medio al entonces presidente Franklin D. Roosevelt, al que los conjurados acusaban de probolchevique y antiamericano, para sustituirlo por otro mandatario y otro tipo de régimen. No obstante, en un país donde la libertad de armamento está consagrada por la Constitución, y, por tanto, cualquier ciudadano sin problemas con la justicia tiene derecho a disponer en su casa de las armas que quiera, se hacía imprescindible contar con el apoyo directo del ejército y de un hombre de acción capacitado para conducirlo, si es que llegaba el momento de imponerse por la fuerza. Los conspiradores estudiaron cuidadosamente las opciones disponibles y decidieron embarcar en su aventura a uno de los generales más populares de la época, Smedley Darlington Butler, ex comandante en jefe de los marines, con un amplio y brillante historial militar y condecorado en dos ocasiones con la Medalla de Honor del Congreso, uno de los militares más laureados de la historia de Estados Unidos.

El encargado de contactar con Butler fue Gerald G. MacGuire, quien decía a todo aquel que quisiera escucharle que Estados Unidos «necesita un gobierno fascista» para «salvar a la nación de los comunistas, que sólo aspiran a destruir y arrasar todo lo que hemos construido en América». El plan, según le explicó al general Butler, era lanzar un ultimátum a Roosevelt para que éste nombrara un nuevo secretario de Asuntos Generales afín a los conspiradores. Dotado de pleno apoyo presidencial, este cargo pondría en marcha de manera pacífica el proceso de transición hacia el tipo de régimen que deseaban Du Pont, MacGuire y los suyos. En caso de que el presidente se negara a asumir esas exigencias, Butler debería liderar un ejército privado, que se organizaría en poco tiempo a partir del medio millón de veteranos de la Legión Americana, así como de otros grupos de milicias fascistas. Entonces, el militar podría dar un golpe de Estado en Washington, que debería ser apoyado por las tropas regulares gracias a su prestigio personal.

Nadie sabe lo que habría ocurrido si el *Cuáquero luchador*, apelativo popular de Butler, hubiera decidido secundar ese plan, pero lo más probable es que la historia contemporánea fuera muy diferente de la que hoy conocemos. De puertas afuera, el general simuló un gran entusiasmo ante esa propuesta, pero en realidad se juró a sí mismo desbaratarla en cuanto descubriera la identidad de todos los conspiradores. Durante un tiempo participó en los preparativos del golpe, mientras reunía la suficiente información para desmontar toda la trama. Sin embargo, no pudo aguantar mucho el doble juego. Entre otras cosas, porque pensó que los acontecimientos se estaban precipitando cuando conoció al banquero y financiero Robert S. Clarke, uno de los principales «tiburones» de Wall Street en aquella época, el cual le explicó que estaba dispuesto a poner treinta millones de dólares de su propia fortuna para conducir el proyecto hasta sus últimas consecuencias. Clarke le confirmó que había varios magnates y empresas implicados y provistos de fondos equivalentes con los que financiar la toma del poder. Sus nombres eran: Rockefeller, Morgan, Pitcairn, Mellon, Goodyear...

Después de esa entrevista, el general Butler decidió acudir al Congreso y denunciar lo que estaba ocurriendo. Lo hizo en el seno del Comité McCormack-Dickstein, el mismo que posteriormente se transformaría en el famoso Comité de Actividades Antiamericanas. El caso fue estudiado durante el mes de noviembre del mismo 1934 y su informe final es claro, ya que, según indica, «todas las acusaciones del general Butler están fundadas [...] y han sido verificadas».

El intento de golpe de Estado no se hizo público de inmediato. A Butler le resultaba difícil de asimilar las explicaciones que le dieron para evitar la difusión de lo ocurrido. El planteamiento era que Estados Unidos todavía estaba saliendo de una de las peores crisis financieras de la historia, el crack de 1929 y la Gran Depresión posterior. Si en ese mismo momento el gobierno detenía y encarcelaba a los principales magnates de la industria, la economía y la finanza, acusados de alta traición contra el Estado, eso supondría un gran escándalo internacional y, sobre todo, nacional, además de un golpe mortal para el sistema económico y político del país, y originaría un shock de tal calibre que podría degenerar incluso en una nueva guerra civil. Esto es, acabaría facilitando los objetivos iniciales de los conspiradores. En la Casa Blanca, le dijeron, se creía que una vez descubierta la intentona, resultaba más práctico neutralizar a los implicados, procediendo a severas advertencias bajo cuerda y asignándoles vigilancia perpetua por parte de las agencias federales. En consecuencia, la versión pública del informe final fue censurada y los medios de comunicación advertidos para que dieran la mínima cobertura posible.

Los implicados en el asunto salieron bien librados y el general Butler, profundamente decepcionado y sintiéndose traicionado en su lealtad al Estado, intentó denunciar el caso a través de entrevistas radiofónicas, cuyos ecos pronto se apagaron sin recibir una respuesta popular de interés. El ciudadano común no llegó a comprender muy bien lo ocurrido y todo el asunto fue rápidamente clasificado y archivado. Pese a que esta conspiración está documentada históricamente e incluso figura en las actas del propio Congreso de Estados Unidos, no aparece siquiera en los libros de texto escolares de este país ni, por descontado, de otros. «Ayudé a hacer de Haití y Cuba un lugar decente para que los chavales del National City Bank [propiedad de los Rockefeller] pudieran tener beneficios. Contribuí en la intervención de media docena de repúblicas centroamericanas a mayor gloria de Wall Street. Mi historial de delincuencia es largo», comentó Butler con amargura en 1935.

Los Illuminati habían tanteado el terreno para apoderarse definitivamente de Estados Unidos. Aprendieron que tendrían que ser más cuidadosos en adelante.

Tapando huecos

Muchos desconocedores de la forma de actuación de las sociedades secretas de índole criminal están convencidos de que el asesinato es el método habitual para resolver acusaciones como las del general Butler. «Hubiera sido más sencillo matarle antes de que pudiese contar todo lo que sabía», piensan. Pero la sociedad moderna ofrece medios menos ruidosos e igual de eficaces para seccionar un dedo acusador o tapar una boca delatora. Por ejemplo, el dinero. Como decía Napoleón: «Todo hombre tiene un precio y basta con pagarle lo suficiente para ponerlo de nuestra parte.» Éste es el origen de la corrupción, uno de los peores males de la política contemporánea y, en especial, de los regímenes democráticos.

En el caso de las personas honestas que pudieran rechazar la compra de su dignidad, incluso con la amenaza de la pérdida de su trabajo o la inclusión en una «lista negra» de carácter laboral, existe otro tipo de «precio», como la amenaza de escándalo (de revelar algún comportamiento no especialmente honorable de su pasado o incluso su presente), la intimidación de su familia más inmediata o el descrédito social (difundiendo mentiras de todo tipo sobre su persona). Otro método más indirecto es el de la multiplicación de pistas. No hay mejor forma de esconder una cosa que dejarla en apariencia desprotegida y a la vista de todo el mundo, si bien rodeada por miles de imitaciones sólo distinguibles por un experto. En la Antigüedad, las escuelas tanto de la Tradición como de la Antitradición se podían contar con los dedos de las manos. Resultaba muy difícil hallar una y, todavía más, ingresar en ella. Hoy, hay miles de seudoescuelas que proclaman su linaje «auténtico» y tienen sus puertas abiertas a todo el que llega.

Si todas estas técnicas no ofrecen el resultado deseado o si de lo que se trata es de quitarse definitivamente de encima a alguien, entonces sí que se utiliza el asesinato, como sucedió en los casos de Abraham Lincoln y John Fitzgerald Kennedy. Existen una serie de coincidencias asombrosas entre ambos presidentes que dan mucho qué pensar.

Abraham Lincoln fue elegido congresista de Estados Unidos en 1846 y alcanzó la Casa Blanca en 1860 mientras que JFK comenzó su carrera en el Congreso en 1946 y asumió la presidencia en 1960. Lincoln tenía un secretario privado que se apellidaba Kennedy, que le aconsejó que no acudiera al teatro el día que fue tiroteado, mientras Kennedy tuvo un secretario privado llamado Lincoln, que también le aconsejó que no visitara Dallas, escenario de su asesinato. Ambos presidentes, cuyos apellidos tienen siete letras cada uno, estuvieron vinculados en la defensa de los derechos civiles durante su etapa presidencial y ello les valió el cariño y el respeto de muchos de sus conciudadanos, aunque a la hora de la verdad tampoco aplicaron grandes reformas. Además, sus respectivas esposas sufrieron abortos mientras sus maridos eran presidentes, y en los dos casos se acusó de negligencia a los ginecólogos que las atendieron.

Los dos fueron asesinados en viernes, de disparos en la cabeza. Y fueron sucedidos por sendos presidentes del Partido Demócrata, procedentes del sur y apellidados Johnson: Andrew Johnson, nacido en 1808, sucedió a Lincoln, y Lindon Johnson, nacido en 1908, sucedió a Kennedy. Sus presuntos magnicidas tenían tres nombres y quince letras cada uno: John Wilkes Booth (1839) fue acusado de matar a Lincoln, y Lee Harvey Oswald, nacido en 1939, de matar a Kennedy. Los dos eran partidarios de fórmulas políticas muy impopulares en su país: Booth se declaraba anarquista y Oswald, comunista. Por cierto, Lincoln fue tiroteado cuando estaba en un palco en el Teatro Kennedy y Kennedy, cuando viajaba en un automóvil marca Lincoln. Según la versión policial, Wilkes Booth salió corriendo del teatro donde fue cometido el crimen, pero le detuvieron en un almacén, mientras que Oswald huyó del almacén desde donde se cree que disparó y fue detenido en un cine-teatro. Ninguno de ellos llegó a testificar porque fueron los dos a su vez asesinados antes de poder ser procesados: a Booth le mató Jack Rothwell mientras que a Oswald le disparó Jack Ruby.

El director norteamericano Oliver Stone se basó en la historia del fiscal de Nueva Orleans Jim Garrison, que investigó el caso, para realizar su larga e inquietante versión del asesinato de John Fitzgerald Kennedy. Stone recibió severas críticas en su propio país, que lo acusaban poco menos que de antipatriota, por sostener la teoría de que uno de los presidentes más populares del siglo XX había caído víctima de una compleja conspiración en la que aparecían implicados políticos, militares, agentes secretos, mafiosos, exiliados cubanos y quién sabe cuántos más extraños personajes, en lugar de aceptar la sencilla teoría del francotirador chiflado y solitario, cuya veracidad se suponía que había demostrado la Comisión Warren.

Sin embargo, esa investigación oficial puesta en marcha para aclarar el magnicidio ofreció resultados muy poco creíbles y dejó sin aclarar puntos muy oscuros. Existe además la película *Zapruder*, así llamada por su autor, un ciudadano que había acudido a la plaza Dealy, por donde iba a pasar el séquito presidencial, dispuesto a inmortalizarlo con su pequeña cámara de 8 mm. Finalmente y sin quererlo obtuvo un precioso documento histórico.

Si Kennedy, tal y como rezan las conclusiones definitivas de la Comisión Warren, recibió el balazo que acabó con su vida por la espalda, donde estaba situado Oswald, ¿por qué se ve en la película cómo rebota su cabeza hacia atrás como si en realidad le hubieran disparado de frente? ¿Por qué un chorro de sangre y de masa encefálica salieron disparadas de la parte trasera de su cráneo? En *La mejor evidencia*, David Lifton asegura que el cadáver del presidente había sido manipulado por el forense encargado del caso en el Hospital Naval de Bethesda para eliminar la prueba de la existencia de más impactos de bala de «los que tenían que aparecer». De hecho, la ley de Texas prohíbe que los cadáveres de las personas que mueren en ese estado sean trasladadas a otro sin la pertinente autopsia local, aunque sea un presidente de Estados Unidos. Pero según algunos miembros del Hospital Parkland Memorial de Dallas, los agentes de seguridad de la Casa Blanca llegaron a amenazarlos con sus armas para que no tocaran el cadáver y permitieran su traslado urgente a Washington.

Por otra parte, numerosos y anómalos fallos en la seguridad demuestran desde un principio la inminencia del atentado, como el hecho de que la escolta motorizada que solía rodear al coche del presidente fuera colocada detrás del mismo y no a su alrededor, con lo que su función pasaba a ser meramente decorativa, teniendo en cuenta además que se trataba de un descapotable. Jean Hill, testigo presencial de los hechos, afirma que uno de esos policías era amigo suyo y que le confirmó que la ruta de la caravana presidencial había sido alterada sin previo aviso nada más llegar Kennedy al aeropuerto de Dallas: «El plan inicial era ir por la carretera principal, pero se cambió para cruzar la plaza Dealy en dirección a la calle Elm.» El mismo policía aseguró que uno de sus compañeros de la escolta del vicepresidente, que iba detrás, le confesó que había visto cómo Johnson se agachaba en su asiento como si buscara algo y permanecía así cuando entraron en la plaza «por lo menos treinta segundos» antes de que se produjera el atentado. Como si esperara que fuera a suceder.

Con los años hemos sabido que era técnicamente imposible que Oswald hubiera podido matar a JFK con un arma como la que utilizó, de escasa calidad, con la mira mal ajustada y una cadencia máxima de tiro demasiado larga para el intervalo de disparos que oyeron los testigos. En cuanto a éstos, Jim Marrs, en *Fuego cruzado. El complot para asesinar a Kennedy*, recoge la siguiente estadística: durante los tres años posteriores a la muerte de Kennedy y de Oswald, 18 testigos presenciales que sostenían una opinión contraria a las conclusiones de la Comisión Warren murieron. Seis por arma de fuego, cinco por «causas naturales», tres en accidente de tráfico, dos por suicidio, uno porque le cortaron el cuello y el último con un golpe de karate. Marrs añadía el análisis de un matemático contratado por el diario británico *London Sunday Times*, que concluyó en 1967: «La posibilidad de que tantos testigos hayan muerto en estos pocos años es de 100 000 trillones entre una.»

El congresista Alle Bogs, miembro de la Comisión Warren, explicó que él no estaba de acuerdo con el informe final de sus compañeros, y llegó a acusar al FBI de utilizar «técnicas dignas de la Gestapo» durante la investigación. Pocos días después de mostrar su disconformidad con el documento y de plantearse seguir estudiando el caso por su cuenta se subió a su avioneta particular para viajar a Alaska. Se estrelló por el camino. El último y más divertido de los datos es que el chófer del coche que le llevó al aeropuerto y le acompañó hasta el aparato donde encontraría la muerte fue un joven del Partido Demócrata, que, muchos años después, llegó a ser presidente de Estados Unidos: Bill Clinton. En cualquier caso, ¿por qué murió Kennedy? Podemos suponer que hizo algo «indebido» respecto a los planes que los Illuminati habían trazado para él, pero ¿qué? Según los principales especialistas en el caso, Kennedy cometió no uno sino dos «errores». Primero, oponerse a la guerra de Vietnam, que, a raíz de su asesinato, se recrudeció hasta convertirse en el conflicto más oneroso, hasta el momento, en la memoria colectiva de los estadounidenses. Segundo, intentar desmantelar la Reserva Federal. Según cuenta el coronel James Gritz en *Llamado para servirle. Los archivos de la conspiración, desde John F. Kennedy hasta George Bush*, Kennedy ya había dado la orden de empezar a imprimir dólares con el sello del gobierno de Estados Unidos para sustituir al dinero con la firma de la Reserva Federal y recuperar así el control de las finanzas del país.

La conjura de la isla de Jekyll

Según un reciente estudio de la Comisión Federal de Comercio de Estados Unidos, el crédito se ha convertido en el mejor medio de estafa en este país, donde todos los años uno de cada seis ciudadanos es víctima de un fraude de ese tipo. El estudio cifra en 25 millones el número de estadounidenses afectados, que pagan servicios financieros para conseguir préstamos que luego nunca reciben, se ven obligados a abonar honorarios excesivos por el uso de tarjetas de crédito, así como seguros para éstas, o son involucrados en las llamadas «pirámides financieras», donde, por supuesto, nunca alcanzan la cúspide. Según Howard Beales, director del Departamento de Protección del Consumidor de esa comisión, sólo un 8% de los afectados presenta una denuncia formal ante las autoridades.

Éste es un «pequeño negocio» comparado con las grandes cuentas que manejan los banqueros favoritos de los Illuminati. Los Rotschild empezaron a asociarse con antiguos rivales del sistema financiero cuando se hizo evidente la necesidad de ampliar el negocio si realmente querían seguir manejando la situación. Estados Unidos crecía a gran velocidad y también lo hacía su influencia en el mundo. Pronto sería una nación demasiado grande para manejarla entre cinco hermanos, como había hecho la segunda generación de la familia en Europa. Así que se plantearon la posibilidad de implantar un banco central desde el que controlar la moneda y, mediante ella, la evolución de los aconteci-'mientos. Sin embargo, la octava sección del artículo uno de la Constitución norteamericana dejaba bien claro que «el Congreso se reserva el poder de acuñar dinero y regular su valor», como representante del pueblo. La mayoría de políticos, industriales y magnates locales, en general todos los que no estaban confabulados con los Illuminati, eran reacios a cambiar la situación, igual que los ciudadanos informados.

En consecuencia, era preciso obligarlos a reconsiderar su opinión... Diversos autores señalan a John Pierpont Morgan, un norteamericano instruido en Inglaterra y Alemania, como el agente más importante utilizado por la casa Rothschild en esa operación. Él fue el encargado de tirar de los hilos para provocar una serie de pánicos financieros y bursátiles durante varios años, a base de retirar grandes cantidades de dinero y volverlas a colocar de forma aleatoria e inoportuna. El senador Robert Owen explicó ante un comité del Congreso cómo se gestó esta cadena de desequilibrios financieros. Según Owen, los directores de las entidades recibían de sus superiores una orden, que fue bautizada como «la circular del pánico de 1893», en la que se decía textualmente: «Usted debe retirar de una vez la tercera parte de su dinero circulante y al mismo tiempo recoger la mitad de sus préstamos.» Al reducir bruscamente semejante cantidad de dinero en circulación, la crisis estaba servida.

En 1907, el peor año del pánico, Paul Warburg empezó a escribir y dar charlas sobre la «necesidad inmediata» de una reforma bancaria «para estabilizar la situación». En la tarea de propaganda le ayudaba el senador por Rhode Island y dirigente del Partido Republicano, Nelson Aldrich (uno de los lugartenientes de Morgan y cuya hija Abigail se casó con John D. Rockefeller), quien por cierto fue nombrado poco tiempo después jefe de la

Comisión Monetaria Nacional por el Senado. Aún debemos retener otro nombre, el de Frank Vanderlip, presidente del National City Bank de Nueva York y agente de Rockefeller, que dejó escrito en sus *Memorias* que «hubo una ocasión [...] en la que fui tan reservado, de hecho tan sigiloso como cualquier conspirador [...] respecto a nuestra expedición secreta a la isla de Jekyll, a propósito de lo que después se convertiría en el sistema de Reserva Federal». Es el mismo Vanderlip que apareció en el apartado dedicado a la financiación de la Revolución rusa.

El 22 de noviembre de 1910, ocho hombres vinculados a las más importantes instituciones bancarias de Estados Unidos se sentaron a la misma mesa en una de las salas de la mansión que Nelson Aldrich poseía en la isla de Jekyll, en la costa de Georgia. Junto al propio Aldrich y su secretario personal, el señor Shelton, estaban el subsecretario del Tesoro Abraham Piatt Andrew, el banquero Henry P. Davidson, representando a J. P. Morgan; el presidente del First National Bank neoyorquino, Charles Norton; el presidente de la Bankers Trust Company, Benjamin Strong, y los ya conocidos Paul Warburg y Frank Vanderlip. Ninguno de ellos se levantó sin haber comprometido su participación en el asalto definitivo al control financiero norteamericano y sentado las bases para la creación de un banco central participado y dirigido por entidades privadas, la Reserva Federal, que sustituyera al Bank of the USA, una entidad pública dependiente del Departamento del Tesoro. En esa reunión también se elaboró el informe de la Comisión Monetaria que debía apoyar la idea, así como la Ley Aldrich, que se encargaría de imponerla. La conjura, y los detalles de la misma, se mantuvo durante muchos años en el más estricto de los secretos y lo más probable es que nunca hubiéramos conocido lo ocurrido si Vanderlip y Warburg no lo hubieran revelado en sus respectivas memorias, dejándose llevar por el narcisismo.

Los episodios de atracos al estilo de las películas del Oeste, con pistoleros que se llevaban el oro o los dólares de la caja fuerte, eran imposibles de reproducir en las oficinas bancarias europeas, la mayoría de las cuales tenía la mínima cantidad de efectivo, muy ajustada a la necesidad diaria, pues trabajaban con cheques y pagarés. Y es que los países europeos ya llevaban tiempo controlados por bancos centrales similares al sistema de la reserva que ahora quería imponerse en Estados Unidos. Para entender la importancia de la imposición de la Reserva Federal debemos recordar que los primeros colonos no estaban sujetos a un sistema fiscal. Gracias a la independencia de Inglaterra, establecieron un gobierno que rechazaba los impuestos directos y se limitaba a imprimir papel moneda para pagar las obras públicas y el mantenimiento de infraestructuras y edificios de uso común. A fin de mantener la estabilidad de los precios y el pleno empleo, el gobierno se limitaba a controlar que el papel moneda en circulación no excediera en valor los bienes y servicios ofrecidos en el mercado.

En su libro *Y al séptimo día crearon la inflación*, F. J. Irsigler explica que «todos los estados de la Unión que observaron durante más de 130 años este simple sistema alcanzaron la prosperidad en poquísimo tiempo, gozaron de unos precios estables de sus productos y servicios y no tuvieron nunca problemas de paro».

Según diversos autores, con la Reserva Federal impulsada por los Illuminati, el gobierno perdía la gestión monetaria, que pasaba a manos de los «banqueros expertos, para apartarlo de las tentaciones de la política». Los mismos banqueros a los que, a partir de entonces, cada vez que cualquier presidente estadounidense quisiera poner en circulación una cantidad concreta de dinero tendría no sólo que pedir permiso (que la Reserva Federal podía o no conceder), sino además devolverlo con intereses. Es decir, en la práctica, la reserva se convertía en el prestamista del presidente y su gobierno. La acumulación de deudas y, sobre todo, de intereses, explica el astronómico déficit público que afronta desde entonces la Administración de Washington (es decir, todos los ciudadanos, que a la postre son los que tienen que pagarlo, con los impuestos que no existían en la época de los colonos), como los países europeos.

Después de intentar sacar adelante su plan infructuosamente durante tres años, los banqueros internacionales apoyaron la investidura del presidente Woodrow Wilson, a cambio de que éste se comprometiera a hacerlo realidad. Cuando Wilson consiguió llegar a la Casa Blanca, lo hizo acompañado por un oscuro personaje que se hacía llamar coronel sin serlo y actuaba como su secretario permanente. El presidente lo llamaba «mi otro yo». Era Edward Mandell House, hijo de un representante de diversos intereses financieros ingleses y autor de un libro en el que sostenía la necesidad de establecer «el socialismo como fue soñado por Karl Marx». Otro de sus consejeros fue Bernard Mannes Baruch, relacionado con los financieros de la isla de Jekyll y asesor influyente de sucesivos presidentes: Hoover, Roosevelt, Truman y Eisenhower. Mandell House y Mannes Baruch fueron los encargados de recordar a Wilson que cumpliera su parte del pacto y «mostrara su progresismo modernizando el sistema bancario».

En aquella época, 1913, la mayoría de los congresistas seguía estando en contra de cambiar el modelo financiero y, cuando Wilson anunció que presentaría de todas formas su propuesta, se prepararon para denegarla. No pudieron hacerlo, merced a la treta utilizada por el presidente de la cámara, Carter Glass, que convocó un pleno exclusivamente dedicado a la aprobación del sistema de Reserva Federal el 22 de diciembre, cuando la mayor parte de los parlamentarios habían tomado ya las vacaciones de Navidad, porque el mismo Glass les había prometido sólo tres días antes que no convocaría ese pleno hasta enero de 1914.

Pese a que no existía el preceptivo quórum parlamentario y por tanto no podía aprobarse la ley, Glass echó mano de la legislación según la cual «en caso de urgente necesidad nacional» el presidente de la Cámara de Representantes podía obviar ese obstáculo y dar vía libre a una ley concreta. La artimaña fue denunciada por el indignado congresista Charles A. Lindbergh (padre del famoso aviador que cruzó en solitario el Atlántico por primera vez), el cual denunció que «este acto establece el más gigantesco trust sobre la tierra. [...] Cuando el presidente lo firme, el gobierno invisible del poder monetario, cuya existencia ha sido probada en la investigación del trust del dinero, será legalizado».

Wilson se apresuró a aprobar la ley presentándola como «una victoria de la democracia sobre el trust del dinero» cuando la realidad era justo lo contrario: los principales beneficiarios y defensores del sistema eran aquellos a los que se suponía que había que desplazar, los fieles aliados financieros de los Illuminati. Si quedaba algún iluso que todavía pudiese creer al presidente Wilson, tuvo tiempo de darse cuenta de su falacia al conocer los nombramientos del primer consejo de la Reserva Federal, que dictó Mandel House: Benjamin Strong fue encargado de presidir el selecto grupo en el que también estaba Paul Warburg.

Pese al enfado de los congresistas, la decisión tomada era legal. Se pensó en revocarla, pero el trámite parlamentario era complejo y había asuntos en apariencia más importantes en los que volcarse. Entre otras cosas porque 1914 iba a ser un año terrible, el del comienzo de la primera guerra mundial. El debate sobre el nuevo sistema fue posponiéndose hasta que sus defensores lograron consolidar sus posiciones.

El consejo de la Reserva Federal ni siquiera se molestó en guardar las formas. Habían tomado el control asegurando que con su sistema se terminaría la inestabilidad y las depresiones financieras y, sin embargo, lo primero que hizo fue saturar los mercados de dinero barato. Entre 1923 y 1929 la oferta subió en un 62 % y la mayor parte fue a parar a la Bolsa.

El gobernador del Banco de Inglaterra, Montagu Norman (el mismo que aseguró en plena segunda guerra mundial que «la hegemonía del mundo financiero debería reinar sobre todos, en todas partes, como un solo control de mecanismo supernacional»), viajó a Washington en febrero de 1929 para conversar con Andrew Mellon, secretario del Tesoro. Inmediatamente después de esa visita la reserva empezó a subir la tasa de descuento. En octubre se produjo el mayor crack financiero de la historia, que enriqueció como nunca a un puñado de elegidos (los mismos que, sabedores de lo que iba a ocurrir, vendieron todas sus acciones a tiempo y buen precio y compraron después del crack los mismos valores hasta un 90 % más bajos) y empobreció a todos los demás ciudadanos. Desde entonces, las «impredecibles» crisis financieras se han sucedido a un ritmo irregular.

El consejo de la Reserva Federal jamás ha permitido una auditoría de sus cuentas. En 1967, el congresista y presidente del Comité de la Comisión Bancaria, Wright Patman, anunció tras un infructuoso intento de revisarlas: «En Estados Unidos tene-

mos hoy dos gobiernos: [...] uno legal, debidamente constituido, y otro independiente, sin control ni coordinación.»

La creciente deuda generada por este sistema bancario, im-
plantado en realidad no sólo en Estados Unidos sino en todo el
mundo occidental, fuerza a constantes subidas de impuestos. En
2001 se publicó en la prensa un trabajo realizado en diversos países para calcular el tiempo que los trabajadores dedican al Estado a cubrir los impuestos, tanto directos como indirectos. Según
este estudio, en el caso de España, el dinero que un ciudadano
medio abona cada año equivale al trabajo que realiza entre el 1
de enero y finales de junio, en torno a un 48%. Otros países están en peores condiciones, como Suecia, donde se paga cerca del
70% de los ingresos anuales en impuestos. Todos los países del
planeta arrastran una deuda, todos son acreedores de los mismos
banqueros infiltrados por los Illuminati desde hace tres siglos.

Hasta el infinito y más allá...

El premio Nobel de Economía de 2001, Joseph Stiglitz, respon-
sabilizó públicamente, en mayo de 2002, al Fondo Monetario Internacional de la gravísima crisis de Argentina: uno de los países
más ricos del mundo en recursos naturales y en población cuali-
ficada y, sin embargo, sumido en la miseria. Stiglitz, que fue asesor del presidente estadounidense Bill Clinton y vicepresidente
del Banco Mundial, opinaba que si los gobiernos argentinos hubieran seguido a rajatabla las recetas del FMI desde el primer momento «el desastre habría llegado antes y de forma aún peor».
Según su análisis, no se puede sostener que el derroche fuera la
causa del hundimiento de la economía argentina porque «a principios de los años noventa su déficit comercial no era muy superior al de Estados Unidos, y en los últimos dos años recortó su
gasto en un 10%, lo que supone un gran esfuerzo para cualquier
democracia».

Stiglitz cree que el Fondo Monetario es el principal culpable de lo ocurrido, lo mismo que de las crisis precedentes en
otros lugares del mundo, como Indonesia o Brasil. «Las políticas

económicas del FMI en los países liberalizados y privatizados en Iberoamérica en el último decenio sólo han beneficiado a un 10 % de la población. Los pobres, hoy, lo son aún más que antes de que se aplicaran sus recomendaciones.» Y concluye: «Éste es el fracaso de la globalización, porque si Argentina era el estudiante con sobresaliente, ¿qué pensará el resto de países sobre el futuro que les espera?»

El control de la Reserva Federal, como el previo de los bancos europeos, sólo era un paso más en el plan a largo plazo de los Illuminati. El siguiente movimiento lógico era el acceso a los resortes de la finanza mundial. Según diversos autores, eso se consiguió a finales de 1944 cuando se celebró en Bretton Woods, New Hampshire, una conferencia con delegaciones de 44 estados que se hallaban en guerra contra Alemania y Japón. El objetivo formal era «evitar desajustes monetarios», así como «propiciar la vuelta al multilateralismo de los pagos», imponiendo el patrón oro y constituyendo un banco internacional. Este banco debería respetar la autonomía de las políticas monetarias de cada Estado y cumplir las funciones de una cámara internacional de compensación.

Hermosas palabras si no fuera porque en aquel momento Estados Unidos ya poseía dos tercios de las reservas mundiales de oro, cuyo valor lo fija diariamente la Banca Rothschild & Hijos de Londres. Pero la situación internacional era la que era y, quien no apoyara a los futuros vencedores de la segunda guerra mundial, los tendría en contra, así que las delegaciones se mostraron en general muy sumisas a la hora de firmar los acuerdos definitivos.

Hace pues medio siglo de la constitución del Fondo Monetario Internacional con sede en Washington, una institución organizada como una especie de sociedad anónima en la que cada Estado miembro tiene un derecho de voto proporcional a la cuota que aporta, fijada ésta de acuerdo con su importancia económica, aunque en el fondo totalmente irrelevante porque Estados Unidos posee la mayoría absoluta e impone el código de conducta financiera que le place.

En cuanto al Banco Mundial, su nombre original fue Banco Internacional de Reconstrucción y Desarrollo, porque se fundó en 1945 como resultado de las conversaciones de los aliados, y su principal objetivo fue conceder préstamos a los países europeos devastados por la guerra. A partir del famoso Plan Marshall de 1948 se dedicó a financiar proyectos de naciones en vías de desarrollo. También con sede en Washington, cuenta con una asamblea de representantes de cada país, aunque los asuntos diarios de la institución están en manos de una veintena de directores ejecutivos. Entre los accionistas más importantes del Banco Mundial figuran los inevitables Rothschild, así como los Rockefeller.

El FMI y el Banco Mundial son las organizaciones más importantes de este tipo pero no las únicas. Muchas más actúan en coordinación con las anteriores para garantizar el control de la situación. Así, la Organización Mundial del Comercio cuenta con un grupo de trabajo llamado LOTIS o Comité de Liberalización del Comercio en los Servicios, en uno de cuyos informes se reconoce que «todos los gobiernos han aceptado que sus regulaciones internas no deben constituir obstáculos encubiertos al comercio», y eso va desde el control de la contaminación hasta las leyes para el trabajo infantil. El presidente de este comité, que en lugar de la defensa del interés público obliga a la adopción de principios comerciales en busca del mayor beneficio, es Leon Brittan, ex presidente de la UE y vicepresidente del banco internacional UBS Warburg Mellon Read en 2003.

Una de las analistas más conocidas de la globalización es la escritora Viviane Forrester, autora de *El horror económico* y *La extraña dictadura*. En ésta, su última obra, llama a luchar no contra la globalización en sí, sino contra el régimen político ultraliberal que «con vocación totalitaria ha sustituido la economía real por una economía de casino, puramente especulativa» y que esconde «una dictadura sin cara que no pretende hacerse con el poder, sino controlar las fuerzas que lo tienen». Forrester cambia la palabra *Illuminati* por la expresión *régimen ultraliberal*, pero se refiere al mismo concepto. En una reciente entrevista recordaba que la globalización «no es un hecho sobrenatural, mágico e inevitable» y añadía que «la dictadura sin rostro utiliza una propaganda muy fuerte, que se basa en repetir que no existe alternativa». Una de sus frases favoritas, insistía, es la de «qué lastima, no hay nada que hacer, el mundo es así y sólo nos queda adaptarnos». El Fondo Monetario, el Banco Mundial, la OCDE, la OMC, los organismos internacionales de carácter económico tienen según ella el poder real sobre los gobiernos de todo el mundo porque «aunque se supone que su misión es aconsejar, no hacen otra cosa que dar órdenes». Y sentencia, «con su postura, sólo consiguen destruir la civilización».

La argumentación de fondo podría ser: «De acuerdo, nos dejamos dominar por los Illuminati, les entregamos el poder si a cambio conseguimos paz y prosperidad.» Pero éste no es el caso. Una encuesta publicada en septiembre de 2000 por el Banco Mundial aseguraba que casi la mitad de la humanidad, unos 2 800 millones de personas, vive con menos de dos dólares al día. De ellos, 1 200 millones, la quinta parte de los seres humanos, se conforma con menos de un dólar al día. La miseria crece espectacularmente por doquier. Sólo en la antigua URSS y los países antes conocidos como Europa del Este, los pobres se han multiplicado por más de veinte. Según el documento, «las condiciones humanas han mejorado más en el último siglo que en todo el resto de la historia de la humanidad», puesto que «la riqueza mundial, las conexiones internacionales y la capacidad tecnológica son mayores que nunca» y, sin embargo, el ingreso medio en los 20 países más ricos es 37 veces mayor que el de los 20 países más pobres, y esa brecha se ha duplicado en los últimos 40 años. Finalmente, Estados Unidos, con una población de algo menos del 6 % de todo el planeta, controla directamente el 50 % de la riqueza mundial, y su presupuesto militar es del 52 % del total: es decir, superior al de todos los demás países del mundo juntos.

Extraña forma de mejorar las condiciones de vida, pero totalmente coherente con los planes que conocemos.

El poder es el mayor afrodisíaco.

Henry Kissinger,
político estadounidense

Skull and Bones

El 14 de marzo de 1994 fallecía en un hospital de Barcelona uno de los mayores expertos españoles en teorías de la conspiración y temas enigmáticos en general, Andreas Faber-Kaiser. Cinco meses antes había entregado su última colaboración periodística en la revista *Más Allá*. Se titulaba «Entre la vida y la muerte» y en ella reconocía que era portador del virus del sida, pero ignoraba cómo, dónde y cuándo lo había contraído. Incansable viajero, aventurero e investigador, había recorrido buena parte del mundo civilizado, y del menos civilizado, siempre con una salud de hierro. Pero la parte más impresionante del texto se encontraba en un epígrafe con interrogantes: «¿He hablado demasiado?»

En este testamento periodístico reflexionaba sobre la relación de sus investigaciones a propósito de la extraña intoxicación masiva de 1981, conocida popularmente como el síndrome tóxico del aceite de colza (aunque más tarde se demostró que este aceite no podía ser la causa última, puesto que muchas personas lo habían consumido sin sufrir ningún problema mientras que otras que no lo habían ingerido sí fueron víctimas del síndrome), y la aparición de su enfermedad. Decía: «Un mes después de iniciar la investigación [...], tras donar sangre para la madre de una amiga mía, el análisis rutinario siguiente muestra la existencia en mi sangre de anticuerpos contra el VIH. Me sumo, pues, a la serie de investigadores, médicos y hasta autoridades, como Juan José Rosón, que murieron o quedaron afectados de repentinos e inexplicables cánceres y otras dolencias durante la investigación del síndrome tóxico.» Pese a ello, publicó en 1988 el libro *Pacto de silencio*, que recogía sus estudios y que llegó a ser utilizado en las sesiones del juicio sobre la intoxicación masiva con aceite de colza.

En el mismo texto, Faber-Kaiser recordaba que, en 1993, a raíz de publicar dos nuevos artículos extraordinariamente críticos con los sistemas sanitarios oficiales, padeció una súbita neumonía que estuvo a punto de acabar con su vida. Y sentenciaba que esta vez el aviso había sido «demasiado certero y mi vida vale más que determinadas noticias», motivo por el cual anunciaba su firme decisión de no publicar lo que calificaba de «una bomba periodística, un reportaje que titulo "Noches de Blanco Satán. Satán en la Casa Blanca" y que desvela, con abundancia de documentación, las implicaciones de determinados sectores de la Casa Blanca sin excluir al anterior presidente [se refería a George Bush padre, porque Bill Clinton había llegado al poder en enero de 1993] en una ultrasecreta y restringida secta satánica nacida en una cripta de la Universidad de Yale, con ramificaciones en altos sectores de la industria, la economía y el periodismo norteamericanos, con prácticas de ritos satánicos, pedofilia, perversión de menores, etcétera». Según su denuncia, «demasiada gente» que conocía el asunto en Estados Unidos «ha fallecido de muerte repentina» durante sus investigaciones. Por ello, su decisión estaba tomada y la hacía pública: «No daré publicidad a este informe. Habéis ganado. Pero seguiré vivo. [...] Lo que más me importa es la vida.» En efecto, su reportaje jamás se publicó, pero poco después el periodista entraba en coma y fallecía.

Insignias de piratas

Faber-Kaiser era el mismo autor que había publicado un esquema de la «hegemonía efectiva», que según su opinión dominaba el mundo en la sombra y ante la ignorancia general. La pirámide de poder que describía tras largos años de trabajo se asentaba sobre una serie de familias adineradas entre las que destacaban los

Rothschild y los Rockefeller. Por encima de ellos se encontraba el Club Bildelberg y, un paso más arriba, el llamado Consejo de los 33, que reunía a los más altos masones iniciados en el mundo con el mismo grado. En el nivel superior estaba el Gran Consejo de los Trece Grandes Druidas, compuesto por trece supermasones, y, más allá, un grupo aún más misterioso conocido como El Tribunal. En el pináculo de la pirámide, dominando a todas las fuerzas anteriores, si es que no había otro escalafón superior, se encontraría el llamado Grado 72 (integrado por los 72 cabalistas más importantes del planeta, dotados de capacidades por encima de lo corriente y, quizá, de lo humano. En este punto, el periodista recordaba que *cabalista* también significa «iluminado»).

El 1 de agosto de 1972, según Faber-Kaiser, muchos de los miembros de esta pirámide se reunieron en Texas donde «Philip von Rothschild anunció ante el Consejo de los Trece, reunido en el casino Building de San Antonio, la planificación de la historia a partir de 1980. Las indicaciones fueron muy concretas: "Cuando después de esa fecha veáis apagarse las luces de Nueva York, sabréis que nuestro objetivo se ha conseguido"». El apagón era una señal para ellos y, para comprobar que era factible, se habría «ensayado» en 1965 y 1977.

¿Qué había de cierto en todo esto?

Sólo seis años después, en el año 2000, se estrenó una película titulada *The Skulls* (Los Calaveras), aunque en España se respetó el título original, si bien se le añadió un subtítulo aclaratorio y se promocionó como *The Skulls. Sociedad Secreta*, que pasó sin pena ni gloria por las pantallas europeas, pero que tuvo mucho éxito en Estados Unidos, hasta el punto de generar dos secuelas además de lo que parece un interesante negocio de venta de películas por Internet. La publicidad la presentaba como un «thriller original basado en hechos irrefutables y más escalofriantes que ninguna película», empezando por la realidad de «la existencia de sociedades secretas elitistas a las que pertenecen algunos de los hombres más poderosos del planeta, como el presidente George W. Bush».

The Skulls relata la historia de un joven estudiante llamado Luke McNamara (un guiño, tal vez, en referencia a Robert McNamara, ex secretario de Seguridad de la Casa Blanca y ex presidente del Banco Mundial), que aspira a ingresar en lo que parece una de las clásicas fraternidades universitarias de estudiantes norteamericanos. La particularidad de ésta, y su prestigio, reside en la dificultad para acceder a ella ante el elevado nivel económico y social de las familias de sus integrantes, todos masculinos. Inesperadamente, Luke recibe una invitación para incorporarse al grupo, lo que consigue tras superar las pruebas iniciáticas que le imponen los veteranos. Una vez aceptado, descubre que la fraternidad es en realidad una auténtica sociedad secreta en la que los miembros se conjuran para prestarse ayuda mutua más allá de los estudios universitarios en sus respectivas carreras hacia la cumbre, donde relevarán a sus respectivos padres. Éstos pertenecen a generaciones anteriores de skulls y son presidentes, senadores, banqueros, industriales y altos cargos de la Administración norteamericana. Para lograr este objetivo están dispuestos a hacer lo que sea, incluso a emplear el asesinato.

Aprovechando el estreno de la película, varios medios especializados publicaron algunos artículos advirtiendo acerca de la existencia real, desde mediados del siglo XIX, de una extraña sociedad secreta hasta entonces completamente desconocida y llamada precisamente Skulls and Bones Order (Orden de la Calavera y los Huesos), cuyo principal interés sería «ejercer como la rama estadounidense de los Iluminados de Baviera».

Según estas fuentes, el funcionamiento de la orden era muy similar al descrito en el largometraje: miembros veteranos se encargarían de promover cada año la selección de un grupo distinguido de graduados, en torno a unos quince, en la Universidad de Yale. La oferta es un pacto de índole casi fáustica: la garantía de un futuro pleno de éxitos económicos y sociales integrados en la clase dirigente, a cambio de una completa subordinación a los mandatos de la organización. Si los neófitos aceptan, y parece que el 99,9 % suele hacerlo, se someten a unas pruebas secretas que, una vez superadas, dan paso al ingreso como miembros de pleno derecho. En ese momento, cada uno recibe un hueso con una inscripción que a partir de entonces certifica su condición de skull. Cuando terminen sus estudios serán «presentados en sociedad» y a partir de entonces dirigidos y apoyados por sus predecesores en la orden, hasta conseguir el anhelado éxito personal y al mismo tiempo la oportunidad de servir a la creciente red de influencias de todo el entramado.

Ese hueso personalizado explica la parte del nombre referido a *bones*, pero ¿de dónde viene el apelativo de skulls? Las informaciones antes reseñadas denunciaban que parte de la liturgia secreta de la sociedad pasa por la profanación de tumbas y de cadáveres. Y citaban un caso concreto acaecido en 1918, cuando un grupo de skulls, entre los que se encontraba un senador llamado Prescott, profanó el sepulcro de uno de los últimos grandes jefes de la rebelión india, Jerónimo, de la tribu apache, a cuyo cadáver robaron la cabeza para utilizarla en sus rituales. A mediados de los años ochenta del siglo pasado, otro indio, Ned Anderson, líder de la tribu de San Carlos, consiguió reunir y presentar una serie de fotografías y documentos que probaban el suceso. Según sus datos, el encargado de echar ácido sobre la cabeza de Jerónimo para pelar la calavera, quemando la cabellera y la carne que aún quedaban en ella, fue un personaje llamado Neill Mallon. Anderson llegó a entrevistarse formalmente con miembros de los skulls para pedirles que devolvieran el cráneo, pero no consiguió que lo hicieran.

Similar suerte sufrieron los restos del revolucionario mexicano Pancho Villa, cuyo ataúd también fue asaltado por un grupo de desconocidos y su cuerpo decapitado, aunque algunas versiones aseguran que esta vez no fueron los skulls los que actuaron directamente, sino que pagaron a unos sicarios para conseguir su calavera. Como en el caso de Jerónimo, Villa había causado muchos problemas a la Administración estadounidense en el pasado. Aparte de humillar su memoria, tal vez su cráneo habría sido utilizado, igual que el del jefe indio, para realizar algún tipo de magia simpática: por ejemplo, mantener sometidas a las etnias india y mexicana, garantizando que no volvieran a protagonizar ninguna rebelión contra la clase dominante en Estados Unidos, a la que pertenecían los miembros de la orden.

Un tercer suceso del mismo tipo apareció publicado en una revista política estadounidense de cierto prestigio: *NACLA. Re-*

port on the Americas. Según esta publicación, los skulls también fueron los responsables de la profanación de la tumba del general Omar Torrijos justo el 1 de mayo, fecha con indudables resonancias bávaras, de 1990. Diversos testigos confirmaron que ese día un grupo de desconocidos «que hablaban con acento extranjero» abrieron la sepultura del líder panameño y robaron sus cenizas. Torrijos había sido convertido por sus compatriotas en símbolo de la resistencia del nacionalismo panameño frente a las ansias expansionistas y neoimperialistas del gobierno de George Bush padre, que por entonces ocupaba el Despacho Oval. Lo cierto es que el suceso coincidió con el lanzamiento de la llamada Operación Causa Justa contra Panamá, con la que la Administración norteamericana se garantizó la docilidad de las hasta entonces inquietas autoridades locales, sobre todo en lo referido al canal, imprescindible para controlar el tráfico marítimo entre el Atlántico y el Pacífico que pasa por él.

Una tradición familiar

Skulls and Bones fue registrada oficialmente en 1856 con el nombre de Asociación Russell y durante algunos decenios estuvo domiciliada en la sede neoyorquina de la Banca Brown Brothers Harriman. En aquella época tenía el sobrenombre de La Hermandad de la Muerte, porque las familias de sus fundadores estaban involucradas en el tráfico de opio en Turquía y China, gracias a la British East India Company, la legendaria Compañía de las Indias. Precisamente en China trabajaba como delegado de esa primera multinacional Warren Delano, el abuelo del futuro presidente Franklin Delano Roosevelt.

Otro de los nombres de Skull and Bones es Capítulo 322, aunque nadie sabe exactamente qué significa. En Estados Unidos, la palabra *capítulo* suele utilizarse para referirse a las organizaciones locales dependientes de otra de mayor envergadura, pero en ciertos ambientes es sinónimo de logia masónica. Algunas versiones apuntan a que ese número encierra parte del misterio sobre su origen real, referido a una organización secreta alemana, cuyo nombre se ignora, aunque está confirmado que data de 1832. En consecuencia, la cifra se descompondría en (18) 32-2.º, porque los skulls no serían otra cosa que el segundo capítulo de esta organización germana (¿bávara en realidad?). La explicación más banal, defendida en público por algunos miembros del grupo de Yale, es que alude al año de la muerte del político griego Demóstenes, también conocido como el padre de los oradores.

A día de hoy, la sede oficial de los skulls en el campus universitario de Yale es un edificio de piedra similar a un mausoleo, que los estudiantes conocen popularmente con el sugestivo nombre de La Tumba. Además, se sabe que las iniciaciones de la fraternidad tienen lugar en Deer Island, en propiedades de la empresa Russell Trust.

Entre los primeros skulls encontramos a algunos de los posteriormente conocidos como cabezas de familia de varias dinastías de capitalistas estadounidenses y, sin ir más lejos, al encargado de inscribir la asociación en el registro: William H. Russell, secretario de Guerra en la Administración Grant.

Otros miembros fundadores son Alphonse Taft (con una larga carrera que incluye el Consejo de Estado de Connecticut, la Fiscalía General del Estado y las embajadas de Estados Unidos en Austria y Rusia, y que además fue el padre de William Howard Taft, el único mandatario que llegó a ser a la vez presidente del país y de la Corte Suprema), William Stead (un periodista de prestigio, próximo a los ambientes teosóficos franceses y a los círculos fabianos, perteneciente a la logia Apolo de Oxford y muy influido por el pensamiento de John Ruskin, quien aseguraba repetidamente que «todo el proyecto mundialista no tiene futuro si no se logra incluir en él a Estados Unidos») y Cecil Rhodes, cuya aportación a la trama veremos más adelante, al referirnos a la organización de la Mesa Redonda, que fundó junto al propio Stead a instancias de la casa Rothschild.

Todos ellos y unos pocos más decidieron consolidar la nueva organización para entrenar y promocionar a sus «cachorros» a fin de lanzarlos hacia los puestos de mayor relevancia política, social y económica de Estados Unidos. El proceso de dominación nacional y, sobre todo mundial, era y sigue siendo demasiado complejo para permitir que lleguen y se instalen en él posibles advenedizos no comprometidos con la causa, de la misma forma en que lo están las sucesivas generaciones del mismo puñado de familias. Según el historiador Anthony Sutton, la nómina de la sociedad «incluye la veintena de apellidos con mayor pedigrí de las finanzas y la industria del este del país». Entre ellos figura el apellido Bush, el de George H., y el de George W., es decir, el de los dos presidentes, pero también el del padre y abuelo respectivo, Prescott Bush. El mismo senador Prescott que participó en la profanación del cadáver de Jerónimo.

Uno de los mayores especialistas mundiales en sectas, el director del Instituto de Nuevas Religiones, Massimo Introvigne, confirmó en su día la pertenencia al grupo de los Bush, además de otros miembros muy destacados de sus respectivos gabinetes como el ex secretario de Estado, George Schultz. Sin embargo, se esforzó en quitar hierro a la leyenda negra de los skulls, sobre cuyos verdaderos objetivos cree que «siempre se fantaseó mucho, hasta el punto de crear a su alrededor una literatura de complots sin fundamento real». Introvigne sí reconoce la existencia de determinados rituales macabros, así como la realidad del episodio de la calavera de Jerónimo. Un suceso que disculpa a medias, al calificarlo de «satanismo lúdico de clase alta», inspirado en la tradición de la masonería anglosajona, que, aun utilizando ciertos ritos de aire ocultista, «no presenta más riesgos que una gamberrada». En su opinión, en realidad no tiene nada de extraño que los elitistas ex estudiantes de una universidad como la de Yale coincidan posteriormente a la hora de ocupar cargos de relevancia social.

En cierto modo tiene razón, todo puede ser fruto de la casualidad... si no fuera porque semejante cadena de «casualidades» a lo largo de los últimos siglos revela que el porcentaje de posibilidades respecto a esas casualidades se ha reducido a una cifra tan diminuta como para buscarla con microscopio.

Volviendo al abuelo Prescott, veamos otro ejemplo de «casualidad» en la que aparecen enlazados personajes de suficiente importancia como para no fiarnos del azar. El abuelo de George W. Bush se graduó en Yale en 1917 junto a su amigo Edward

Roland Harriman. Desde el momento en el que ambos ingresaron en The Skulls and Bones comenzó su meteórico ascenso gracias al apoyo directo de, entre otros, Percy Rockefeller, que según algunas fuentes había entrado en la orden en 1900. La familia Bush se había enriquecido durante la primera guerra mundial gracias a Samuel, padre de Prescott, que se dedicó al rentable negocio de la venta de armas y munición, pero su hijo se dio cuenta de que el negocio bancario daba todavía más beneficios y fundó la Union Banking Corporation. Su amigo Harriman prefirió asociarse directamente a la Banca Brown Brothers. Juntos, se convertirían, como sabemos, en banqueros y socios comerciales del régimen de Adolf Hitler. La biografía no autorizada de Bush padre, elaborada por Webster G. Tarpley y Anton Chaitkin, demuestra que ambos grupos bancarios participaron en la financiación del cártel alemán del acero del régimen nacionalsocialista.

Con semejantes antecedentes, no es extraño que investigadores como Ray Renick acusen a la familia Bush de participar, al final de la segunda guerra mundial, en el desarrollo de la Organización Gehlen, edificada a partir del reclutamiento de los nazis huidos del viejo continente, con ayuda directa de los Rockefeller y la Orden de Malta, a la que pertenece a su vez el hermano mayor de George Bush. Desde el cuartel general de Gehlen, en California, se diseñó y lanzó una campaña de terror a lo largo y ancho de toda Hispanoamérica, con diversos objetivos. Por ejemplo, la llamada Operación Amadeus, que incluía el narcotráfico a gran escala, con la colaboración de la Cosa Nostra, y la evasión y blanqueo de capitales en las islas Bahamas y otros paraísos fiscales. Eso fue lo que denunció el ex detective de narcóticos de la Policía de Los Ángeles, Mike Ruppert, en una Comisión de Inteligencia del Senado, en la que aportó casos como el de Albert Carone, un coronel de la inteligencia militar, que, según la definición del ex detective, «poseía una agenda que parecía un directorio conjunto de la CIA y de la Mafia». Carone tuvo algunos problemas con Gehlen y expresó agrias quejas que no debieron de sentarle muy bien a la dirección de la organización, ya que poco después murió de forma repentina y misteriosa. Según el informe médico, «víctima de una toxicidad química de etiología desconocida». Ruppert tuvo acceso a cierta documentación que poseía su hija. Ella estaba convencida de que su padre había muerto asesinado y de que Amadeus era el nombre en clave del propio Bush. Los resultados de la investigación elaborada por la Comisión del Senado no se conocen todavía.

Siguiendo la estela familiar, George W. Bush se inició en Skulls and Bones en 1968 y, como su padre, decidió decantarse por el negocio petrolero. Nueve años después dirigía su primera compañía, curiosamente denominada Arbusto Energy (*arbusto* es la traducción literal al español de *bush*), que logró arrancar gracias a la ayuda económica de sus camaradas, empezando por su tío Jonathan, que se encargó de convencer a una veintena de inversores. Así empezó a consolidar su fortuna personal, aunque sus comienzos en solitario fueron cualquier cosa menos brillantes. La carrera económica de Bush hijo fue paralela a la política, llegó a ser gobernador de Texas, donde batió todos los récords de aplicación de la pena de muerte, y después, presidente de Estados Unidos. No deja de resultar sorprendente que un vástago de la familia Bin Laden, con la que la familia Bush comparte amistad y acciones, se convirtiera precisamente en uno de sus mayores quebraderos de cabeza. En realidad, no parece que George W. Bush haya tenido nunca mucha suerte con sus amistades, como muy bien podría explicar Sadam Husein, ex presidente de Irak, que fue compañero de negocios petroleros y gran amigo personal.

Señales nocturnas

En el momento de redactar estas líneas nadie sabe si Bush hijo conseguirá revalidar su mandato en las elecciones presidenciales de noviembre de 2004, como candidato del Partido Republicano. Después de lo ocurrido en los últimos años, muchos estadounidenses quieren que sea derrotado y sustituido por el candidato del Partido Demócrata, John F. Kerry. Creen que así el país recuperará su liderazgo mundial, se combatirá mejor el terrorismo internacional y se recuperará la economía tanto a nivel nacional como internacional. Desde luego, la propaganda de los demócratas ha insistido hasta el hastío en la comparación entre el llorado JFK (John Fitzgerald Kennedy) y el nuevo JFK, aunque probablemente muchos de esos norteamericanos ignoran que esa F del apellido de Kerry es la inicial de Forbes.

La misma familia Forbes que, al igual que otras pocas familias estadounidenses, como los Cabot, los Perkins, los Lowell, los Coolidge o los Russell, se hizo millonaria con el tráfico de opio en el siglo XIX gracias a la Compañía de Indias británica. Y la misma familia Forbes, entre cuyos protegidos y hombres de confianza figuran desde hace muchos años los Bush.

Claro que Kerry es el mismo político que durante los años noventa del siglo XX se encargó de la investigación que el Senado llevó a cabo en torno a los Bush y el escándalo del Bank of Credit and Commerce International, una entidad creada en 1972 por el Bank of América y la CIA para canalizar los fondos de la Administración destinados a los «amigos» de la Casa Blanca en todo el mundo, como el panameño Manuel Noriega o los ya citados Sadam Husein y Osama Bin Laden. El mismo Kerry que puso sordina a la susodicha investigación y que posteriormente siempre ha apoyado la intervención militar estadounidense en Irak. El Kerry que, en un programa de televisión emitido en directo, fue preguntado por sorpresa por el periodista Tim Russert si pertenecía a The Skulls and Bones y contestó asintiendo con la cabeza, sin añadir ni una palabra.

Según diversos expertos, John F. Kerry se convirtió en un miembro de esa orden en la generación de 1966. Así que, en realidad, ¿importa tanto si gana Bush o Kerry?

Faber-Kaiser nos advirtió acerca de las presuntas instrucciones de Philip von Rothschild respecto al significado de un gran apagón en la ciudad de Nueva York a partir de 1980. El 14 de agosto de 2003, unos 50 millones de habitantes de la costa este de Canadá y Estados Unidos, incluyendo Nueva York y Detroit entre otras grandes urbes, se quedaron a oscuras. Oficialmente, el apagón fue originado por una avería en la central eléctrica de la región del Niágara, que habría causado una reacción en cadena, aunque esta explicación nunca satisfizo a nadie. Sobre todo, cuando sólo dos semanas después, Londres sufrió otro apagón idéntico, aunque algo más breve, y lo mismo ocurrió con Sydney, la capital australiana. Durante los meses siguientes, distintos puntos del mundo como Chile, la zona del Yucatán en México y Malasia también se quedaron a oscuras durante unas horas. Como si alguien estuviera contestando a la señal lanzada desde Nueva York. O como si fuera un ensayo general para un apagón mundial; tal vez un obsequio de los Illuminati para subrayar el próximo comienzo de una nueva era, definitivamente a su servicio.

Mientras llega ese momento, no nos queda más que tomarlo con humor. Como hicieron numerosos neoyorquinos que aprovecharon el susto de agosto del año 2003 para vender todo tipo de recuerdos: delantales de desayuno, tazas de café, pegatinas, ropa interior... y naturalmente las inevitables camisetas con frases como «Blackout (apagón) 2003», «I survived historical blackout in New York City» (Yo sobreviví al histórico apagón en la ciudad de Nueva York), o «New York, the light of my life» (Nueva York, la luz de mi vida). La camiseta «oficial» salió a la venta por sólo 13,99 dólares, impuestos incluidos.

Nada sucede en política por accidente. Si sucede algo, puedes apostar a que estaba planeado de ese modo.

FRANKLIN DELANO ROOSEVELT,
presidente de Estados Unidos

Círculos dentro de más círculos

Existe una organización en Estados Unidos que es garantía de trabajo seguro y bien pagado en la Administración del Estado, el Consejo de Relaciones Exteriores. Paradójicamente, su nombre no es muy conocido, ni siquiera en su propio país, pese a que ya en 1961 la revista *Christian Science Monitor*, editada por uno de los miembros de la Mesa Redonda, reconocía que «casi la mitad de los integrantes del Consejo de Relaciones Exteriores ha sido invitada a asumir posiciones oficiales de gobierno o a actuar como consultores en un momento u otro». La publicación lo achacaba a la «exclusiva dedicación» de sus socios al estudio de la política exterior.

Lo cierto es que, desde la década de 1930 hasta finales de 2004, todos los Secretarios de Estado norteamericanos, incluyendo al último, Colin Powell, han sido miembros del Consejo de Relaciones Exteriores, igual que 14 de los 16 secretarios de Defensa que se sucedieron a partir de la presidencia de Kennedy, incluyendo también al último, Donald Rumsfeld. De los 20 secretarios del Tesoro desde la presidencia de Eisenhower, 18 han pertenecido al mismo grupo, e idéntica filiación hay que buscar en todos los directores de la CIA desde la presidencia de Johnson, así como en la práctica totalidad de los embajadores estadounidenses ante la ONU y de los presidentes de la Reserva Federal durante el último medio siglo.

Desde la presidencia de Truman, todos los presidentes estadounidenses, salvo el actor Ronald Reagan, surgieron de la misma cantera. No es extraño que uno de los eslóganes no oficiales del consejo sea: «No importa quien gane, demócratas o republicanos: siempre gobernamos nosotros.»

Traspaso de poderes

Infiltrado por los Illuminati, el Imperio británico fue el primero de la larga serie histórica que se planteó su expansión sin necesidad de ocupar y administrar grandes espacios geográficos contiguos como habían hecho sus predecesores, el español, sin ir más lejos. Mantener el sistema clásico resultaba muy caro en dinero, hombres y esfuerzos por parte de la metrópoli, que, al cabo de poco tiempo, no tenía más remedio que empezar a reclutar extranjeros o criollos para los puestos de cierta responsabilidad y, a largo plazo, terminaba por agotarse y perder las posesiones. Siguiendo el viejo lema de Weishaupt «Pocos pero bien situados», los británicos prefirieron hacerse con pequeños y determinados puntos estratégicos a lo largo y ancho del planeta, salvo en casos excepcionales como la India, conocida como «la joya del Imperio», a fin de establecer y consolidar una red comercial y de influencias global, muy bien comunicados unos con otros gracias a su poderosa flota.

La sociedad secreta utilizada por los Illuminati para conseguir una exitosa expansión colonial, según diversos autores, fue la Round Table o Mesa Redonda, registrada en febrero de 1891, aunque en realidad llevaba varios decenios operando en diversos escenarios. Por ejemplo, comprando las acciones de la compañía del canal de Suez a través de la casa Rothschild y cediéndolas después de manera formal a la corona británica. Su fundador fue Cecil Rhodes, un masón de la logia Apolo de Oxford, públicamente conocido como magnate del negocio del oro y los diamantes. Entre los miembros principales de esta sociedad organizada según los modelos de la orden jesuita y de la masonería, figuran los inevitables Rothschild, lord Alfred Milner, lord Albert Grey y otros. Su objetivo declarado era «llevar la civilización anglosajona a todos los confines del mundo» y, a cambio, hacerse con todas las riquezas que se hallaran sobre la marcha, en una especie de parodia cruel de la mítica Orden de la Mesa Redonda del legendario rey Arturo y su consejero Merlín. La influencia de la organización fue tan notable que incluso aparece reflejada en *El hombre que pudo reinar*, uno de los relatos más populares de Rudyard Kipling, debido en parte a la versión cinematográfica que rodó John Huston con Sean Connery y Michael Caine como protagonistas.

Sara Millin, biógrafa de Cecil Rhodes, ha resumido su carácter en siete palabras, «su deseo primario era gobernar el mundo», aunque parece claro que no buscaba un dominio unipersonal, como sugiere el hecho de que en su testamento asignara una cantidad de dinero específica para fomentar «la extensión de la autoridad británica a través del mundo, [...] la fundación de un poder tan grande como para hacer las guerras imposibles y promover así los intereses de la humanidad». Es decir, para que la campaña de conquista del planeta continuara, aunque él no estuviera ya para dirigirla en persona. Por cierto, la mayor parte de su herencia la legó al financiero favorito de sus esforzadas empresas, lord Rothschild.

Para proteger mejor sus intereses a través de diversas alianzas con otros poderes políticos y económicos, especialmente en los cada vez más pujantes Estados Unidos, la misma cúpula directiva de la Mesa Redonda instituyó en 1919, poco después de la primera guerra mundial, el RIIA o Royal Institute of International Affairs (Real Instituto de Asuntos Internacionales).

Su fundación oficial recayó en Mandell House, el consejero y alter ego del presidente norteamericano Wilson, en una reunión que mantuvo en el hotel Majestic de París con un grupo de importantes prohombres de cultura anglosajona de ambos lados del Atlántico. A medida que fueron pasando los años y el Imperio británico se extinguía, el objetivo de la institución adquirió una pátina pro mundialista. Para hacer honor a los deseos de unificación de todas las culturas del planeta, muchos de sus miembros se fueron enrolando en otras sociedades que surgieron a lo largo del siglo XX. Por ejemplo, el director del RIIA a mediados de los años ochenta del siglo pasado, Andrew Schonfield, era también miembro destacado de la Comisión Trilateral y del Grupo Bilderberg. Otro de los miembros de la organización, Edward Heath, prosperó hasta convertirse en primer ministro del Reino Unido, momento en el que empleó a Nathaniel Victor Rothschild como jefe de «un grupo de expertos encargado de examinar los planes políticos del gobierno y aconsejar su forma de actuación». Cuando dejó la política, Heath fue, a su vez, contratado por la banca internacional Hill Samuel.

El equivalente del RIIA en Estados Unidos, y hermanado formalmente con él, es el CFR o Council on Foreign Relations (Consejo de Relaciones Exteriores), que comenzó sus trabajos a plena luz en 1921, gracias al mismo Mandell House y a un pequeño grupo de personajes de peso, entre las que figuraban los hermanos John y Allen Foster Dulles (el primero, secretario de Estado y el segundo, director de la CIA), el periodista Walter Lipman y el banquero Otto H. Kahn. En sus primeros estatutos se autodefinían como «un grupo de estudios» cuyo objetivo era promover un «diálogo permanente» sobre «las cuestiones internacionales de interés para Estados Unidos». Su táctica sería «reunir especialistas en diplomacia, finanzas, industria, enseñanza y ciencias» en calidad de consultores, además de «crear y estimular en el pueblo americano un espíritu internacional» y cooperar sistemáticamente «con el gobierno y otros organismos internacionales».

El CFR publica la más influente revista de política internacional, Foreign Relations (Relaciones Exteriores), que cuenta con una edición en español. Además de las cuotas de sus miembros, el grupo se financia con aportaciones de las más poderosas compañías norteamericanas, incluyendo por supuesto a grupos bancarios como los Morgan, Rockefeller y Warburg y fundaciones como Ford y Carnegie.

En uno de sus estudios publicado en noviembre de 1959, el CFR ya abogaba sin más por la construcción «de un nuevo orden internacional, que refleje las aspiraciones mundiales por la paz, el cambio social y el económico, [...] incluyendo a los estados que se llaman a sí mismos socialistas [en referencia a los comunistas]». Ésta debía llevarse a cabo por todos los medios posibles y en ella colaboraban sin duda cada uno de los miembros del club, aunque a veces los que se encontraran «en posiciones delicadas pueden verse forzados» a mantener en secreto su pertenencia a la asociación, según dice otro documento interno publicado en 1952.

El CFR, o alguno de sus miembros, aparece en todos los acontecimientos políticos, económicos y sociales de importancia del siglo XX: desde la construcción de la ONU y la OTAN, hasta la puesta en marcha del Banco Mundial y el Fondo Monetario Internacional, pasando incluso por el apoyo político y logístico para la creación de la Unión Europea y la estrategia de acoso y derribo del bloque soviético. Su penúltima gran estrategia, según reflejan sus propios documentos, fue el impulso, desde principios de los años setenta hasta la actualidad, de una auténtica «ola de democracia» en todo el planeta. Pero no entendiéndola como «el menos malo de los sistemas políticos posibles», según la definiera Winston Churchill, sino como el «único sistema posible», lo que ha llevado a intentar exportarla sin la previa y necesaria educación ciudadana incluso a los países cuyas culturas ancestrales se alejan profundamente de la idea democrática, como en algunas tradiciones musulmanas, africanas o asiáticas. Eso ha generado tensiones importantes que aparecen reflejadas en las noticias diarias en forma de desestabilización y guerras constantes.

La estrategia en marcha en estos momentos según diversos especialistas es la de «privatización y concentración», basada en lograr que los gobiernos nacionales se desprendan de sus grandes empresas «al objeto de resultar menos onerosas para los contribuyentes y reducir el déficit público». Las multinacionales compran esas empresas y concentran el poder en diversos sectores: cada vez más en menos manos. A medio plazo, el resultado final es que el ciudadano medio se enfrenta progresivamente a mayores costes personales, porque, como es lógico, las multinacionales no buscan el interés común, sino su único beneficio.

El hotel holandés

Todas las grandes organizaciones discretas promotoras de los ideales mundialistas o globalizadores han surgido en torno a la labor de algún «gran visir» que ha actuado desde dentro del poder, pero sin aparecer nunca en primera fila, como si no le interesara figurar en el reparto de medallas. Son muchos los investigadores que sospechan de la filiación Illuminati de estos personajes, cuya vida personal y méritos generales para aparecer en los más altos cargos suelen ser desconocidos, aunque a cambio muestran una notable capacidad de organización y relaciones públicas. Si Rhodes fue el alma fundadora de la Mesa Redonda, y Mandell House ejerció idéntico papel con el RIIA y el CFR, el Club Bilderberg debe su nacimiento al polaco Joseph Retinger.

Pocos ciudadanos han oído hablar de Retinger, una referencia anónima en la Europa del siglo XX. Sin embargo, cuando murió en 1960 el príncipe Bernardo de Holanda le rindió homenaje en su funeral con estas significativas palabras: «Conocemos numerosos personajes notables, [...] admirados y festejados por todos, y nadie ignoró su nombre. [...] Existen sin embargo otros hombres cuya influencia es todavía mayor, incidiendo con su personalidad en el tiempo en que viven aunque no sean conocidos más que por un restringido círculo de iniciados. Retinger fue uno de éstos.»

Nacido en Cracovia en 1888 y educado por un miembro de la Sociedad Fabiana, Retinger fue iniciado en la masonería de Suecia. A través de su amistad con Mendell House, trabajó para la Mesa Redonda y el CFR y realizó diversos viajes por Europa y América, donde se relacionó con las más altas esferas sociales, políticas y diplomáticas. En México, fue uno de los principales impulsores de la fundación del partido que se convertiría en principal referente de la izquierda moderada, el PRI (Partido Revolucionario Institucional, un nombre contradictorio), y, comisionado por éste, negoció como diplomático con el Vaticano. Tras colaborar con el gobierno polaco en el exilio durante la segunda guerra mundial, en 1947 apoyó a Henri Spaak en sus primeros pasos hacia la constitución del Mercado Común Europeo. Un año después organizó el Congreso de Europa, del cual emergería la institución que hoy conocemos como Consejo de Europa.

En 1954 concentró a muchos de los más importantes prohombres del dinero y la política del momento en el hotel Bilderberg de la localidad holandesa de Oosterbeck, para «animarlos a trabajar en favor de la comprensión y la unión atlántica». Los asistentes a este encuentro quedaron tan satisfechos de los resultados que bautizaron al grupo con el nombre del hotel y decidieron reunirse a partir de entonces periódicamente, otorgando la primera presidencia a su entonces anfitrión, el príncipe Bernardo, esposo de la reina Juliana de Holanda y acaudalado accionista, entre otras, de la Société Générale de Belgique (otro banco ligado a la casa Rothschild), además de importante representante de la Royal Dutch Petroleum (integrada en la Shell). Es inútil decir que los principales miembros son los mismos que hemos encontrado en otras organizaciones: los Rockefeller, los Carnegie, los Ford, la banca Kuhn, Loeb & Company, los Warburg, los Lazard, George Soros... y, naturalmente, los Rothschild.

Las reuniones del Club Bilderberg son secretas y se organizan anualmente en un hotel distinto de cualquier lugar del mundo, siempre que reúna las siguientes condiciones: que sea de gran lujo, esté ubicado en una localidad pequeña y tranquila, rodeado de hermosos paisajes, y se encuentre protegido con medidas extremas de seguridad. En realidad, el gobierno anfitrión es el que se responsabiliza de la seguridad de los asistentes, que no están obligados a seguir las normas legales para entrar y salir del país, como pasar por la aduana o llevar visados. El club desplaza su propio equipo de operadoras telefónicas, cocineros, camareros y demás apoyo logístico.

La última vez que se reunieron en España fue en La Toja, Pontevedra, en 1989, aunque ya antes estuvieron en Palma, Mallorca, en 1975, donde según algunas fuentes los bilderbergers llegaron a diseñar las líneas maestras de la transición política española. Su última cita conocida, la del cincuenta aniversario de su fundación, fue en junio de 2004, en la localidad italiana de Stresa, junto al lago Maggiore, a pocos kilómetros de Milán.

No todos los asistentes al seminario anual del Club Bilderberg tienen el mismo nivel. Hay dos tipos de socios: los activos, que sustentan la organización y entre los cuales se escoge su grupo director, y los ocasionales, que actúan como ponentes acudiendo a las reuniones por invitación expresa y sólo para informar acerca de materias concretas relacionadas con su experiencia profesional o personal. Todos juran antes de cada reunión que nunca hablarán del contenido de sus discusiones, pero se sabe que en ellas se analiza exhaustivamente la situación del mundo y se fija una estrategia conjunta de actuación.

En la actualidad, el grupo está presidido por el vizconde Étienne Davignon, propietario de casi todas las empresas eléctricas de Bélgica, así como de uno de sus bancos principales. Tras él, encontramos una larga lista que concentra a financieros, industriales, políticos, directivos de multinacionales, ministros de Finanzas, representantes del Banco Mundial, la Organización Mundial del Comercio y el FMI, ejecutivos de medios de comunicación y dirigentes militares, así como miembros de algunas casas reales europeas, como la reina Beatriz de Holanda o el príncipe Felipe de Bélgica. Todos los presidentes estadounidenses desde Dwight David Eisenhower han sido «bilderbergers» y, si no lo fueron los anteriores, se debe única y exclusivamente a que el grupo se creó en 1954, cuando Ike estaba precisamente en el poder.

Otros miembros conocidos del club son el ex presidente de la comisión Europea Romano Prodi y su sucesor José Durao Barroso, el gobernador del Banco Central Europeo, Jean Claude Trichet; el presidente del Banco Mundial, James Wolfenson; el primer ministro británico, Tony Blair; el responsable de la política exterior de la UE, Javier Solana; el ex primer ministro francés Lionel Jospin, el ex secretario de Estado norteamericano, Henry Kissinger, y el presidente del *Washington Post*, Donald Graham, entre otros.

Dennis Healy, uno de los fundadores del Club Bilderberg, explicó en una ocasión que sus miembros «no se dedican a establecer la política mundial, sino que se limitan a debatir las grandes líneas a seguir con las personas que las hacen realidad». El caso es que existe una larga serie de coincidencias entre los asistentes a sus reuniones y su ascensión al poder. Veamos algunos casos.

Bill Clinton, un peso pesado en el Partido Demócrata, pero no más que otros, fue nombrado candidato de esta formación en las elecciones presidenciales de Estados Unidos, que luego ganó, justo después de asistir a la reunión del club en 1991. John Edwards, otro de los muchos candidatos del Partido Demócrata, y no precisamente el que llevaba las de ganar para presentarse a las elecciones presidenciales de 2004, fue elegido mano derecha de John F. Kerry, otro bilderberger, apenas un mes después de participar en la reunión de Stresa.

Al británico Tony Blair le sucedió lo mismo que a Clinton, acudió a la reunión de 1993 y en julio de 1994 alcanzó la presidencia del Partido Laborista. En mayo de 1997 era elegido primer ministro del Reino Unido.

El italiano Romano Prodi fue invitado del grupo en 1999 y alcanzó la presidencia de la Comisión Europea en septiembre del mismo año. En la OTAN, George Robertson estuvo en el encuentro de los bilderberger en 1998 y, al año siguiente, fue nombrado secretario general de la Alianza Atlántica.

El investigador Santiago Camacho reprodujo en su libro *Las cloacas del imperio* (primera edición de febrero de 2004) parte de la lista de una de las últimas reuniones de los bilderberger en la que, entre muchos invitados de diversos países, figuraba la siguiente entrada: «Trinidad Jiménez, Socialist Party, Madrid.» Un mes después de su publicación, el PSOE ganó las elecciones generales, y José Luis Rodríguez Zapatero, que ha reconocido públicamente que Jiménez es una de sus más estrechas colaboradoras como encargada de las relaciones internacionales del PSOE, se convertía inesperadamente en presidente del gobierno español.

E igual que se alcanza, se pierde el poder. Varios autores han documentado que todas las instituciones europeas modernas que trabajan en pro de la unidad política del viejo continente, desde la Comunidad Europea hasta el Euratom, fueron diseñadas y materializadas por bilderbergers, y si alguien entorpece el complicado y a la fuerza lento proceso de integración, se le aparta sin complejos.

Así parece que sucedió en el Reino Unido cuando su entonces primera ministra Margaret Thatcher se hizo eco del sentir mayoritario de los británicos, reforzando sus posiciones nacionalistas y antieuropeístas, y se negó a diluir más poder en las instituciones europeas desde las que se construyen los futuros Estados Unidos de Europa. Sin explicar muy bien por qué, de pronto los principales dirigentes de su propio Partido Conservador se pusieron en su contra y obligaron a la Dama de Hierro a abandonar su puesto a favor de uno de sus principales colaboradores, el anodino y dúctil John Major. Eso acaeció justo después de la reunión del club en la isla de La Toja, donde, según la publicación norteamericana *The Spotlight* se debatió entre otros asuntos el «irritante y exagerado» nacionalismo de la Thatcher.

Otro ejemplo más cercano. Todos los diarios del mundo especularon a lo largo de los primeros meses de 2002 con la posibilidad de que Estados Unidos desatara su segunda y definitiva guerra contra el régimen de Sadam Husein en Irak durante el verano de aquel mismo año. La Casa Blanca insistía con argumentos como el de la existencia de armas de destrucción masiva y las relaciones de Osama Bin Laden con Al Qaeda. Además, la indignación y ansias de revancha del americano medio tras lo ocurrido en septiembre de 2001 no se habían calmado con la invasión de Afganistán y la caída del régimen de los talibanes, sobre todo porque el propio Bin Laden, que había sido protegido por los integristas islámicos afganos, según se decía entonces, no aparecía por ningún lado. Así pues, todo parecía preparado, sin embargo... En junio de 2002, *American Free Press* publicó que en la última reunión del Club Bilderberg se había decidido retrasar la guerra hasta marzo de 2003 por razones no explicadas. La noticia coincidió con el tira y afloja internacional que se desató entonces respecto al envío de inspectores de la ONU en busca de las supuestas y terribles armas. Y, en efecto, al tercer mes del año siguiente, no antes, se desató la operación militar que originó la caída definitiva de Husein.

David Rockefeller, uno de los socios más respetados del Club Bilderberg, anunció en su día que «el más íntimo» deseo de sus miembros era configurar «una soberanía supranacional de la élite intelectual y los bancos mundiales, que es seguramente preferible a la autodeterminación nacional practicada en siglos pasados».

Los tres lados del triángulo

De las numerosas organizaciones que aún podríamos examinar sólo incluiremos una más por razones de espacio, la Comisión Trilateral. En su libro *Sin disculpas*, el senador norteamericano Barry Goldwater acusaba directamente a este grupo de querer hacerse con el control del mundo, utilizando medios ilegítimos. Según sus propias palabras, «ha sido diseñado para convertirse en el vehículo de la consolidación multinacional de los intereses comerciales y bancarios a través del control político del gobierno de Estados Unidos».

Siguiendo el esquema de los círculos concéntricos utilizado por los Illuminati, la Trilateral ocuparía, según varias fuentes, un espacio informativo, más que decisorio. La misión de sus miembros sería la de realizar análisis políticos, sociales y económicos sobre la evolución futura de la humanidad, sugiriendo instrucciones y líneas de actuación a seguir.

El hombre clave de la Comisión Trilateral es otro norteamericano de origen polaco y nombre impronunciable, Zbigniew Brzezinski, que en 1970 publicó *Entre dos épocas*, un ensayo en el que esbozaba la idea de la necesaria cooperación entre los tres grandes bloques económicos forjados en Occidente durante la segunda mitad del siglo XX: el norteamericano, formado por Estados Unidos y Canadá; el europeo democrático representado por la UE, y el creciente imperio japonés. Trazando los límites de estas zonas en línea recta se obtiene un gran triángulo —precisamente un triángulo—, de donde viene el nombre de Comisión Trilateral. La organización nació en 1973 para hacer realidad las sugerencias de Brzezinski «sensibilizando a los gobiernos y dirigentes sobre la necesidad de mantener sociedades abiertas y allanar las barreras entre los países capitalistas, comunistas y subdesarrollados, así como redefiniendo el crecimiento mundial en un marco de economía de libre mercado».

La sede y la dirección general se encuentran en Nueva York, aunque cada una de las tres áreas posee su propio presidente regional. Cabe destacar, por otra parte, que el mentor y patrón de Brzezinski fue desde un principio David Rockefeller. Los miembros de la comisión son grandes multinacionales, asociaciones patronales, bancos internacionales, líderes de grandes sindicatos, políticos de relieve, responsables de grandes industrias de medios de comunicación, etcétera. Entre éstos se encuentran el ex presidente norteamericano James Carter, el presidente de Hewlett Packard Company, David Packard; el patrón de la FIAT, Giovanni Agnelli; el presidente del gobierno alemán, Gerharhd Schröder; el presidente de la banca Rothschild Frères y del Israel General Bank, Edmond de Rothschild, y el presidente de Sony, Akio Morita.

Brzezinski publicó un segundo libro de interés, *La Era tecnotrónica*, que proponía quince puntos muy concretos para avanzar en los objetivos de la Trilateral. Muchos de ellos, si no todos, parecen extraídos del plan original de los Illuminati. Éstos son algunos ejemplos: limitación de las funciones de los parlamentos, aumentando a cambio el poder de presidentes y gobiernos; subordinación de los anteriores al Comité Político de la Trilateral; limitación de la libertad de prensa y control radical de los medios audiovisuales; introducción de una tarjeta de identidad válida para todos los estados por igual y que sirva como cédula para votar; proceso electoral completamente financiado por el Estado, incluyendo la propaganda política; incremento de los impuestos de la clase media; legalización progresiva de los inmigrantes ilegales hasta desembocar en una inmigración ilimitada desde el Tercer Mundo, y un nuevo orden económico mundial.

> La sociedad será dominada por una élite de personas libres de valores tradicionales, que no dudarán en realizar sus objetivos mediante técnicas depuradas con las que influirán en el comportamiento del pueblo y controlarán y vigilarán con todo detalle a la sociedad.
>
> ZBIGNIEW BRZEZINSKI,
> asesor estadounidense

El futuro es hoy

En un artículo publicado a mediados de los años noventa, el periodista español José María Carrascal reprodujo una especie de nuevas Tablas de la Ley que circulaban en Washington para uso de los políticos novatos en las más altas instancias del Estado. Éstas son sus doce normas de oro, que no precisan comentarios:

1. No mientas, estafes o robes innecesariamente.

2. Recuerda que siempre hay un hijo de perra más grande que tú.

3. Una respuesta honesta puede traerte un montón de problemas.

4. Si vale la pena luchar por algo, vale la pena luchar sucio por ello.

5. Los hechos, aunque interesantes, son irrelevantes.

6. «No» es sólo una respuesta interina.

7. No puedes matar una mala idea.

8. Si no consigues algo a la primera, destruye todas las pruebas de que lo intentaste.

9. La verdad es variable.

10. Un puercoespín con las púas abatidas no es más que un roedor gordo.

11. Una promesa no es ninguna garantía.

12. Si no puedes contradecir un argumento, abandona la reunión.

Carrascal calificaba estos apuntes como una guía «bastante práctica» para moverse en las arenas «movedizas y no siempre limpias de la política». Desgraciadamente, tenía razón. Si hay algo que falta en política en la actualidad, en cualquier parte del mundo, es honradez. Hemos dado la vuelta a la máxima que Julio César recomendó a su mujer Calpurnia: «No vale con que seas honesta, además debes parecerlo.» Hoy la interpretación más corriente es esta otra: «No importa ser honesto sino parecerlo.»

Esta máxima puede aplicarse a los numerosos grupos que, con más o menos relación con los Illuminati, hemos examinado hasta ahora. Aún señalaremos la existencia de uno más, el Bohemians Club (Club de los Bohemios) que agrupa a ciudadanos privilegiados de todo el mundo occidental, y cuyo símbolo es un búho. Se cree que fue fundado en 1872 en San Francisco y que cuenta en estos momentos con unos 3.000 miembros. Según varios expertos, se trata de una especie de «sucursal» de la Trilateral. El club posee, entre otras propiedades, 1500 hectáreas de bosque en California, donde, protegidos por fuertes medidas de seguridad, se reúnen sus miembros de vez en cuando. Pese a ello, dos investigadores norteamericanos, Alex Jones y Mike Hanson, se colaron en sus instalaciones y lograron grabar con una pequeña cámara digital unos instantes de un curioso ritual. En las imágenes, tomadas de noche y a distancia, se observa a un grupo de personas ataviadas con largos ropajes, moviéndose a la luz de las antorchas en torno a una estatua colosal de un búho, frente a la cual arde una hoguera.

Cada cual es libre de entretenerse como quiera, incluso de realizar extraños rituales en un bosque, como lo hacían Weishaupt y sus compañeros a finales del XVIII. Sin embargo, Jones y Hanson relacionaron lo que vieron con una de las sorpresas que pueden encontrarse en un billete de un dólar si se lo examina con detenimiento y una lupa: la pequeña imagen de un búho que figura en una de sus esquinas, con una especie de tela de araña detrás y entre lo que parecen ser unas ramas de laurel.

Los secretos del billete verde

Desde el final de la segunda guerra mundial, el dólar norteamericano es la divisa más potente del mundo, aceptada en casi cualquier lugar como antes lo fue la libra esterlina, quizá porque los Illuminati decidieron apoyarse en ella, como antes lo hicieran con la moneda inglesa, para proseguir sus designios. En los últimos sesenta años, las llamadas monedas fuertes, como el marco alemán, el franco francés o la misma libra esterlina, han mantenido su posición de privilegio sólo porque actuaban en cierto modo protegiendo el dólar, pero finalmente, también se inclinaron ante éste.

Y es que el billete verde no es una moneda más, sino que constituye una de las armas más poderosas de Estados Unidos para mantener sus aspiraciones como primera y única superpotencia mundial. Mientras el comercio internacional y especialmente el petróleo se rijan por la ley del dólar, la Casa Blanca podrá estar tranquila, ya que seguirá conservando el liderazgo entre los gobiernos del tablero internacional. Algunos autores revelan que una de las razones secretas para desatar la guerra contra el régimen de Sadam Husein fue la decisión de éste de empezar a cobrar el petróleo en euros, en lugar de hacerlo en dólares. Según esta tesis, si el líder iraquí se salía con la suya impunemente, los demás países productores podrían plantearse también empezar a usar el euro (que, por otro lado, cumple hoy el mismo papel que las monedas fuertes de decenios atrás), lo que a la postre haría que el sistema entero de control se tambaleara.

La palabra *dollar* es de origen alemán. Es una deformación de *Thaler* o *Daler*, a su vez abreviatura de *Joachimsthaler*. Lo que en España se conoció como tálero, una moneda acuñada a partir del siglo XVI gracias a la plata extraída de la mina de Joachimstal, en lo que hoy es la localidad checa de Jachymov. Esta moneda llevaba grabada en una de sus caras la efigie de san Joaquín. Los reales de a ocho españoles, conocidos también como táleros, llevaban impreso el famoso icono de la divisa estadounidense, una especie de letra s cruzada por dos barras ($), que no era más que una estilización de las dos columnas de Hércules, junto al lema

Plus Ultra (Más allá) que hoy todavía figura en el escudo español. Si examinamos el billete de dólar y nos fijamos en el anverso, veremos una pirámide truncada que posee trece escalones, en cuya base está escrito el número 1776 con caracteres romanos. Corresponde al reverso del gran sello de Estados Unidos. La explicación oficial de su simbología es que representa a los trece Estados que ese año firmaron la Declaración de Independencia respecto a Inglaterra. No deja de resultar llamativo que trece sea el número de grados iniciáticos de la orden de los Iluminados de Baviera fundada en el mismo año. Encima de la pirámide y constituyendo su vértice, apreciamos el clásico ideograma divino: un triángulo radiante con un ojo en su interior, el Ojo que Todo lo Ve. El mismo que utilizaron los Illuminati para representar gráficamente su organización y que también aparecía en las portadas de los textos jacobinos de la Revolución francesa.

Dos lemas escritos en latín enmarcan la pirámide con el ojo. Por arriba, «Annuit Coeptis», que se traduce por «Él (Dios, ¿o quizá "Ella", en referencia a la orden Illuminati?) ha favorecido nuestra empresa». Por abajo, «Novus Ordo Seclorum», es decir, «Nuevo orden de los siglos». Como sabemos, la obsesión por imponer un nuevo orden mundial es bastante anterior a los encendidos discursos de Adolf Hitler al respecto o de George Bush padre, cada uno de los cuales utilizó la misma expresión en su época, pero en el billete de dólar se muestra públicamente y sin ningún recato.

La frase más conocida del billete es «In God we trust» (En Dios creemos). ¿En qué Dios, en realidad? La sociedad norteamericana se caracteriza por su alto grado de puritanismo, que nació en el Reino Unido siglos atrás a partir del protestantismo e introdujo una versión más materialista de la evolución espiritual. En contraposición al dogma católico de que los pobres eran los preferidos de Dios y, por tanto, de que era más fácil que un camello pasara por el ojo de una aguja a que lo hiciera un rico, los protestantes en general y los puritanos en particular replicaron que una vida próspera en la tierra no tenía por qué significar la condenación futura, sino todo lo contrario. Negando la posibilidad de que el hombre pudiera escapar a la predestinación (y de que por tanto, hiciera lo que hiciese, al final de su vida se salvaría o no según lo hubiera decidido Dios de antemano), muchos apoyaron la idea de que el enriquecimiento era equivalente a la aprobación de la divinidad, que se complacía así en tratar bien a sus preferidos, como una especie de prólogo a la felicidad eterna que les esperaba tras la muerte.

Esta idea, sumada a las oportunidades que se abrieron en el nuevo continente a todo el que mostrara la suficiente ambición, ideas y fortaleza para salir adelante, degeneró con rapidez y acabó convertida en un auténtico culto al dinero que aparece parodiado en la película *They live!* de John Carpenter, en la que un obrero mal pagado descubre unas gafas con las que observa los mensajes subliminales que se esconden en los periódicos, las revistas, las vallas publicitarias y el mismo papel moneda, y que no podemos apreciar porque una extraña raza de infiltrados mantiene hipnotizada a la sociedad. Cuando no lleva las gafas, el billete de dólar le parece normal, pero al ponérselas lo que ve es un trozo de papel en blanco en el que figuran mensajes escritos como *Compra*, *Consume* o, más específicamente, *Éste es tu Dios*.

Existen, por otra parte, un par de lecturas alternativas al «In God we trust». La primera de ellas supone una elipsis en la frase «In God we (have the) Trust», que se podría traducir por «En Dios (tenemos el) *trust*» (donde *trust* es «corporación financiera» o «negocio»). Y la segunda, más sencilla y extendida, «In gold we trust»; esto es, «En el oro creemos». Esta última versión fue el motivo de una famosa equivocación cometida en la Reserva Federal, que estuvo a punto de distribuir varias series de billetes con el «oro» *(gold)* en lugar de «Dios» *(God)* como protagonista del lema. Unos empleados se dieron cuenta a tiempo y se pudo recoger todo el papel moneda antes de que llegara al bolsillo de los ciudadanos.

Por último, existe un dibujo en el dólar estadounidense que corresponde a la otra cara del sello nacional, el águila real calva. El águila es un clásico signo imperial. Desde las legiones romanas hasta la guardia de Napoleón Bonaparte, pasando por los tercios de Carlos V, todos los ejércitos europeos y americanos con vocación expansionista han coronado sus banderas y estandartes con este hermoso animal, relacionado en la mitología con la tradición solar. Existe la teoría de que esta águila simboliza, a su vez, el ave Fénix, el legendario pájaro que, cuando envejece, se inmola hasta quedar reducido a cenizas, de las que poco después renacerá fuerte y joven con un nuevo cuerpo.

En todo caso, el águila se presenta con las alas desplegadas y posee no doce ni catorce, sino exactamente trece plumas en la cola. En su pata derecha lleva una rama de olivo como símbolo de la paz y en la izquierda unas flechas (trece, de nuevo), representando la guerra. En teoría ello indica que la nación estadounidense puede ser indistintamente benevolente o belicosa con el resto de los países del mundo. Aunque, por otra parte, hay quien ha querido relacionar el origen judío de la familia de Weishaupt con el hecho de que sobre la cabeza del águila aparece una constelación de trece estrellas que forma el símbolo de la estrella de David, el signo de Israel, en el interior de una nube. A estas alturas ya no nos sorprenderá que el águila muestre sobre el pecho un escudo compuesto por trece barras.

El billete de un dólar no es el único que ofrece semejantes curiosidades. A raíz de los atentados del 11-S se distribuyó por Internet un curioso ejercicio de papiroflexia con el billete de 20 dólares, que dejó estupefacto a todo aquel que quiso hacerlo. Se trataba de plegar un billete nuevo hasta conseguir una especie de avioncito de papel en el que se podía contemplar, por una cara un dibujo parecido al Pentágono en llamas y por la otra, una imagen de las Torres Gemelas del World Trade Center en llamas. No sólo eso, practicando un simple pliegue en acordeón sobre el billete, se puede leer «Osama» en su parte superior. La pregunta es: ¿Cuáles son las posibilidades matemáticas de que tres pliegues en un billete de 20 dólares contengan accidentalmente una representación de dos ataques terroristas y además el nombre del supuesto autor de los atentados?

Puestos a buscar simbolismos, se ha llegado a sugerir que la misma forma del Pentágono, el centro de poder militar más importante del mundo, es demasiado singular. Si estiramos los ángulos del edificio en un ejercicio de imaginación veremos cómo aparece una estrella de cinco puntas, disimulada en su forma geométrica actual. En la tradición ocultista, este tipo de estrella significa dos cosas. Si tiene una punta hacia arriba, dos abajo y dos a los lados, es el símbolo del hombre espiritual, tal y como lo dibujó Leonardo da Vinci en su famoso *Estudio de las proporciones del cuerpo humano.* Si tiene una punta hacia abajo, dos arriba y dos a los lados, es el símbolo del Diablo representado por un macho cabrío, con la barba en la punta inferior, los cuernos en las superiores y las orejas en los laterales.

Volviendo al dólar, ¿durante cuánto tiempo más continuará siendo el protagonista de las finanzas internacionales? Quizá no tanto como parece, al menos en términos históricos. La puesta en marcha del euro ha creado aparentemente una importante competencia, y tampoco hay que olvidar la fuerza del yen japonés en los mercados asiáticos. Desde hace varios años, diversos especialistas monetarios abogan incluso en público por una futura fusión de las tres monedas en una sola, que se convertiría prácticamente en la moneda mundial, ya que ninguna economía de ningún país del mundo podría hacer frente ni rechazar el resultado de esta triple alianza.

En ese sentido, resulta llamativa la «falta de alma» denunciada por muchos diseñadores en los billetes de euro. Si existe algún continente que haya alumbrado grandes artistas, filósofos, literatos, científicos e incluso políticos cuya imagen podría ilustrar una serie de billetes, ése es Europa. Sin embargo, en nuestro papel moneda apenas se ve otra cosa que puentes y fachadas arquitectónicas, tristes y solitarios, sin ningún elemento humano en ellos. El contraste con los simbolismos del dólar es evidente hasta el punto de que hay quien ha llegado a sugerir que eso precisamente es el indicio más claro del carácter provisional del euro como moneda.

Caiga quien caiga

Para mantener el control del dólar y, por medio de él, el de la economía mundial, los Illuminati están dispuestos a lo que sea. Recordemos el magnicidio de Kennedy. O el de tantos otros líderes políticos que durante el último siglo murieron víctimas siempre de «tiradores solitarios». Eran todos de muy diverso pelaje político, pero tenían algo en común: su deseo de tomar decisiones autónomas, sin seguir los dictados de ningún grupo de poder específico. Es el caso de Martin Luther King, el Premio Nobel de la Paz de 1964 y defensor de los derechos civiles de los negros norteamericanos en un momento en el que los disturbios raciales amenazaban con sumir Estados Unidos en una auténtica guerra urbana sin precedentes. Imitando el estilo del Mahatma Gandhi, Luther King defendía la necesidad de resolver los problemas «a través del amor y la buena voluntad, luchando contra la injusticia, con un corazón y una mente abiertos». Un mensaje que no resultaba muy del agrado de los Illuminati.

A finales de marzo de 1968, en la ciudad de Memphis, Tennessee, Martin Luther King organizó una concentración pacífica que degeneró en un violento motín, según los testigos por culpa de un grupo de agitadores negros llamados Los Invasores que no estaban de acuerdo con su estrategia y querían «la guerra abierta contra los blancos». Luther King escapó por muy poco a la agresión gracias a sus guardaespaldas y, molesto por lo ocurrido, programó una nueva visita a la misma localidad a primeros de abril. Los periodistas negros le criticaron duramente, primero por su «huida vergonzosa» del primer acto y luego porque a su vuelta había decidido hospedarse en «el Holliday Inn, propiedad de blancos, y no en el motel Lorraine, propiedad de negros». Conciliador como de costumbre, King anuló la reserva en el primer establecimiento para alojarse en el segundo.

Tres días antes de la visita, alguien que se identificó como miembro de su cuerpo de seguridad se presentó en la recepción del Lorraine y cambió la habitación prevista en la planta baja del establecimiento por otra en la segunda. El único acceso a esa habitación era a través de una terraza exterior. Más tarde, se descubriría que ninguno de los encargados de su seguridad había hecho esa solicitud. La mañana del día 4, Luther King comentó en público que «todos debemos pensar en la muerte siempre. Yo ahora pienso en mi propio funeral». Seis horas después de pronunciar estas palabras, Martin Luther King fue alcanzado por un francotirador, justo cuando se encontraba en la terraza del segundo piso del motel: un blanco perfecto para un experto. Uno de sus colaboradores, Marrel McCullough, señaló la ventana del cuarto de baño de una casa cercana, asegurando que el disparo había venido de allí, y, en efecto, se pudo ver a un hombre huyendo con una bolsa de deporte, que acabó abandonando en la persecución a la que fue sometido. En su interior estaba el rifle que le disparó y algunos efectos personales. El hombre subió a un coche y huyó.

Poco después el FBI había «resuelto» el caso con la detención de James Earl Ray, un criminal de poca monta, ya fichado y con antecedentes penales: el clásico culpable. Pero no se halló justificación alguna para el asesinato y, además, Ray había sido capturado cuando realizaba un extraño periplo. Tras el atentado, había viajado en avión desde Memphis hasta la ciudad canadiense de Toronto, de allí a Londres, de la capital británica a la portuguesa, desde Lisboa regresó a Londres de nuevo y fue detenido cuando se disponía a embarcar rumbo a Bélgica. Nadie supo explicar qué hacía ni de dónde había sacado el dinero para pagar los gastos del viaje, ya que carecía de ingresos regulares conocidos. Extraditado a Estados Unidos, el fiscal encargado del caso, Percy Foreman, le presionó para que se declarara culpable y se librara de la ejecución, sustituyéndola por la cadena perpetua.

Años después, Ray empezó a decir que él no había matado a Martin Luther King, sino que había sido reclutado para una operación de contrabando de armas. Implicó a Jules Ricco Kimble, un individuo vinculado al Ku Klux Klan, que tras varios interrogatorios confesó haber participado en una conspiración de la que Ray era sólo un «cabeza de turco». Según su versión, a Luther King le disparó un hombre con uniforme de la policía de Memphis, que era en realidad un agente de la CIA. Las autoridades echaron tierra sobre el caso, calificando esas declaraciones de «bonita película de ficción», ya que Ray era «un consumado racista y delincuente, cuyas huellas dactilares estaban bien marcadas en el rifle del que salió la bala que mató a Luther King».

Pero los detalles chocantes están ahí. Como el hecho de que el agente del FBI encargado de la vigilancia de King fuera el mismo que luego se ocupó del expediente de James Earl Ray. O las conclusiones del Comité de Investigación de Asesinatos de la

Cámara, que en 1979 demostró que Ray no pudo actuar solo, puesto que recibió ayuda económica en los meses previos al crimen. O, lo más sospechoso de todo, que, en 1998, el condenado apareciera en la prensa estrechando la mano de un sonriente hijo de Luther King mientras anunciaba que había llegado a un acuerdo con la familia para reabrir la investigación, aportando datos nunca revelados sobre la conspiración que le había utilizado... y poco después muriera víctima de una súbita cirrosis hepática.

Otro magnicidio sorprendente fue el del secretario general del Partido Laborista de Israel y primer ministro en ejercicio, Isaac Rabin. El 4 de noviembre de 1995 fue víctima de un atentado mortal tras el mitin que ofreció a sus partidarios en la plaza de los Reyes de Jerusalén y en el que insistió en su oferta de llegar a un acuerdo de paz con los palestinos. ¿Paz en Oriente Medio? Eso no estaba contemplado en el plan de los Illuminati para la región.

Un fanático integrista judío llamado Yigal Amir fue acusado y condenado por el crimen, aunque Leah Rabin, viuda del primer ministro, llegó a afirmar en una entrevista en la televisión israelí que estaba convencida de que su marido no fue asesinado por Amir. ¿Cómo se explica que uno de los hombres más protegidos del mundo (entre siete y veinte guardaespaldas se encontraban en el lugar de los hechos, en un país de especialistas en seguridad, que ha padecido el mayor número de atentados terroristas de la historia) pueda ser tiroteado con tanta facilidad? Poco después de expresar en voz alta su opinión, se agravó el cáncer que padecía desde hacía años y falleció súbitamente en el año 2000. Su hija Dalia, que piensa lo mismo, contrajo curiosamente la misma enfermedad.

En *¿Quién asesinó a Isaac Rabin?*, el investigador judío Barry Chamish examina todos los detalles que no cuadran. Entre ellos, el hecho de que Rabin no llevara chaleco antibalas pese a las recientes amenazas de atentado o que el Shabak, el Servicio de Inteligencia, ordenara desarmar los detectores de metales en el mitin, aparte de que su director, Carmi Gillon, se encontraba justo en París cuando todo ocurrió. O que, en medio de todas las medidas de seguridad, Amir pudiera llegar a disparar hasta cinco veces según los testigos, antes de ser reducido por unos guardaespaldas que gritaban «es un arma de juguete, no es real», mientras empujaban a Rabin al interior del coche oficial. Un coche conducido, además, no por el chófer habitual, sino por otro distinto, que se dirigió hacia el cercano hospital Ichilov sin acelerar demasiado. Pese a las graves heridas de Rabin, un trayecto que según conductores expertos podía haberse completado en dos minutos, como mucho, duró al menos ocho largos y decisivos minutos... en los que a nadie se le ocurrió avisar por teléfono al hospital a fin de que estuvieran preparados para atender de urgencia al primer ministro, que falleció finalmente en el centro hospitalario.

Dos meses después del asesinato salió a la luz pública una sorprendente filmación del magnicidio realizada por un aficionado, como la película *Zapruder* en el caso JFK. Chamis subraya que en las imágenes se aprecia cómo Amir dispara con la mano izquierda, aunque es diestro. Se ve a Rabin volviéndose con curiosidad y relativa tranquilidad tras oír el primer disparo, sin identificar el ruido ni, desde luego, sentirse herido. Antes de que le obliguen a introducirse en el coche, por la puerta derecha, se ve cómo se cierra la de la izquierda, como si alguien estuviera ya en su interior, ¿tal vez su verdadero asesino?

Antes de morir, Leah Rabin, que apoyaba las teorías «conspiranoicas» de Chamish, relató que, cuando se oyeron los disparos, los agentes del Shabak se la llevaron en volandas a las dependencias de su organización en lugar de dejarla ir con su marido. La última vez que lo vio vivo, al montar en el coche, le pareció que «estaba bien». En el trayecto, mientras ella preguntaba a los agentes qué había ocurrido, ellos se limitaban a responderle: «No es real.» Pero nunca le respondieron a qué se referían.

Otro caso de magnicidio tan reciente como confuso es el de la popular política sueca Anna Lindh, apuñalada el 11 de septiembre de 2003, mientras realizaba, sin escolta, unas compras en unos grandes almacenes de Estocolmo. Olof Svensson, un ciudadano con antecedentes policiales, carácter violento, problemas con el alcohol y las drogas y trastornos de personalidad, fue detenido, juzgado y condenado por ese asesinato a cadena perpetua, posteriormente sustituida por su ingreso en un psiquiátrico. El viudo de Lindh, el antiguo ministro de Interior, Bo Homlberg, aseguró que la muerte de su mujer pudo haberse evitado y se quejó de la actitud de la policía secreta sueca, la SAAPO, por no haber hecho caso de los informes que aconsejaban mayor protección oficial para ella, ya que había sido amenazada de muerte sólo dos semanas antes de lo ocurrido.

Los ciudadanos suecos ya habían sufrido una conmoción similar con el asesinato en parecidas circunstancias del entonces primer ministro Olof Palme en 1986. Tras una investigación de muchos años, el único acusado hasta ahora ha sido un sueco alcohólico y toxicómano llamado Christter Petersson, al que absolvieron por falta de pruebas. En la película *23*, de Hans-Christian Schmid, basada en hechos reales publicados por la revista alemana *Spiegel*, se cuenta la historia de un grupo de piratas informáticos alemanes que operaban en Hannover a finales de los años ochenta. El protagonista, obsesionado con la existencia de los Illuminati y lector empedernido de la novela *Las máscaras de los Illuminati*, de Robert A. Wilson, consigue infiltrarse en las redes informáticas del gobierno y el ejército, y empieza a vender información sobre la industria nuclear al KGB, antes de descubrir que muchos de los más llamativos sucesos contemporáneos transcurren en torno al número 23. Empezando por el asesinato de Palme a las 23.23 horas. Otro cineasta, el sueco Kjell Sundvall, rodó *El último contrato*, un thriller en el que un policía encargado de las investigaciones del asesinato de Palme descubre una compleja red de conspiraciones que llegan a lo más alto del poder político, pero al que sus jefes no le dejan proseguir la investigación hasta el final.

En mayo de 2002, durante la campaña para los comicios generales en Holanda, también fue asesinado el controvertido, carismático y, según todas las encuestas, gran favorito para la victoria final, el candidato de la ultraderecha, Pym Fortuyn. Entre otras cosas, Fortuyn defendía la salida inmediata de Holanda de la Unión Europea, así como el cierre de fronteras a la inmigración. Un «ecologista de personalidad compulsiva» llamado Volkert van der Graaf le asesinó días antes de las elecciones y fue condenado a veinte años de cárcel.

La lista es interminable, pero no afecta sólo a grandes personalidades. Etimológicamente, un magnicidio es un asesinato magno, o grande, pero su enormidad puede entenderse tanto en lo cualitativo, alguien importante, como en lo cuantitativo, una gran cantidad de personas. Los Illuminati son expertos en ambas especialidades.

El misterio del 11

No cabe ninguna duda de que los salvajes atentados del 11 de septiembre de 2001, y esa especie de «segunda parte» en Madrid el 11 de marzo de 2004, han marcado un antes y un después en las relaciones internacionales y los equilibrios de poder el mundo, aproximándonos a ese tercer enfrentamiento mundial del que hablaran los Illuminati en sus cartas del siglo XIX. No tenemos mucho espacio para tratar estos atentados, pero lo que está claro es que la versión oficial de lo ocurrido en el 2001 se desmorona a poco que se examine de cerca. Como recuerda José María Lesta en *Golpe de Estado mundial,* existen «literalmente decenas de datos que aportan serias dudas sobre los acontecimientos sucedidos» y el menos chocante de ellos no es la publicación, bastante antes de que se produjeran los acontecimientos, de una novela llamada *Operación Hebrón* firmada por un ex agente del Mossad, el servicio secreto exterior de Israel, que dijo haberse inspirado en informes preventivos de la CIA para redactarla. En esa novela ya se describía una serie de ataques aéreos terroristas a las Torres Gemelas, el Pentágono, el Capitolio y la Casa Blanca. A continuación reseñamos sólo unos pocos hechos extraños, escogidos al azar de entre muchos otros que no terminan de encajar.

1. Ariel Sharon, que se disponía a realizar su primera visita a Estados Unidos tras alcanzar el cargo de primer ministro israelí, suspendió el viaje dos días antes de los atentados por imperativa recomendación del Shabak. Las agencias de seguridad de medio mundo, incluyendo la israelí, la francesa y la vaticana, alertaron a Washington de que algo muy extraño pero peligroso se estaba preparando.

2. Todos los pilotos comerciales consultados tras los ataques concluyeron que era imposible que unos secuestradores con unas pocas horas de vuelo en pequeñas avionetas pudieran haber impactado como lo hicieron con grandes aviones de pasajeros. Eso requiere, dijeron, «muchos años de experiencia» o una radiobaliza que teledirija la ruta.

3. Se calcula que el World Trade Center daba trabajo cada día a más de 53 000 personas, sin contar los empleados de nivel inferior, muchos de ellos inmigrantes no censados que trabajaban temporalmente. A la hora en que se produjeron los ataques se calcula que debía haber como mínimo unas 20 000 personas en el interior de las Torres Gemelas. Sin embargo, la cifra oficial de víctimas mortales, contando bomberos, policías y ciudadanos en general afectados por el derrumbe posterior, no supera las 2 800. Si ése es verdaderamente el número de muertos, ¿dónde están todos los demás trabajadores habituales?, ¿faltaron justo ese día?

4. El ataque al Pentágono no pudo realizarlo uno de los aviones secuestrados, que, según la versión oficial, impactó contra la fachada. Aparte de ser uno de los edificios mejor vigilados y protegidos del mundo, sus propias cámaras de seguridad grabaron una explosión, pero en las imágenes no se ve ningún avión. Ni siquiera las alas o la cola del aparato, cuyos restos tenían que haber quedado en el exterior del edificio, dado su tamaño, y no aparecen por ningún lado.

5. Días antes de los atentados, la Bolsa registró movimientos especulativos muy característicos, que afectaron, entre otras, a las acciones de las dos compañías aéreas que iban a sufrir los secuestros aéreos, a la empresa Morgan Stanley Dean Witter & Company que ocupaba 22 pisos del World Trade Center y a los grupos de seguros involucrados, Munich Re, Swiss Re y Axa. Se calcula que las ganancias finales de los misteriosos inversores alcanzaron un valor de varios centenares de millones de dólares, lo que oficialmente constituye el «más importante delito por aprovechamiento ilícito de informaciones privilegiadas jamás cometido».

Al poco tiempo de producirse el 11-S alguien descubrió una rara coincidencia trabajando con su ordenador y la lanzó de inmediato a Internet en un correo electrónico que corrió como la pólvora. Se trataba de teclear la siguiente combinación alfanumérica, Q33NY, y a continuación transcribirla con el tipo de letra llamada Wingdings, incluida en el procesador de textos de Microsoft. El asombroso resultado era:

✈ 🗐 🗐 ☠ ✡

¿Es lo que parece?, ¿un avión dirigiéndose contra las Torres Gemelas para provocar la muerte, junto a la Estrella de David o símbolo de Israel, como si fuera la firma del atentado? A poco de producirse este atentado, diversos círculos de «conspiranoicos» escorados hacia la ultraderecha acusaron no a grupos integristas islámicos, sino a agentes secretos más o menos vinculados con los servicios secretos israelíes, que se habrían encargado de manipular a los musulmanes para llevar a cabo el ataque. Y no olvidemos la secuencia alfanumérica original, Q33NY, que ha llegado a ser traducida como «Quando» (cuándo en latín), «33» (el grado 33, el más alto de la masonería) «NY» (Nueva York) o, un paso más allá: «Cuando el grado 33 ataque Nueva York.»

Parece una interpretación ciertamente paranoica, pero lo que ocurre con el número 11 sí que es sospechoso. En numerología, este número encarna los conceptos de vergüenza y castigo. Así, tenemos algunas «coincidencias» de interés, como que a los 11 jerifaltes nazis condenados a muerte en los juicios de Nüremberg se les hiciera subir a un patíbulo con 11 escalones o que el político italiano Aldo Moro (que apoyaba una política para Oriente Medio muy distinta a la que aplicaban las instancias internacionales) fue secuestrado y asesinado por las Brigadas Rojas con 11 tiros. Pero en el caso que nos ocupa la saturación de onces va más allá de lo imaginable.

Los atentados del 11-S se produjeron exactamente 11 años después de que George Bush padre declarara la guerra a Irak el 11 de septiembre de 1990. Muchos nombres relacionados con los sucesos también tienen 11 letras, como George W. Bush, Colin Powell, El Pentágono, y también la versión inglesa *The Pentagon*; New York City, que, por cierto está en el estado número 11 de la Unión; Afganistán; Arabia Saudí, lugar de nacimiento de Bin Laden... y hasta el día de la independencia de Estados Unidos, que es el 4 de julio, o sea 4+7=11. El primer avión que se estrelló contra las Torres Gemelas era el vuelo AA (American Airlines)-11, y el segundo llevaba a bordo 65 personas (6+5=11). El número de teléfono de emergencias norteamericano es el 911 y a partir del 11 de septiembre quedan 111 días para que termine el año. Cada una de las Torres Gemelas tenía 110 pisos y, si se las contemplaba desde lejos, parecían dos unos juntos... En el primer aniversario de los ataques terroristas, los números que ganaron la lotería de Nueva York fueron: 9-1-1.

En cuanto al 11 de marzo en España, el ataque se produjo tres años después o, quizá mejor, 911 días después. El recuento final de víctimas mortales en los atentados ferroviarios fue de 191. El número de emergencias en España es el 112 (interpretable como 11 por segunda vez). La suma de los dígitos de la fecha del atentado es 11+03+2004=1+1+3+2+4=11.

Illuminaten, el nombre original en alemán de los Illuminati, también tiene 11 letras. Y Adam Weishaupt nació el 7 de febrero de 1748. La suma de los números que componen esta fecha es 7+2+1+7+4+8=29 y 2+9=11.

Por otra parte, en febrero de 2003, la Corporación para el Desarrollo del Bajo Manhattan seleccionó el proyecto para la construcción del complejo que sustituirá a las Torres Gemelas de Nueva York en el enorme y dramático solar donde en su día se levantó el World Trade Center. El proyecto elegido fue el del arquitecto Daniel Libeskind, cuyo diseño incluye el que será el edificio más alto del mundo: una torre acristalada terminada en una antena que alcanzará una altura de 1 776 pies. Es la fecha de la constitución de los Illuminati, aunque quede camuflada tras el año de la declaración de independencia de Estados Unidos. El complejo final incluirá la Cuña de la Luz, una plaza que no proyectará la sombra de los edificios adyacentes todos los 11 de septiembre entre las 08.46 y las 10.28, es decir, desde que impactó el primer avión hasta que se derrumbó la segunda torre. De esta forma, según Libeskind, «el sol iluminará sin sombras este tributo eterno al altruismo y el valor».

Los sucesores de Mengele

Muy recientemente, un equipo de científicos del Instituto Nacional de Salud Mental de Estados Unidos que dirige el doctor Barry Richmond ha anunciado el éxito de sus experiencias para desarrollar una terapia génica en monos, que transforma a los clásicos primates juguetones en adictos al trabajo. El equipo de Richmond ha comprobado que para ello basta con bloquear el gen D2, del que depende la recepción de la dopamina, un neurotransmisor que controla estados de ánimo como la motivación y el placer en las células del cerebro. Habitualmente, los monos de laboratorio trabajan motivados por una recompensa, comida o agua en cantidades extra. El éxito de la terapia se confirmó cuando, al modificar sus receptores de dopamina, los monos empezaron a trabajar sin descanso y sin esperar ninguna recompensa a cambio. El propio doctor Richmond ha recordado que «tanto los monos como los humanos son propensos a esperar al último minuto para terminar una tarea. No en vano somos primos hermanos evolutivos. El caso es que a medida que se aproxima el momento de recibir la recompensa, los dos tipos de primates se comportan igual, tienden a trabajar mejor y cometer menos errores. Cuando no es así, trabajan con menor entusiasmo y mayor lentitud». Alterando la recepción de la dopamina, «los monos trabajan con el mismo entusiasmo cometiendo menos errores desde un primer momento durante un período aproximado de unas diez semanas; después hay que volver a actuar sobre el neurotransmisor para reproducir el efecto, porque regresan a su estado original». Según Richmond, esta terapia, aplicada a humanos, «ayudará a las personas cuya disposición y capacidad para el trabajo haya desaparecido a consecuencia de una depresión».

¿Sólo a ellas? ¿Acaso no estamos ante uno de los grandes sueños de los Illuminati? Imaginemos un nuevo marco laboral para el futuro en el que los trabajadores, con sus receptores de dopamina alterados, produzcan con gran entusiasmo y eficacia no de lunes a viernes, sino durante diez semanas seguidas antes de tomarse un fin de semana de descanso y reprogramación de sus neurotransmisores para engarzar un nuevo ciclo de diez semanas.

No es ciencia ficción. Todo el mundo recuerda los experimentos de los científicos nazis, como el doctor Josef Mengele, con los prisioneros del complejo de Auschwitz. Sin embargo existen crímenes aún peores, los cometidos por científicos y gobiernos de países democráticos contra sus propios ciudadanos. Existen numerosos ejemplos.

Aunque el asunto fue enterrado con rapidez por parte de las autoridades, en 1995 la productora británica Twenty Twenty TV destapó uno de los mayores escándalos de la investigación médica en el Reino Unido: la utilización no consentida de mujeres y niños entre 1955 y 1970 en diversos experimentos nucleares ordenados por sucesivos gobiernos británicos. Las investigaciones incluían la inyección de partículas radiactivas en la glándula tiroides de al menos 400 embarazadas tratadas en centros hospitalarios de Liverpool, Londres y Aberdeen para estudiar su reacción, y la administración de altas dosis de radiactividad a una serie de pacientes que «de todas formas sufrían enfermedades malignas incurables» para observar cómo les afectaba en el hospital Churchill de Oxford, y la inyección de yodo radiactivo en una veintena de mujeres de origen indio que no hablaban inglés y vivían en Coventry.

Algunos años antes, el diputado laborista Ken Livingston confirmó que durante los gobiernos del laborista Harold Wilson y el conservador Edward Heath millones de británicos sirvieron de conejillos de Indias cuando Londres y otras doce localidades del sur de Inglaterra fueron rociadas en secreto con una serie de tres gérmenes concretos, en un ensayo de guerra bacteriológica. Según el entonces ministro de Defensa Michael Portillo, esos experimentos «no presentaban ningún riesgo para la salud pública», pero diversos microbiólogos consultados al respecto opinaron de modo diferente, ya que los tres simuladores utilizados podían causar, y quién sabe cuántos casos se produjeron en aquella época, neumonía, septicemia y oftalmitis a niños, ancianos y en general cualquier persona con el sistema inmunológico debilitado. En un ensayo parecido realizado en San Francisco en 1950, al menos una persona murió víctima de uno de esos agentes, la bacteria *Serra-*

tia marcescens. Otra de esas bacterias, la *Escherichia coli 157,* causó una veintena de muertes en Escocia por las fechas en las que se denunció el experimento.

En Suecia, entre 1946 y 1951, más de 400 deficientes mentales, algunos de ellos niños, fueron internados en el hospital Vipelhom de la ciudad de Lund para ser utilizados como cobayas en el estudio de la prevención de la caries. Se les suministró azúcar, chocolate y unos caramelos especialmente pegajosos. Los médicos analizaron la saliva de los pacientes 36 veces al día durante los cinco años que duró el experimento. El ensayo, impulsado por el gobierno socialdemócrata de la época como «necesario para luchar contra un problema de salud pública» como la caries, provocó terribles dolores a sus víctimas, a las que no se les intervenía en la dentadura hasta que ésta se encontraba muy afectada. Más escandalosa fue la política de esterilización forzada con el fin de «eliminar tipos raciales inferiores» promovida por el gobierno de Estocolmo entre 1936 y 1976. Se calcula que unas 60 000 mujeres fueron esterilizadas a la fuerza durante esos cuarenta años, siguiendo una iniciativa del físico Alfred Petrén, que ya en 1922 había asegurado que «la asistencia a los retrasados e inútiles en los hospitales cuesta demasiado caro a la sociedad», por lo que se hacía «necesario» impulsar políticas para reducir su número.

Los gobiernos democráticos de Francia, Austria, Suiza y Noruega, entre otros, también reconocieron haber actuado de manera similar. En el caso francés, según la investigación de Nicole Diedrich, al menos otras 15 000 mujeres fueron esterilizadas a la fuerza por motivos tan dispares como ser sordomudas, haber sido violadas por sus padres, tener un carácter «agresivo» u obtener malas calificaciones escolares.

La práctica también se extiende a América. En Perú, por ejemplo, el ex presidente populista Alberto Fujimori y tres de sus ministros de Sanidad fueron denunciados por genocidio ante el Congreso por dirigir un plan de esterilizaciones forzosas, camuflada como una campaña de «prevención de epidemias», que afectó a más de 200 000 mujeres, la mayoría indígenas, que entre 1996 y 2000 fueron tratadas «bajo presiones, amenazas e incentivos con alimentos sin que fueran debidamente informadas» de las verdaderas consecuencias de lo que les estaban haciendo. Luz Salgado, una ex diputada del partido de Fujimori, dijo textualmente: «No por acusar a Fujimori de genocidio van a decir que el método fue mal utilizado en el país. Además, tampoco se puede decir que las 200 000 mujeres esterilizadas no están actualmente contentas.»

Y también en Estados Unidos se reconoce una cifra similar a la de Suecia, unas 60 000 personas esterilizadas por orden de las autoridades, aunque con la diferencia de que en este caso el sexo era indiferente: se practicó tanto en hombres como en mujeres. La mayoría de ellos eran delincuentes, minusválidos y enfermos mentales. Un estudio elaborado por una comisión dirigida por el senador Ted Kennedy concluía que «las historias comparativas de las campañas de esterilización en Estados Unidos y en la Alemania nazi revelan importantes similitudes de motivación, intención y estrategia». En 1926, el juez Oliver Wendell Holmes apoyaba públicamente esta práctica porque «es mejor para todo el mundo que en vez de esperar a que se ejecute a sus descendientes por los crímenes que puedan cometer, o que mueran por su imbecilidad innata, la sociedad impide que los manifiestamente inadecuados tengan descendencia».

No se trata sólo de esterilización. En 1997 la prensa denunciaba el uso de niños abandonados y deficientes mentales en Ucrania para experimentar con ellos una serie de implantes con el objetivo de «mejorar su personalidad». Por las mismas fechas, en el Reino Unido un centenar de afectados por enfermedades mentales como depresión o fobias denunciaron a la Seguridad Social por haberlos tratado con el alucinógeno LSD sin su consentimiento, entre principios de 1950 y finales de los años sesenta. En los últimos años se ha descubierto también que, durante la guerra del Golfo de 1991, Francia usó en secreto con sus propias tropas un somnífero no autorizado del laboratorio Lafon llamado Modafinil. Y el científico Claude Got, ex director del Instituto de Investigaciones Ortopédicas y responsable científico del Centro de Estudios de Seguridad y Análisis de Riesgos, confirmó que varias marcas de automóviles como Renault y Peugeot habían utilizado durante los últimos treinta años unos 400 cadáveres, entre ellos los de varios niños, para sus pruebas de seguridad vial. Mientras tanto, en Estados Unidos, varios científicos confesaron haber utilizado a miles de mujeres embarazadas de la República Dominicana, Tailandia y algunos países africanos como cobayas para experimentar un remedio eficaz y barato contra el sida. Pese al escándalo, algunos de los más preeminentes expertos norteamericanos consideraron «éticamente válidas» esas investigaciones.

El presidente norteamericano Bill Clinton tuvo que pedir perdón en nombre del gobierno a las víctimas del Experimento Tuskegee, que se desarrolló entre 1932 y 1972 y que si finalizó en esa fecha fue porque los medios de comunicación descubrieron y denunciaron su existencia. El experimento consistió en confirmar y documentar la evolución de la sífilis en unos 400 varones de raza negra y pobres, que fueron tratados con placebos en lugar de con medicamentos por el Servicio Público de Salud del gobierno federal. El título del documento elaborado por las autoridades sanitarias es bastante elocuente: «Estudio de Tuskegee sobre la sífilis no tratada en el macho negro.» Por la misma época, la American Public Health Association (Asociación Americana de Salud Pública) exigió la indemnización a otros 20 000 ciudadanos víctimas de diversas pruebas bioquímicas, entre ellos, enfermos mentales inyectados con yodo 131 en la tiroides, reclusos inoculados con hierro y fósforo, indios y esquimales tratados con el mismo yodo radiactivo e incluso bebés a los que se inyectó cromo 50.

Según sus cálculos finales, entre 1905 y 1972 sólo en Estados Unidos se experimentó ilegalmente y por orden del democrático gobierno de turno con unos 70 000 seres humanos, sin contar las víctimas directas y las de sucesivas generaciones de las explosiones nucleares en Hiroshima y Nagasaki. En esta feria de los horrores científicos existen personajes de novela como el profesor de neurología de la Universidad de Cleveland, Robert J. White, que desde hace años trabaja en el departamento de neurocirugía del Metropolitan General Hospital y al que sus colegas llaman Frankenstein White, porque una de sus principales líneas de investigación pasa por el trasplante de cabezas, o sólo del cerebro si no fuera posible hacerlo con toda la pieza, de una persona a otra. Este médico ha sido acusado de haber realizado esos trasplantes en gatos y monos vivos y en cadáveres humanos en algunas instituciones médicas privadas de Ucrania.

¿Adónde nos lleva este catálogo de insensateces, aparte de demostrarnos que debemos permanecer muy alertas vivamos en el sistema político en el que vivamos? En 1998, el genetista estadounidense Lee M. Silver, catedrático de la Universidad de Princeton, miembro de la Asociación Americana para el Avance de las Ciencias y una de las principales autoridades mundiales en biología molecular, explicaba que el ser humano se enfrenta a un doble y muy real peligro científico en un futuro próximo.

En primer lugar, la implantación en algunos animales de los genes directores de la inteligencia, con la intención de crear especies a medio camino entre el hombre y la bestia para dedicarlas a determinadas tareas como la guerra o la exploración en ambientes extremos. En segundo lugar, la división de la humanidad en dos «razas» definidas: una minoritaria, rica, inmune a las enfermedades, cada vez más cercana a la perfección física y a la inmortalidad, y otra mucho más numerosa, pobre e imposibilitada para beneficiarse de todos los adelantos científicos, según el ideal Illuminati. Según Silver, «lo que hoy parece una mera fantasía no sólo se hará realidad en unos años, sino que algunas cosas ya se están haciendo en secreto», y citó el caso de las técnicas de reproducción asistida: «Aunque no sea legal, en Estados Unidos está permitido cualquier tipo de reproducción... siempre que se haga en lujosas clínicas privadas. Sí, incluso la clonación.»

El arma definitiva

Como hemos visto, la ciencia ha proporcionado a los Illuminati armas nunca vistas que, sumadas al poder generado por la política y sobre todo por la economía y las finanzas, pueden permitirles llevar planes de dominación final hasta el último extremo. El último gran experimento ahora mismo en marcha para conseguirlo pasa por introducir un sistema de control que llevarían las personas en su propio cuerpo.

Imaginemos la posibilidad de llevar siempre encima toda nuestra documentación legal, desde la tarjeta sanitaria al permiso de conducir, y todo nuestro dinero, sin temor a robos o pérdidas... y que, además, podamos estar siempre localizados, sin miedo a desaparecer en un accidente, un secuestro o víctimas de alguna enfermedad mental.

Y ahora dejemos de imaginar, porque esa posibilidad es real, existe ahora mismo. Aunque en un estadio primitivo, este «código de barras» para humanos está funcionando ya en varios países de América. Se trata de un pequeño implante en forma de chip, que desarrolló inicialmente la empresa Motorola para Master Card sobre la idea de crear una tarjeta de crédito personalizada e intransferible con el nombre de Mondex Smartcard («Mon» de *money*, dinero, y «Dex» de *dexterity*, o destreza. *Smartcard* significa «tarjeta inteligente»). En la actualidad, más de 250 corporaciones de una veintena de países están involucradas en la distribución del implante o verichip, que desde 1999 comercializa la empresa Applied Digital Solutions. Según la propia publicidad de sus fabricantes, el verichip mide unos 7 mm de largo por 0,75 mm de ancho, más o menos el tamaño de un grano de arroz, y se inserta bajo la piel de forma rápida e indolora. Contiene un *transponder* y una batería de litio recargable. El *transponder* es el sistema de almacenamiento y lectura de información, y la batería se recarga a través de un circuito que produce una corriente eléctrica con fluctuaciones de la temperatura del cuerpo cuando se pone la mano sobre un cargador especial. Una vez insertado, el implante no puede ser extraído sin un grave riesgo para su portador, pues, dada su fragilidad, podría quebrarse y descargar los restos de litio que al verterse en su cuerpo le conducirían a la muerte. Cada verichip tiene un único número de identificación compuesto por 16 dígitos y «se ofrece por un coste módico» de aproximadamente 150 dólares más IVA.

El gobierno mexicano es un ejemplo del uso y promoción de lo que en un principio fue bautizado como el Ángel digital, pues a mediados de julio de 2004 se creó el Centro Nacional de Información mexicano, y tanto el procurador Rafael Macedo de la Concha como sus colaboradores inmediatos se implantaron un verichip con el fin de que «la Procuraduría General de la República entre en una nueva etapa tecnológica de eficacia y seguridad». Ya en 2001 el gobierno británico se planteó la posibilidad de utilizarlo para localizar personas con enfermedades o desórdenes mentales. Y, en marzo de 2002, el senador brasileño Antonio de Cunha Lima se hizo insertar uno «para el control médico de mis constantes vitales y para demostrar a los ciudadanos de Brasil y del mundo que esta tecnología es segura».

El primer chip oficial del mundo fue el de Kevin Warnick, jefe del departamento de cibernética de la Universidad de Reading, Inglaterra, que en agosto de 1998 se dejó implantar uno durante diez días para estudiar la reacción de su organismo ante ese elemento. Pero en 1996 ya se hablaba de las pruebas con implantes realizadas en una decena de reclusos de California para forzarlos a entrar en un estado de letargo que reducía su agresividad y los llevaba a dormir hasta 22 horas al día. Y de los extraños experimentos de la British Telecom, que, con el nombre de Soul Catcher (Cazador de almas), pretendía instalar un microchip en el cráneo, justo tras los ojos, para, según el doctor Chris Winter, «grabar los pensamientos y sensaciones de una persona durante toda su vida y poder reproducirla, resucitarla en cierto modo, tras su muerte física».

Después de leer lo anterior resulta especialmente inquietante que el mayor magnate de la informática mundial, Bill Gates, acabe de adquirir en Estados Unidos la patente del uso de la piel para transmisión de datos. Esa patente se llama «Método y manera de transmitir energía y datos utilizando el cuerpo humano», y permitirá avances de telecomunicación tan espectaculares como el hecho de que un individuo con un chip insertado en la mano pueda pasar su historial sanitario a su médico con un simple apretón de manos (lo que ya consiguió IBM en una demostración pública en 1996, aunque entonces el chip con la información no se llevaba todavía bajo la piel, sino en unas tarjetas adosadas a la palma de la mano), o que una persona pueda hablar por teléfono móvil a través de unos pendientes.

Su capacidad personal de trabajo, su voracidad empresarial con Microsoft y sus enormes ganancias acumuladas en un sector en el que actúa a menudo con ínfulas de monopolio (bajo acusación constante de prácticas irregulares y sometido a numerosos juicios en su contra), hacen que Bill Gates sea en la informática lo que los Rothschild en la banca y los Rockefeller en el petróleo. Por otra parte, pese a que la mayoría de los ordenadores del mundo no podrían funcionar hoy día sin su trabajo innovador y visionario, Gates es un personaje tan envidiado y admirado como odiado. No hay más que pasear por Internet y encontrarse con páginas literalmente tituladas «Destruir Microsoft», «Odio a Gates» y otras aún más agresivas. Un candidato perfecto para la infiltración Illuminati.

Nacido en Seattle en 1955, estudió en la prestigiosa Universidad de Harvard y en 1976 comenzó su brillante carrera uniéndose a un grupo de jóvenes informáticos que se buscaban la vida como podían en la recién nacida industria de los ordenadores personales. Fundó una pequeña empresa de software llamada Microsoft y diseñó MS DOS, un sistema operativo que hoy nos parece lento y pesado, pero que entonces constituyó una revolución al permitir que todos los ordenadores compatibles con el PC de IBM pudieran ejecutarlo. El éxito fue arrollador. Después vino el sistema Windows, basado en una forma bastante intuitiva y fácil de trabajar con el ordenador. Su éxito fue tal que en la actualidad viene incluido de serie en 9 de cada 10 ordenadores del mundo. El siguiente paso fue Internet, donde en un tiempo récord consiguió imponer su navegador personal, el Explorer, y ahora busca apoderarse del sector de las operaciones con tarjeta de crédito.

Hace mucho tiempo que Bill Gates figura en todos los manuales del buen conspirador como uno de los principales aspirantes al cargo de Anticristo oficial, a partir del famoso fragmento del Apocalipsis de san Juan en el que se describe al enviado de Lucifer como el portador del 666. Este número ya es de por sí bastante inquietante y juguetón. En números romanos, los que se usaban en la época de la redacción del texto, 666 se escribía DCLXVI; es decir, todos los numerales ordenados de izquierda a derecha de mayor a menor, excepto el mil o M, que se inventó más tarde. A lo largo de los siglos, muchas personas han sido identificadas con este número, partiendo del principio numerológico o cabalístico que atribuye un valor numérico a cada letra: el emperador Nerón, Napoleón Bonaparte, Adolf Hitler, Josef Stalin y hasta la multinacional Procter & Gamble han sido acusados de ser el Anticristo.

El número aparece representado, por lo demás, en relación con diversos aspectos del mundo comercial, político y financiero. Desde su presencia física en el rascacielos Tishman de la Quinta avenida de Nueva York (en cuya azotea fueron instalados en 1957 tres grandes seises, cada uno de tres metros y medio de alto, que permanecieron allí hasta 1992) hasta los 666 rombos de la pirámide del Louvre (que mandó construir François Mitterrand de acuerdo con sus propias instrucciones), pasando por la orden de la presidencia norteamericana de Jimmy Carter de que todos los vehículos de las fuerzas de seguridad de la Casa Blanca utilizaran como prefijo de sus matrículas el 666; el hecho de que el número de operador telefónico para llamar desde Israel al extranjero sea el 666; que las nuevas tarjetas de crédito de Estados Unidos tengan el 666, o que ése sea precisamente el número de código del Banco Mundial, entre otras curiosidades.

Pero ¿qué ocurre si utilizamos las propias normas dictadas por la informática? Es decir, si sustituimos las letras por los números que las identifican en el llamado Código ASCII que utilizan los ordenadores. Si hacemos eso con el nombre real de Gates, William Henry Gates III, aparece una serie de números que, sumados, hacen 666. Y si aplicamos el mismo sistema a dos de sus sistemas operativos, MS DOS y Windows 95, también aparece dicho número.

Por cierto, el logotipo de Windows incluye precisamente tres filas de seis cuadrados negros... Pero hay un hecho aún más curioso: la última versión de Windows, en la que está trabajando Microsoft y que en principio no se comercializará hasta el 2006, se llama Longhorn, o cuerno largo. El logotipo inicial que se ha diseñado para las versiones de prueba que ya están funcionando recuerda a la clásica marca de ganado utilizada por los vaqueros. Es como una cabeza de res esquematizada, una gran V roja con cuernos, sobre un fondo dorado, de cuyo interior parecen irradiar unos rayos luminosos. Ahora demos la vuelta al logotipo y, ¿qué obtenemos? En efecto, ahí está, radiante, nuestra pirámide Illuminati.

La de Microsoft no es la única compañía informática relacionada gráficamente con el Ojo que Todo lo Ve. Este icono se ve con mayor facilidad en el logotipo de uno de los mayores colosos de la industria del ocio y el entretenimiento, la empresa AOL Time Warner, aunque su última versión haya sido estilizada.

Pero volviendo a Windows, las mejoras de seguridad serán una de las principales «ventajas» de Longhorn, según la publicidad que ya se está introduciendo en la red acerca del nuevo sistema operativo. Así, el software de seguridad desarrollado para este sistema y bautizado como Palladium, «cumplirá los siguientes ideales dictados por Microsoft: informará de con quién estás tratando on line y qué está haciendo. Identificará tu PC como único y podrá limitar lo que llega y ejecuta» y además, entre otras cosas, «controlará los datos que se envían a través de Internet, usando agentes de software que aseguren que llegan sólo a la gente adeduada». Por si fuera poco controlará «toda la información que sale del PC». Es decir, a partir de entonces, los usuarios de Windows deberán tener claro que cualquier cosa que escriban o cualquier consulta que realicen en Internet quedará perfectamente registrada y los señalará como sus autores. Es decir, justo lo contrario de la política de privacidad que se supone que defiende Microsoft. Precisamente, que los datos lleguen sólo a «la gente adecuada» es cuando menos una expresión ambigua: sería interesante saber a quién se considera adecuado. Finalmente, la tecnología de Microsoft decidirá qué contenidos puede ver, consultar y exportar el usuario, en lugar de dejarlo a su libre albedrío.

No deja de ser curioso que el software de control que se utilizará para ello lleve el nombre en latín del Paladión, la estatua griega de Palas Atenea, diosa del conocimiento y la sabiduría de la Antigüedad, cuyo símbolo era... un búho, como el del Bohemians Club.

Conclusión

La vida es muy peligrosa; no por las personas que hacen el mal, sino por las que se sientan a ver lo que pasa.

ALBERT EINSTEIN,
físico y matemático estadounidense
de origen alemán

Si el lector nos ha acompañado hasta aquí es porque considera que al menos parte de los hechos que hemos venido relatando en este libro tiene cierta base real y no se trata de simples elucubraciones. En realidad, existe mucha más documentación disponible, pero el espacio para plasmarla es finito y, además, quien desee ampliar su conocimiento al respecto merece la oportunidad de encontrar nuevos datos por su propio esfuerzo.

Entonces ¿no hay salida? ¿Estamos abocados a la tercera guerra mundial provocada por el enfrentamiento entre el sionismo político y el Islam, que pronosticaban Pike y Mazzini y que conducirá al posterior cataclismo final? Leyendo algunos comentarios generales, ésa parece ser la pesimista impresión. En un reciente artículo aparecido en prensa, el filósofo y escritor español Gabriel Albiac recordaba que uno de los considerados cabecillas de Al Qaeda, Ayman Al Zawahiri, declaró en 2004 «una guerra global contra la conspiración cristianojudía para destruir la *umma* o comunidad de los creyentes» en los siguientes términos: «la prohibición del velo se inscribe en el mismo marco que el incendio de las aldeas en Afganistán, la destrucción de casas sobre las cabezas de sus habitantes en Palestina, la matanza de niños y el robo de petróleo en Irak». Albiac concluía: «No hay acciones locales... Nueva York, Madrid, Afganistán, Irak, Israel, Bali, París, Chechenia son módulos de una guerra mundial, la del Islam más puro contra el mundo moderno.»

A estas alturas, hay dos opciones. La primera es, en efecto, bajar los brazos. Total, nuestro destino está predestinado, así que limitémonos a vivir alegre y despreocupadamente.

La segunda me parece más honorable: mientras hay vida, hay esperanza. Luchemos, pues, por cambiar el estado de cosas, cada cual a su manera. Como adelantábamos en el prólogo, a cada uno le corresponde reflexionar sobre la mejor manera de hacerlo, pero los Illuminati no tienen por qué ganar definitivamente el juego. Ya fallaron antes y pueden volver a hacerlo: se les puede combatir, ya que si fueran realmente todopoderosos, habrían aplicado con éxito su plan hace mucho tiempo.

Asumamos nuestra responsabilidad personal sobre la base de que las conspiraciones sólo pueden operar en la oscuridad, cuando la mayoría de las personas las ignora. El mero hecho de sacarlas a la luz las debilita y puede reducirlas a cenizas, como en el alegórico relato de *Drácula*.

Susan George, vicepresidenta de ATTAC (un movimiento internacional para el control democrático de los mercados basado en la llamada tasa Tobin, que intenta lograr ingresos para los países más desfavorecidos a partir de impuestos específicos aplicados a los mercados financieros) y autora de *El informe Lugano*, advertía en una entrevista reciente que «la rebelión ciudadana contra los tejemanejes de los grandes grupos de poder no se produce porque los ciudadanos no llegan a enterarse hasta que es demasiado tarde». Y ponía como ejemplo la llamada directiva bolkestein de la Unión Europea que «todavía no tiene rango de ley pero que se está estudiando en este momento». Si se aprueba esta norma, una empresa de servicios podrá instalar su sede social en cualquiera de los 25 países de la UE y, a partir de ese momento, las leyes del país en cuestión se aplicarán a las actividades de dicha empresa en toda Europa. «Es decir, usted instala su sede social en Eslovenia, aunque sólo sea de forma ficticia, registrándola mediante un documento legal, y todos sus empleados, estén en España, Francia o Finlandia deberán regirse por las leyes eslovenas, aunque sean más perjudiciales para los trabajadores que las de sus países de origen. Ésa es la directiva que quieren que se apruebe. Y nadie ha oído hablar de ella. La gente no reacciona porque no sabe.»

Ahora, amigo lector, usted sabe.

Breve bibliografía orientativa para el lector español

Allen, Gary, y Larry Abraham, *Nadie se atreve a llamarle conspiración*, Ediciones de Librería Renacimiento, Santiago de Chile, 1974.

Ambelain, Robert, *El secreto masónico*, Martínez Roca, Madrid, 1986.

Baines, John, *Los brujos hablan*, Euroamérica Ediciones, Santiago de Chile, 1999.

—, *El hombre estelar*, Euroamérica Ediciones, Santiago de Chile, 1999.

Bochaca, Joaquín, *El descrédito de la realidad o La dimensión desconocida*, autoed., Barcelona, 2004.

Camacho, Santiago, *Las cloacas del imperio. Lo que Estados Unidos oculta al mundo*, La Esfera de los Libros, Madrid, 2004.

—, *Top Secret. Lo que los gobiernos ocultan*, EDAF, Madrid, 2004.

Carandell, Luis, *Vida y milagros de monseñor Escrivá de Balaguer, fundador del Opus Dei*, Editorial Laia, Barcelona, 1975.

Casinos, Xavier, *Quién es quién masónico. Masones hasta en la Luna*, Martínez Roca, Madrid, 2003.

De la Cierva, Ricardo, *Secretos de la historia*, Editorial Fénix, Madrid, 2003.

Encinas Moral, Ángel Luis, *Cartas rosacruces*, Temas de Hoy, Madrid, 1995.

Faber-Kayser, Andreas, *Pacto de silencio*, Royland Ediciones, Barcelona, 1988.

García May, Pedro Pablo, *Historias de supersticiosos*, Ediciones Del Prado, Madrid, 2000.

Ibáñez, José María, y Pedro Palao, *La caída del Imperio Vaticano*, Robin Book, Barcelona, 1993.

Klein, Leon, *11-S. La gran mentira*, Pyre, Barcelona, 2002.

Le Vaillant, Yvon, *La Santa Mafia, El expediente secreto del Opus Dei*, Edamex, México, 1985.

Lesta, José, *El enigma nazi*, Edaf, Madrid, 2003.

Lledó, Joaquín, *La masonería*, Acento Editorial, Madrid, 2001.

López de Rojas, Gabriel, *Los Illuminati. Masonería ocultista*, Ediciones G, Barcelona, 2002.

Lozano, Martín, *El Nuevo orden mundial*, Alba Longa Editorial, Valladolid, 1998.

Meyssan, Thierry, *La gran impostura*, La Esfera de los Libros, Madrid, 2002.

Pastor Petit, Domingo, *Diccionario enciclopédico del espionaje*, Editorial Complutense, Madrid, 1996.

Pinay, Maurice, *Complot contra la Iglesia*, Ediciones Mundo Libre, México, 1985.

Pisano, Isabel, *La sospecha*, Belacqva, Barcelona, 2003.

Romaña, José Miguel, *Historias extraordinarias de la segunda guerra mundial*, Ed. San Martín, Madrid, 1990.

—, *Nazismo enigmático. Los secretos del ocultismo nazi*, Seuba Ediciones, Barcelona, 1996.

Robin, Jean, *Las sociedades secretas en la cita del Apocalipsis*, Heptada, Madrid, 1990.

Serrano, Miguel, *El cordón dorado. Hitlerismo esotérico*, Solar, Bogotá, 1986.

Vidal, César, *Textos para la historia del pueblo judío*, Cátedra, Madrid, 1995.

Wilson, Robert A., *Las máscaras de los Illuminati*, Miraguano Ediciones, Madrid, 1990.